Medienkulturwissenschaft

Oliver Ruf · Patrick Rupert-Kruse
Lars C. Grabbe

Medienkulturwissenschaft

Eine Einführung

Oliver Ruf
Hochschule Bonn-Rhein-Sieg
Sankt Augustin, Deutschland

Patrick Rupert-Kruse
Fachhochschule Kiel
Kiel, Deutschland

Lars C. Grabbe
Fachhochschule Münster
Münster, Deutschland

ISBN 978-3-658-24394-4   ISBN 978-3-658-24395-1 (eBook)
https://doi.org/10.1007/978-3-658-24395-1

Die Deutsche Nationalbibliothek verzeichnet diese Publikation in der Deutschen Nationalbibliografie; detaillierte bibliografische Daten sind im Internet über http://dnb.d-nb.de abrufbar.

Springer VS
© Springer Fachmedien Wiesbaden GmbH, ein Teil von Springer Nature 2022
Das Werk einschließlich aller seiner Teile ist urheberrechtlich geschützt. Jede Verwertung, die nicht ausdrücklich vom Urheberrechtsgesetz zugelassen ist, bedarf der vorherigen Zustimmung des Verlags. Das gilt insbesondere für Vervielfältigungen, Bearbeitungen, Übersetzungen, Mikroverfilmungen und die Einspeicherung und Verarbeitung in elektronischen Systemen.
Die Wiedergabe von allgemein beschreibenden Bezeichnungen, Marken, Unternehmensnamen etc. in diesem Werk bedeutet nicht, dass diese frei durch jedermann benutzt werden dürfen. Die Berechtigung zur Benutzung unterliegt, auch ohne gesonderten Hinweis hierzu, den Regeln des Markenrechts. Die Rechte des jeweiligen Zeicheninhabers sind zu beachten.
Der Verlag, die Autoren und die Herausgeber gehen davon aus, dass die Angaben und Informationen in diesem Werk zum Zeitpunkt der Veröffentlichung vollständig und korrekt sind. Weder der Verlag, noch die Autoren oder die Herausgeber übernehmen, ausdrücklich oder implizit, Gewähr für den Inhalt des Werkes, etwaige Fehler oder Äußerungen. Der Verlag bleibt im Hinblick auf geografische Zuordnungen und Gebietsbezeichnungen in veröffentlichten Karten und Institutionsadressen neutral.

Planung/Lektorat: Barbara Emig-Roller
Springer VS ist ein Imprint der eingetragenen Gesellschaft Springer Fachmedien Wiesbaden GmbH und ist ein Teil von Springer Nature.
Die Anschrift der Gesellschaft ist: Abraham-Lincoln-Str. 46, 65189 Wiesbaden, Germany

„Keine Wissenschaft, die auf sich hält, möchte mit einer *philosophia prima* verwechselt werden, die ihrerseits gute Gründe hat, den Wissenschaften überhaupt das Denken abzusprechen. Aber das ist seit genau zweiundfünfzig Jahren gar nicht mehr das Problem. Die Wissenschaften nämlich, mögen sie auch noch so wenig denken, lassen das Denken in jedem Wortsinn laufen. Seit Alan Turing 1936 seine Prinzipschaltung einer universalen diskreten Maschine angeschrieben hat, geht nicht bloß die Behauptung, sondern der maschinelle Beweis um, daß alles, was Wissenschaftler [...] in endlicher Zeit intellektuell leisten können, genausogut in Computern stattfindet."

Friedrich Kittler, *Phänomenologie versus Medienwissenschaft* (1998)

„Medien machen lesbar, hörbar, sichtbar, wahrnehmbar, all das aber mit der Tendenz, sich selbst und ihre konstitutive Beteiligung an diesen Sinnlichkeiten zu löschen und also gleichsam unwahrnehmbar, anästhetisch zu werden. Dieses doppelsinnige Medien-Werden von Apparaturen, Techniken, Symboliken oder Institutionen, das nicht von vornherein präjudizierbar ist und sich von Fall zu Fall auf je unterschiedliche Weise aus einem Gefüge aus heterogenen Bedingungen und Elementen vollzieht, eröffnet eine medienkulturelle Perspektive im engeren Sinn und führt die Medienwissenschaft aus den Monopolen von Philologie, Technikgeschichte oder Kommunikationswissenschaft heraus."

Lorenz Engell und Joseph Vogl, Vorwort zum *Kursbuch Medienkultur* (1999)

Inhaltsverzeichnis

1 Einleitung 1
  1.1 Eine *deutsche* Medienwissenschaft. 1
      1.1.1 Medienwerkzeuge 2
      1.1.2 Medien und Kulturtechniken 3
  1.2 Was sind Medien?. 4
      1.2.1 Zum Medien-Begriff 4
      1.2.2 Zur Medientypologie 6
  1.3 Was heißt Medienwissenschaft?. 8
      1.3.1 Medien erforschen 9
      1.3.2 Das Rauschen der Medien 1....................... 11
  Literatur 14

2 Zur Entwicklung der Medienkulturwissenschaft 17
  2.1 Anfänge der Medienwissenschaft. 18
      2.1.1 Geburtswehen. 18
      2.1.2 Grabenkämpfe 20
  2.2 Umorientierungen der Sozial- und Geisteswissenschaften. 21
      2.2.1 Einordnungen. 22
      2.2.2 Medienfunktionen 24
  2.3 Der Siegeszug der medienwissenschaftlichen Wende. 26
      2.3.1 Cultural Turns. 26
      2.3.2 Wozu Theorie? 27
  Literatur 29

3 Mediengeschichte ... 33
- 3.1 Geschichte der Schrift und des Schreibens ... 33
  - 3.1.1 Kurze Geschichte des Drucks ... 34
  - 3.1.2 Kleine Begriffsgeschichte des Schreibens ... 36
- 3.2 Geschichte der Bildmedien ... 40
  - 3.2.1 Bildmedien und Bildwissenschaft ... 40
  - 3.2.2 Bildhistorische Diskurse ... 42
- 3.3 Geschichte der Telegrafie und der Telekommunikation ... 45
  - 3.3.1 Telegrafische Anfänge ... 46
  - 3.3.2 Telekommunikative Dimensionen ... 48
- 3.4 Geschichte des Hörfunks, des Films und des Fernsehens ... 53
  - 3.4.1 Zur Radio-Entwicklung ... 53
  - 3.4.2 Film und Fernseh-Bilder ... 55
- 3.5 Geschichte der Neuen Medien ... 58
  - 3.5.1 Zur Digitalisierung ... 58
  - 3.5.2 Zum Computer ... 59
  - 3.5.3 Über Netzwerke ... 61
  - 3.5.4 Über Mobile Medien ... 64
- 3.6 Mediengeschichte und Medienwandel ... 66
  - 3.6.1 Evolution vs. Revolution ... 66
  - 3.6.2 Lebenszyklen ... 70
- Literatur ... 73

4 Medien *und* ... 79
- 4.1 Verhältnisse zwischen Medien ... 79
  - 4.1.1 Intermedialität als medienkulturelles Konzept ... 80
  - 4.1.2 Medialität und Medienspezifität ... 81
  - 4.1.3 Mediale Konstellationen ... 82
  - 4.1.4 Analyse intermedialer Beziehungen ... 86
  - 4.1.5 Remediation ... 88
- 4.2 Medien *und* Medien ... 89
  - 4.2.1 Analog/Digital ... 89
  - 4.2.2 Film und Comic ... 91
  - 4.2.3 Film und Videospiel ... 94
  - 4.2.4 Film und Computer ... 95
- 4.3 Medien *und* Literatur ... 99
  - 4.3.1 Medien und Gegenwartslyyrik ... 100
  - 4.3.2 Zur Theorie der Fotografie ... 102
  - 4.3.3 Intermediale Lektüre 1 ... 106

		4.3.4	Intermediale Lektüre 2 110

- 4.4 Medien *und* Kunst 113
  - 4.4.1 Malerei und Fotografie 114
  - 4.4.2 Film und Theater 115
- 4.5 Medien *und* Design 116
  - 4.5.1 Design und Wissenschaft 118
  - 4.5.2 Design, Kunst und Funktion 119
- Literatur 123

5 Medientheorie – Medienästhetik 129
- 5.1 Medientheorie und Wissenschaft 129
- 5.2 Medienästhetik und Wissenschaft 133
  - 5.2.1 Ästhetik und Wahrnehmung 135
  - 5.2.2 Ästhetik und Zeichentheorie 137
  - 5.2.3 Ästhetik und Phänomenologie 139
- 5.3 Medien/Realität 140
  - 5.3.1 Ins Universum der technischen Bilder 141
  - 5.3.2 Die Ordnung der Simulakren 143
- 5.4 Was heißt Medienanthropologie? 146
- 5.5 Was ist Mediatisierung? 149
- 5.6 Wozu Dispositivtheorie(n)? 153
- Literatur 159

6 Schlusswort 165
- Literatur 168

Bibliographie 169

Einleitung 1

> **Zusammenfassung**
>
> Ein Einführungsbuch in die Medienkulturwissenschaft kommt nicht umhin, den Mittelpunkt des zu behandelnden Themas aus einer bestimmten Überzeugung heraus zu präsentieren, um zentrale Argumentationslinien und Schwerpunkte auswählen zu können, Entwicklungen zusammen zu fassen und Tendenzen wieder zu geben, die den Leser:innen in erster Linie eines geben sollen: Ein Gespür für das, wovon Medienkulturwissenschaft eigentlich handelt. Mit diesem spezifischen Blickwinkel einer gehen naturgemäß Entscheidungen, die Dinge auswählen, die das Eine hervorheben und das Andere abschwächen, wiederum Anderes auch bei Seite lassen, die also selektieren. Mit welcher ‚Brille' hier auf das Gebilde der Medienkulturwissenschaft geblickt wird, erklärt das folgende einleitende Kapitel. Zugleich werden im Zuge dessen die wesentlichen Begriffe und Kontexte – die Diskurse des Medien-Begriffs wie der betroffenen Wissenschaft schlechthin – ansatzweise angerissen, die dann im weiteren Verlauf des Buches eine eingehende Explikation erfahren.

1.1 Eine *deutsche* Medienwissenschaft

„Nennen wir es die Sache von Literatur und damit auch von Literaturwissenschaft, den Zusammenhang des Netzes, in dem Alltagssprachen ihre Untertanen einfangen, überlieferbar zu machen." (Kittler 1993: 149) Diese programmatische Aussage Friedrich A. Kittlers gibt einen ersten Hinweis darauf, was die wissenschaftliche Auseinandersetzung mit dem, was ‚Medien' genannt wird, *nicht* bedeutet: Bei dieser geht es weder ausschließlich darum, einen bestimmten Sinn von bestimmten Erscheinungen zu untersuchen, noch darum, vor allem bestimmte Produktionsverhältnisse ihrer Entstehung in den Blick zu nehmen. Vielmehr soll von einer Disziplin mit dem grundsätzlichen Namen ‚Medienwissenschaft' neben diesen beiden Punkten auch die Materialität (die Beschaffenheit) und die Funktionalität (der Nutzen) von Medien Beachtung finden: Denn dadurch wird, so Kittler an anderer Stelle, überhaupt erst dasjenige, was man ‚Information' nennt, vermittelt (vgl. Kittler 1995: 520).

1.1.1 Medienwerkzeuge

Noch deutlicher wird diese Überlegung am eingangs zitierten Beispiel, d. h. anhand von Literatur und Literaturwissenschaft: Werden literarische Werke derartig wissenschaftlich-methodisch betrachtet, lässt sich neben ihrer übergeordneten, zu interpretierenden Sinnhaftigkeit und dem historisch-sozialen Kontext ihrer Entstehung erforschen, mit welchen Mitteln sie so zu sagen materialisiert worden sind. Das bedeutet hier, dass mittels bestimmter Schreibwerkzeuge, einer Schreibfeder beispielsweise, einem Bleistift oder (worauf Kittler sich u. a. konzentriert) einer Schreibmaschine Literatur neu untersucht werden kann. Die Ignoranz gegenüber solchen medialen Produktionsmitteln mündet bei Kittler in dem vielsagenden Satz: „Blind sind Schreiber vor Medien, Philosophen vor Technik." (Kittler 1986a: 145) Gemeint ist damit, dass derjenige, der etwa philosophisch denkt und/oder literarisch schreibt, sich immer schon in einem kulturellen medial-technischen Zusammenhang befindet und dass die Medienwissenschaft als Kulturwissenschaft genau diesen offen zu legen hat: sowohl die Apparatur, mit der man seine Gedanken aufschreibt, als auch die Funktionen, die dabei ausgeführt werden, insbesondere wiederum das Speichern, Übertragen und Verarbeiten von Information (vgl. Kittler 1993: 8).

Näher ausgeführt sind diese wichtigen medientheoretischen Grundlagen in Kittlers berühmten Buch *Aufschreibesysteme 1800 · 1900*, das 1985 veröffentlicht worden ist und das geradezu Wissenschaftsgeschichte geschrieben hat: Mit ihm wollte sich jener Anfang der 1980er-Jahre an der Albert-Ludwigs-Universität Freiburg i.Br. habilitieren, genauer: die so genannte venia legendi (die akademische Lehrbefugnis, die nach wie vor eine wesentliche Voraussetzung zur Berufung auf eine ordentliche Professur darstellt) für das Fach Literaturwissenschaft erlangen. Allerdings bedurfte es am Ende neun Gutachten, um dieser Schrift den für sie bestimmten Zweck anzuerkennen und damit den Weg für Kittlers akademische Laufbahn freizumachen (vgl. Holl und Pias 2012). All zu sehr brachte das Buch gleichsam die Säulen der bis dato etablierten philologisch-literaturwissenschaftlichen

Herangehensweisen zum Schwanken, da es sich (wie es in Gerhard Kaisers positivem Gutachten zur Habilitationsschrift heißt, das in Heft 1 2012 der *Zeitschrift für Medienwissenschaft* auf den Seiten 127 bis 133 mit allen anderen erstmals abgedruckt worden ist) um keine literaturwissenschaftliche Arbeit im herkömmlichen Sinne handelte. Denn sie frage anhand eines sehr breiten und vielgestaltigen Materials, das über Literatur im engeren Sinne weit hinausgehe, nach den schon im Titel aufgeführten ‚Aufschreibesystemen' als so genannten kulturtechnischen Regelkreisen (vgl. ebd. 127).

1.1.2 Medien und Kulturtechniken

Die Abbildung, die das Titelbild der späteren Buchausgabe der *Aufschreibesysteme* darstellt, macht den Status von Kittlers Buch als Gründungstext einer explizit *deutschen* Medienkulturwissenschaft etwas klarer: Zu sehen ist eine Illustration von Teodoro Wolf Ferrari aus dem Jahr 1912, mit der die italienische Firma Olivetti für die von ihr hergestellten M1 wirbt – der ersten überhaupt industriell produzierten Schreibmaschine. Allerdings wird nicht allein diese Maschine gezeigt, sondern auch dessen Bediener, der sich als einer der wichtigsten Dichter und Philosophen Italiens erweist: Dante Alighieri (1265–1321) führte mit seinem Hauptwerk der *Göttlichen Komödie* (1307–1320) das Italienische zu einer Literatursprache, nachdem bis dahin dort fast gänzlich lateinisch gedichtet worden war.

Die Schreibmaschinenwerbung Olivettis präsentiert also einen Schreibmaschinenschreiber, der einerseits weltberühmt ist, andererseits qua Lebenszeit keinen solchen darstellen kann. Wir sehen somit eine Fiktion. Indem auf dem Bild beide Ebenen miteinander verbunden werden, soll entsprechend demonstriert werden, dass zum einen durch Schreibmaschinen für jedermann zugleich jeder potenziell ein zweiter Dante werden könnte, und dass zum anderen Dante, hätte es zu seiner Zeit bereits diese Maschine gegeben, er auch jene benutzt hätte. Wäre dies eingetreten, hätte er sich in einem von Kittler so benannten ‚Aufschreibesystem' befunden und dies hätte in einer solchen Auslegung mindestens Einfluss auf das literarische Tun Dantes gehabt. Genau diese zu untersuchende Implikation, dass Medien (hier: eine Schreibmaschine) eine Kulturtechnik (hier: das Schreiben von Literatur) nicht nur prägen, sondern regelrecht hervorbringen können, meint die Rede von einer sich gegenüber anderen Wissenschaften behauptenden Medienkulturwissenschaft. Diese entstand, wie es der Rekurs auf Kittler zeigt, als die Germanistik die Massenmedien für sich entdeckte und sie mit literaturwissenschaftlicher Prägung regelrecht aus der Taufe hob (vgl. Faulstich 2000a: 11).

1.2 Was sind Medien?

Kaum ein anderes medienwissenschaftliches Gebiet ist dabei derart diskutabel wie dasjenige der Frage, was Medien überhaupt sind. Unter der Vielzahl an Annäherungen und Bestimmungen bietet es daher sich an, eine bestimmte Perspektive auszuwählen, um mit Hilfe dieser dem weiten Feld einer solchen Medien-Bestimmung zumindest nahe zu kommen. Die vorliegende Annäherung leitet auch in diesem Zusammenhang die Vorstellung, dass sich eine bestimmte Positionierung und Personalisierung hierfür anbietet. Das heißt, es ist nützlich, mit der Vorstellung und Konturierung eines Denkers und eines Denkens der kulturell konnotierten Medienwissenschaft in den Themenbereich gleichsam einzutauchen.

1.2.1 Zum Medien-Begriff

Mit dem bereits erwähnten *Fall* **Friedrich A. Kittler** kann denn auch auf treffende Weise eine solche Einführung in die Medienkulturwissenschaft beginnen, da dieser symptomatisch die Problematik offenbart, in der man sich damit befindet: Zwar werden im Allgemeinen die Bedeutung und Rolle von Medien für eine Gesellschaft und eine Kultur nicht von der Hand gewiesen. Gleichzeitig ist es jedoch noch immer einigermaßen undeutlich, was mit den Feldern der Medien und der Medienwissenschaft eigentlich zu erörtern ist. Die vorliegende Einführung wählt dazu den Einstieg über Kittler, weil sein Zugang nicht nur den wissenschaftlichen Umgang mit diesen Themen kanonisch neu verortet hat (vgl. Ruf 2016a), sondern auch, weil er *Discourse Networks* (so der Titel der US-amerikanischen Übersetzung seiner gedruckten Habilitationsschrift) aufrufen will. In Kittlers eigener Formulierung: „Das Wort Aufschreibesystem […] kann auch das Netzwerk von Techniken und Institutionen bezeichnen, die einer gegebenen Kultur die Adressierung, Speicherung und Verarbeitung relevanter Daten erlauben." (Kittler 1995: 519)

▶ **Friedrich A. Kittler** (1943–2011) Der Literaturwissenschaftler und Medientheoretiker wurde während des Zweiten Weltkriegs in Rochlitz (Sachsen) geboren. 1958 siedelte die Familie in die Bundesrepublik Deutschland über, wo Kittler von 1958–1963 in Lahr (Schwarzwald) das Gymnasium besuchte. Im Anschluss studierte er Germanistik, Romanistik und Philosophie in Freiburg im Breisgau und wurde 1976 bei Gerhard Kaiser mit einer Arbeit über den Dichter Conrad Ferdinand Meyer promoviert. 1984 habilitierte er sich mit der umstrittenen Schrift *Aufschreibesysteme 1800 · 1900*. Nach Lehr- und Forschungstätigkeiten in den Vereinigten Staaten und der Leitung eines Forschungsprojekts in Kassel wurde er als

1.2 Was sind Medien?

Professor 1987 an die Ruhr-Universität Bochum für Neugermanistik und 1993 an die Humboldt-Universität Berlin für Ästhetik und Geschichte der Medien berufen. Kittler verfolgt eine technologisch-materialistische Sichtweise auf die Phänomene der Medien, der Kultur und deren Techniken. Wichtige Werke: *Der Traum und die Rede* (1977); (Hg.) *Austreibung des Geistes aus den Geisteswissenschaften* (1980); *Aufschreibesysteme 1800 · 1900* (1985); *Grammophon Film Typewriter* (1986); *Draculas Vermächtnis* (1993); *Eine Kulturgeschichte der Kulturwissenschaft* (2000); *Optische Medien* (2002); *Musik und Mathematik I. Hellas 1 + 2* (2006, 2009).

Das Informationsnetzwerk der Medien regelt in seinen Verknüpfungen die Verteilung, Rezeption und Überlieferung der in einer Epoche relevanten Daten. Es formiert, reguliert und produziert einerseits das Wissen einer bestimmten Kultur. Andererseits ist die Existenz von Medien dessen vorausgesetzte Konstitutionsbedingung. Damit ist aber noch nicht gesagt, was der Begriff der ‚Medien' in differenzierter Hinsicht bedeutet bzw. was darunter in einem einführenden Verständnis zu verstehen ist?

Eine erste Möglichkeit der begrifflichen Annäherung stellt naturgemäß die Wortherkunft dar: Lat. *medium* heißt seit dem 17. Jahrhundert ‚Mitte, Mittelpunkt' von altgr. *μέσον/méson* = ‚das Mittlere' und im 18. Jahrhundert wird daraus die Bedeutung als ‚vermittelndes Element', was etwa die Bereiche von Spiritismus, Magnetismus, Optik und Akustik betrifft. Eine Person konnte in diesem Verständnis ebenso als Medium bezeichnet werden wie auch die Gesamtheit der Träger physikalischer oder chemischer Vorgänge. Erst im 20. Jahrhundert und speziell nach dem II. Weltkrieg wird der Plural ‚Medien' gebildet (vgl. Schulte-Sasse 2002: 1 f.). Bereits Aristoteles beschreibt das Dazwischensein des Mediums (vgl. Alloa 2011: 91 f.), das mithin in erster Linie als eine Art stofflicher oder energetischer Vermittler gilt. Medien können, so gesehen, *etwas* übertragen respektive übermitteln. Sie stehen zwischen einem, der dieses *Etwas* aussendet, und jemanden, der dieses *Etwas* empfängt (womit in der Regel wiederum Informationen gemeint sind).

▶ **Marshall McLuhan** (1911–1980) Der kanadische Philosoph, Literaturwissenschaftler und Kommunikationstheoretiker gilt als Gründungsvater der Medientheorie. Trotz aller Kritik bleibt sein Einfluss auf eine theoretisch-philosophisch ausgerichtete Medienwissenschaft nach wie vor bestehen. In seinem breit angelegten Werk macht er die Mediengeschichte als Bezugsrahmen einzelner Medienentwicklungen stark, zeigt etwa in seinem prägenden Buch *Die Gutenberg-Galaxis* (1961/62) das Ende des Buchzeitalters auf und formuliert damit eine der ersten medienwissenschaftlichen Schriften, die sich mit Mündlichkeit und

Schriftlichkeit in jeweiligen Medienkulturen auseinandersetzen. In ihm ist auch erstmalig der Baustein für die Rede von einer Medienökologie angelegt, die die menschlichen Sinne und Wahrnehmung(en) mit dem Einfluss der Technologie von Medien erklären. Wenn eine neue Technologie einen unserer Sinne in die soziale Welt ausdehne, werden sich, so McLuhan, neue Verhältnisse zwischen allen unserer Sinne ergeben und dies sei vergleichbar mit dem Hinzufügen einer neuen Note zu einer Melodie. Wenn sich die Verhältnisse der Sinne in irgendeiner Kultur ändern, werde das, was vorher klar war, trüb werden, und das, was unklar oder trüb war, werde durchsichtig werden (vgl. McLuhan 1995: 41). Weitere wichtige Publikationen McLuhans sind u. a. *Die mechanische Braut* (1951); *Die magischen Kanäle* (1964); *Das Medium ist die Massage* (1967).

Aus dieser Perspektive realisieren Medien Kommunikation, was in der Medientheorie **Marshall McLuhans** zum sprichwörtlichen Diktum, das Medium sei die Botschaft geführt hat. Im Original lautet der Satz, durch einen Fehler des Buch-Setzer, selbstironisch: *The Medium is the Massage* (vgl. McLuhan und Fiore 2014). Darunter ist zu verstehen, dass die Kanäle der Informationsübertragung möglicherweise wichtiger sind als die Informationen selbst. Oder anders gesagt: Dass die Vermittlung tatsächlich den eigentlichen Kern der Medien bedeutet (und nicht die übertragenen Inhalte), wofür McLuhan im Übrigen nicht zuletzt von Kittler vehement kritisiert worden ist. Hinzufügen ließe sich gegenüber beiden technischen Medienbegriffen ein ästhetischer gemäß Georg Wilhelm Friedrich Hegel, der eine Theorie des Medialen von Seiten der Darstellung her begreift: Medien überwinden hier ihre Materialität zugunsten einer *reinen*, übergeordneten Form und dem, was sie damit repräsentieren. Gleichwohl bleibt das Mediale explizit die Bezeichnung für einen Übergang, der im Besonderen für den künstlerischen Ausdruck kennzeichnend ist (vgl. Mersch 2008: 196).

1.2.2 Zur Medientypologie

Eine der gängigsten Typologien, um die Auffassung von dem, was ein Medium ist, zu kategorisieren, bezieht sich auf Harry Pross, der Anfang der 1970er-Jahre zwischen primären, sekundären und tertiären Medien unterschieden hat (vgl. Pross 1970). Sie eignet sich nach wie vor, um ein Grundverständnis zu erlangen, um sich über Medien wissenschaftlich zu äußern. Als primäre Medien fasst Pross solche auf, die keinerlei Technik bedürfen, sondern dem Menschen natürlich gegeben sind, d. h. die menschliche Stimme, die Gestik und Mimik. Man spricht daher auch von so genannten ‚Menschmedien'. Sekundäre Medien erweisen sich dann als sol-

1.2 Was sind Medien?

che, die nur auf der Seite der Mitteilung respektive des Mitteilenden (in gebräuchlicher Terminologie: des Senders) einer technischen Stütze bedürfen. Das ist an erster Stelle die Schrift. Zu nennen sind aber auch die Fotografie oder allgemein Medien des Drucks. Tertiäre Medien benötigen auf Seiten der Produktion und der Rezeption (des Empfängers) eine technische Apparatur. Dies gilt für das Grammophon wie für das Telefon, für das Radio wie für das Fernsehen. Entscheidend ist bei alledem, dass *Neue* Medien *Alte* Medien nicht ablösen. Wir sprechen noch immer mittels unserer Stimme, auch wenn wir schriftlich kommunizieren, und wir benutzen Schrift, auch wenn wir telefonieren können oder TV schauen.

Ein **Medien-Modell**

	Primärmedien	Sekundärmedien	Tertiärmedien	Quartärmedien
Medienproduzent	benötigt keine Technik	benötigt Technik	benötigt Technik	benötigt Technik
Medienrezipient	benötigt keine Technik	benötigt keine Technik	benötigt Technik	benötigt Technik
Exempel	Sprache, Gesten	Bücher, Bilder	Telefon, Film, TV	Computer, Smartphone, Tablet

(Eigene Darstellung)

Eine alternative Bestimmung bietet die Möglichkeit, Ort und Zeit für eine Charakterisierung des jeweiligen Medientyps zu berücksichtigen. Bei Primärmedien befinden sich Sender und Empfänger zur gleichen Zeit am selben Ort unabhängig der Beteiligung technischer Geräte. Sekundärmedien konzentrieren sich auf die Dimension der Zeit, da die eingesetzte Technik eine diese überdauernde Nachricht erschafft, gleichgültig an welchem Ort sich beide Seiten befinden. Tertiärmedien verfolgen indes den Zweck, räumlich voneinander entfernte Kommunikationspartner miteinander qua Technikeinsatz im Idealfall zeitgleich zu verbinden. Einen weiteren Fall von Medien stellen in der heutigen Zeit diejenigen dar, denen das Prädikat ‚digital' zugesprochen wird, eine Kategorie, die Helmut Faßler als computerbasierte und computerverstärkte Medienbereiche netztechnischer und elektronisch-räumlicher Konsumption, Information und Kommunikation beschrieben und quartäre Medien genannt hat (vgl. Faßler 1997: 117). Diese Medien zeichnen sich durch eine, wie Faßler sie nennt, ‚Fernanwesenheit' aus. Das heißt, Zeit und Raum spielen für sie keine wesentliche Rolle mehr. Bei ihnen vermischen sich die Medieneigenschaften nach Pross. Zeit- und ortsunabhängige interaktive sowie personalisierte Kommunikation mit Einzelnen und Gruppen sind mit ihnen möglich, was angesichts Sozialer Netzwerke wie *facebook* virulent ist. Die Nutzer:in kommuniziert darin mit sich selbst, mit der technischen Apparatur (der *Medienmaschine*) und einer potenziellen Vielheit anderer Nutzer:innen. Es bleibt allerdings zu fragen, ob diese Medienauffassung tatsächlich einen wesentlichen Neuerungswert gegenüber dem oben skizzierten Drei-Stufen-Modell eröffnet.

Angesprochen werden können an dieser Stelle nicht alle theoretischen Annäherungen an den Begriff des ‚Mediums'. Als Einstieg zumindest erwähnt werden müssen jedoch die Positionen Emil Dovifats, Harold Dwight Lasswell und Gerhard Maletzkes, die von diesen aufgestellt worden sind, bevor es überhaupt eine Medienwissenschaft gegeben hat und die die Erscheinung der Massenkommunikation durch Medien perspektivieren (vgl. Dovifat 1998; Lasswell 1960; Maletzke 1963). In der Folge wurde unterschiedlichen Überzeugungen Ausdruck verliehen, die von der so genannten Kritischen Theorie und deren Hauptvertreter Max Horkheimer und Theodor W. Adorno, über Hans Magnus Enzensbergers *Baukasten zu einer Theorie der Medien* bis hin zu den systemtheoretischen Unterscheidungen Niklas Luhmanns, einer *Kommunikologie* nach Vilém Flusser und der *Mediologie* Régis Debrays reichen (vgl. Adorno and Horkheimer 1980; Enzensberger 1970; Luhmann 1997; Flusser 1996a; Debray 2003). Gemeinsam ist ihnen, Medien nicht solitär als technische Artefakte, sondern auch in ihrer gesellschaftlichen und zeichenhaften Dimension zu begreifen. Die Idee, dabei bestimmte Leitmedien auszumachen, die einen besonderen sozialen bzw. meinungsbildenden Einfluss haben können, geht auf Jürgen Wilke zurück (vgl. Wilke 1999). Zu diesen hinzu genommen werden kann schließlich auch die Gliederung von Medien gemäß ihrer Aufgabe und nicht gemäß ihrer Eigenschaften und/oder Bedürfnisse: Signalübertragung mittels Datenkabel zählt hierzu ebenso wie Informationsspeicherung mittels Festplatten oder CD-Roms, Zeichencodierung mittels Handschriften oder technisch hergestellter Schriftzeichen (etwa im Buchdruck) und Informationswiedergabe auf statischem, akustischem oder audio-visuellen Weg als Bild, Fotografie, Lied oder Film.

1.3 Was heißt Medienwissenschaft?

Eine solche nur angedeutete Begriffsbestimmung der ‚Medien' evoziert schon allein aufgrund der Komplexität und Differenzierung ihres Gegenstandes eine ebenso komplexe wie differenzierte wissenschaftliche Auseinandersetzung (vgl. Heller et al. 2000). Eine Wissenschaft der Medien speist sich mithin aus einer Vielzahl an einzeldisziplinären Blickwinkeln, die einerseits theoretisiert (vgl. Vogel 2001: 116), anderseits material- und themabezogen und schließlich auch Themen zentralisiert vorgehen. Das heißt, dass sich zahlreiche Wissenschaften dem Gegenstandsfeld der

1.3 Was heißt Medienwissenschaft?

Medien annehmen und mit diesem je unterschiedlich arbeiten: sei es, um soziologisch zu argumentieren, wie dies etwa Talcott Parsons oder Jürgen Habermas und wiederum Niklas Luhmann tun (vgl. Parsons 1971; Habermas 1981; Luhmann 1997), sei es, um den Einbezug und die damit verbundene Transformation von Künsten (allen voran erneut: die Literatur) im Vergleich (vgl. Fohrmann 2004) und in der Konfrontation mit Medien zu erforschen (vgl. u. a. Hallenberger 2000: 551), oder sei es, um sich intensiv und ausschließlich dem Phänomen des Mediums zu widmen.

1.3.1 Medien erforschen

In diesem weiten Spektrum ist die Rede von einer Medienwissenschaft angesiedelt. Mit ihr soll die Aufmerksamkeit auf die Gesamtheit desjenigen gelenkt werden, was vor, nach und in Medien liegt, auf das, was sich in medialer Gestalt oder auch als ein mediales Denken darstellt bzw. in Erscheinung tritt: die Bedingungen, Auswirkungen und Bedeutungen von Medien. Im Horizont des weiten Feldes, das sich damit Disziplinen übergreifend etabliert, setzt die Medienwissenschaft, vereinfacht gesagt, auf eine zweiseitige Herangehensweise. Zum einen setzt sie auf den spezifischen Umgang mit textuellen und kulturellen Erscheinungen z. B. der Literatur, des Theaters, des ethnischen Zusammenhangs usw. Medienwissenschaft ist dann eine Kulturwissenschaft. Zum anderen setzt sie auf die ökonomischen und sozialen Strukturen und politischen Systeme z. B. der Kommunikation und Distribution. Medienwissenschaft ist dann eine Sozialwissenschaft, heißt dann aber Publizistik- und Kommunikationswissenschaft (vgl. Hickethier 2003: 6 f.). Das vorliegende Buch, das im Titel den Begriff ‚Medienkulturwissenschaft' führt, sieht sich in diesem Kontext dem erstgenannten Weg einer wissenschaftlichen Auseinandersetzung mit Medien verpflichtet, ohne den zweitgenannten abzulehnen oder zu verschweigen. Fokussiert wird vielmehr auf eine Problematik, die zwar von Fall zu Fall die Parteinahme für eine Seite notwendig macht und also wiederum eine Entscheidung verlangt, um überhaupt den Inhalt eingrenzen zu können. Im Mittelpunkt stehen daher die Facetten einer medial konnotierten und konstituierten Kultur, für die die Sphäre der Medien einen ursprünglichen Charakter einnimmt und die sich in Verfahren, Figuren, Schemata und Mustern niederschlägt. Mehrheitlich geht es dementsprechend im Folgenden um eine kulturwissenschaftlich forcierte Medien-Bestimmung. Im Zentrum steht gleichwohl grundsätzlich die Frage der Medienbildung im buchstäblichen Sinne: „Medien werden somit begriffen als Formationssysteme, die Kultur herstellen und Kommunikation ermöglichen." (Bohnenkamp und Schneider 2005: 44)

Die Frage nach dem, was Medienkulturwissenschaft heißt, betrifft somit ein ganzes Spektrum an wissenschaftlichen Herangehensweisen, die zueinander, wie

Siegfried J. Schmidt ihre Beziehung beschrieben hat, eine Art Nachbarschaft bilden, nicht ohne die damit verbundenen Schwierigkeiten zu benennen: „Wer ist (bzw. erklärt sich als) zuständig für welche Aspekte der Erforschung von Medien und Kommunikation? Welchen Status haben historisch gewachsene Disziplinen […] im sich neu formierenden Feld einer universalen Erforschung aller Phänomene, die mit Medien und Kommunikation im Zusammenhang stehen?" (Schmidt 2002: 53) Um diese **Medienforschung** näher zu konturieren, schlägt Schmidt an dieser Stelle vier Möglichkeiten vor, die in ihrer Komplexität eine weitere Sicht auf das, was Medienwissenschaft ist bzw. sein kann, anbieten (vgl. ebd.: 54 f.).

Medienforschung
(1.) Medienwissenschaft und Medientheorie sind wesensverwandt, unterscheiden sich aber im Forschungsfeld voneinander. Während Erstgenannte sich aufgrund ihrer Herkunft aus dem Forschungszusammenhang der Philologien, speziell der Germanistik, mit Medienangeboten auseinandersetzt, lenkt Zweitgenannte ihr Augenmerk auf die Entstehung und Bedeutung der Medientechnologie.
(2.) Gegenstandsbereiche von Medienforschungen können Einzelmedien ebenso sein wie das Mediensystem einer Gesellschaft; sie müssen dementsprechend unterschiedliche Fragestellungen aufgreifen, die medienrechtlicher, medienethischer oder medienökonomischer Natur sein können. Außerdem lassen sich produktionsorientierte Verfahren von rezeptions- und distributionsorientierten differenzieren – z. B. Redaktions- von Medienwirkungsforschung und von Medienkritik.
(3.) Die jeweilige Medienforschung rekurriert auf einen je unterschiedlichen theoretischen Rahmen. Daher reihen sich Philologie, Publizistik, Soziologie, Technikphilosophie usw. in das Feld der Medienforschung ein.
(4.) Medienforschung beschreibt und analysiert entweder ein Untersuchungsfeld oder sie zielt darauf ab, es sozial und kulturell zu kritisieren.

Wenn die vorliegende Einführung von Medienkulturwissenschaft spricht, dann tut sie dies immer vor der Folie der so bereits kurz anvisierten Programmatiken im wissenschaftlichen Umgang mit dem Thema der Medien. Der übergeordnete Begriff der ‚Medienwissenschaft' ist schließlich immer dort am Platz, wo er als *terminus technicus* für solche Verfahren gebraucht wird, bei denen mit Hilfe wissenschaftlicher Methoden (seien sie kultur- oder sozialwissenschaftlich, seien sie technologisch oder philosophisch etc.) Erkenntnisse über die Merkmale und Strukturen, die Darstellungen und Auswirkungen der Medien erbracht werden sollen. Die Rede von einer oder sogar *der* Medienwissenschaft sagt dabei, dass es bei ihr darum geht, ein transdisziplinäres Forschungs-, Lehr- und Lern-Programm zu verfolgen und zu betreiben, wie dies Gebhard Rusch als eine integrierte bzw. eingebettete Disziplin näher erläutert hat: als eine Wissenschaft, die aus den Philologien (der Literatur-, Buch-, Theater-, Film- und Fernsehwissenschaft sowie der Literatur-Soziologie, der Literatur-Psychologie, der Literatur-Didaktik) stammt und die daher etwa auch Buchmarktforschung, Bestsellerforschung und Empirische Literaturwissenschaft inklusive der Informatik in den Geisteswissenschaften berücksichtigt, die aber auch von der Kommunikationswissenschaft (von der Journalistik, der Publizistik, der Media- und Marktforschung, der Kommunikationssoziologie, der Kommunikationspsychologie, der Medien-Pädagogik, der Medien-Wirtschaft, dem Medien-Recht und dem Medien-Marketing) profitiert und heute mehr denn je in unmittelbarer Nähe zur Allgemeinen Informatik, zur Medieninformatik, zu den Computerwissenschaften und der Nachrichten-Technik stattfindet. Darüber hinaus expliziert sie neu das Grafik-Design, das Interface-Design, das Kommunikationsdesign und Multimedia (vgl. Rusch 2002: 73).

1.3.2 Das Rauschen der Medien 1

In der vorliegenden Einführung geht es um diese Vielfalt an medienwissenschaftlichen Möglichkeiten, die in ihren Grundzügen vorgestellt und als Denkbilder in aller gebotenen Kürze in ihren Entwicklungen und Wendungen dargestellt werden sollen. Neben Kittlers *Aufschreibesystemen* werden dazu weitere einflussreiche Bücher, Ansätze und Konzepte, die die so zu präsentierende ‚Medienkulturwissenschaft' begleitet und konstituiert haben, angesprochen werden. Ihnen schuldet sowohl diese Einführung im Allgemeinen wie im Besonderen einerseits die Konzentration auf den Moment einer Durchdringung im Sinne Walter Benjamins. Medien durchdringen sowohl eine Gesellschaft als auch deren Kommunikationsweisen. Sie durchdringen diejenigen, die sie gebrauchen, und jene, die diesen Gebrauch realisieren, also die Apparaturen. Sie durchdringen Systeme und Regime und sie durchdringen auch sich selbst (vgl. Benjamin 2002: 372). Zum anderen baut Medienkulturwissenschaft gleichsam auf den Singularitäten der Störung respektive des Rauschens (vgl. Schüttpelz 2003). Ihre Implikationen und Bedeutungen, ihre Wegmarken und Meilensteine, ihre Verzweigungen und Hierarchien lassen sich mit Hindernissen, Interzeptionen, Verschlüsselungen u. ä. besonders gut beschreiben.

Die Durchdringungen und die Störungen/das Rauschen der Medien, deren Herkunft, Umwandlung und Nutzung werden in diesem Buch in einzelnen Themenblöcken isoliert und jeweils exemplarisch demonstriert. Der methodische Leitgedanke der Arbeit besteht deswegen darin, einen sinnvollen Überblick über zahlreiche Annäherungen anzubieten und auf diese Weise zu sagen, wie Medienkulturwissenschaft handelte, handelt und handeln wird. Herausgearbeitet werden sollen schließlich allgemein deren Strukturen, die Wissen über/von/durch Medien geschaffen haben, schaffen und schaffen werden. Wie es dazu gekommen ist, dass sich heute derart über Medien wissenschaftlich geäußert werden kann, resümiert Kap. 2. Die Mediengeschichte dominanter Medien erzählt Kap. 3 anhand wichtiger Komplexe von betroffenen Praktiken und Diskursen. Das Interesse von Kap. 4 kommt im Anschluss und als *Herzstück* dieses Buches auf die Mediengrenzen verbindenden und überschreitenden Dimensionen zu sprechen, die etwa am prominenten Beispiel von Medien *und* Literatur demonstriert werden, um in Kap. 5 die theoretischen und ästhetischen Dimensionen von Medienbereichen in den Mittelpunkt zu stellen. Am Ende wird schließlich die aktuelle Medienkultur als soziales Gefüge skizziert, das mit Hilfe entsprechend neuer Applikationen unseren Alltag gestaltet und vehement beeinflusst.

In jedem dieser Kapitel geht es darum, anhand der wichtigsten Stationen nachzuzeichnen, wie in beachtlichen Medien-Konstellationen der einzelnen Gebiete ein Verständnis und eine wissenschaftliche Orientierung herausgestellt werden kann und wie ein entsprechender Wissenschaftsprozess in Gang gekommen ist, der Theorie einschließlich der Ästhetik als Grundkonstante versteht und Praxis einschließlich der Produktion als eigenes Regulativ begreift. Die Nahtstelle beiden Felder bildet insgesamt, so die Perspektive, die das vorliegende Buch vorschlägt, die Gestaltung von Medien – in ihrer theoretischen wie in ihrer praktischen Tiefe. Es ist damit ein Blick über den Tellerrand bisheriger medienwissenschaftlicher Einführungen, dem versucht wird, Rechnung zu tragen: als Versuch, eine Medienkultur als Gestaltungsdispositiv zu erkennen, d. h. als Maßnahme, Vorrichtung und Plan, der bestimmte Vorentscheidungen bei der Handhabung, beim Einsatz und bei den Interaktionen von Medien untereinander und in Beziehung zu weiteren Phänomenen erfasst, beschreibt und festhält. Was Michel Foucault im Allgemeinen unter einem Dispositiv verstanden hat, nämlich ein entschieden heterogenes Ensemble zu betrachten, das Diskurse, Institutionen, auch architekturale Einrichtungen sowie reglementierende Entscheidungen, Gesetze, administrative Maßnahmen, wissenschaftliche Aussagen, philosophische, moralische oder philanthropische Lehrsätze, kurz: Gesagtes ebenso wohl wie Ungesagtes umfasst (vgl. Foucault 1978: 119 f.), exemplarisch und ausgewählt auf die Medien zurück zu falten, ist somit das Gesamtanliegen dieser Einführung. Das Netz, das zwischen den Elementen der Medien geknüpft werden kann, rückt damit ebenso in den Vordergrund wie deren

Positionswechsel, ihre Funktionsveränderungen und ihre vorwiegend strategische Funktion.

Die Frage nach dem Wesen und Gehalt der Medienwissenschaft ist bisher bereits in einer Reihe beachtenswerter Werke bearbeitet worden, in deren Texten allerdings eine je abweichende Schwerpunktsetzung erfolgt ist und nicht selten eine der beiden auch hier betonten Pole von Theorie und Praxis gleichermaßen ungleichmäßig bedient wird. Das gilt auch, wenn überblicksartig einzelne medienwissenschaftliche Köpfe (z. B. McLuhan, Postman sowie auch *Stars*) im Fokus stehen und versucht wird, Medien-Systematisierungen und Medien-Entwicklungen abzubilden, etwa Medien-Reichweite, Medien-Beobachterperspektiven oder Medien-Identitäten (vgl. Ludes 2003). Das gilt zudem, wenn semiotische Implikationen sowie Bild und Bildlichkeit, Text und Textualität, Narration und Fiktion etc. stark gemacht werden (vgl. Hickethier 2003), oder wenn, modular und schematisch organisiert, medienanalytische Fallstudien zum Theater, zur Zeitschrift, zum Fernsehen usw. angeboten werden (vgl. Faulstich 2003). Und das gilt vor allem, wenn in erster Linie informationstheoretische und verhaltenspsychologische Aspekte hervorgehoben und insbesondere soziofunktionale Zusammenhänge erklärt werden, um dadurch auf die Punkte der Medien-Öffentlichkeit, Kommunikations-Konstruktion und Medien-Realität(en) eingehen zu können, zumal in diesem Fall empirische Medienforschung allein im Mittelpunkt steht (vgl. Stöber 2008). Demgegenüber generiert sich die hier vorgeschlagene Medienkulturwissenschaft aus miteinander verzahnten, diskursiv verschränkten wissenschaftlichen Spielarten: als Option, die (Auf-)Stellungen der Medien sowohl theoretisch zu reflektieren und an thematischen Fallstudien zu spezifizieren als auch im praktischen Austausch in historischer Sichtweise zu diskutieren.

Zusammenfassung
Eine Einführung in die Medienkulturwissenschaft ist heute nicht zu denken ohne den Einfluss des Medientheoretikers und Literaturwissenschaftlers Friedrich A. Kittler, der als deren Gründungsvater in einer kulturwissenschaftlichen Orientierung gelten kann. Sowohl dessen Identität als philologisch qualifizierter Wissenschaftler, der die Öffnung insbesondere der Germanistik gegenüber Medien als einer der prominentesten Vertreter vorangetrieben hat, als auch seine theoretischen Schriften haben medienkulturwissenschaftliche Forschung und Lehre in Deutschland beflügelt. Von Kittler ausgehend lässt sich der Bogen von einer ersten Bestimmung des Begriffs ‚Medium' in einem kommunikativen wie technologischen Verständnis hin

zu einer Unterscheidung verschiedener Medien-Typen schlagen. Gleichzeitig ergibt sich vor dem Hintergrund dieser begrifflichen Verortungen der Versuch, die Medienwissenschaft grundsätzlich disziplinär zu situieren und gegenüber einer eher sozialwissenschaftlichen Orientierung abzugrenzen, die statt Analyse und Interpretation von medialen Phänomenen, Zusammenhängen und Konstitutionen deren empirisch-quantitative Erhebung favorisiert. So formiert sich die Medienkulturwissenschaft einleitend als ein grundsätzlich zunächst philologisch inspiriertes Fach mit gleichsam unscharfen Rändern, vielfältigen Thematiken und dementsprechend nicht immer eindeutigem methodischem Überbau. Innovativ behandelbar wird mit ihr gleichwohl ein Medien-Dispositiv, das die Verschiebung von Standpunkten, variablen Funktionalisierungen und Einfluss gebenden Strategien in politisch nicht einflusslosen Regimen dekliniert.

Literatur

Adorno, Theodor W./Horkheimer, Max: „Kulturindustrie. Aufklärung als Massenbetrug" [1948]. In: Adorno, Theodor W. / Horkheimer, Max: *Dialektik der Aufklärung. Philosophische Fragmente.* 56.–60. Tsd. Frankfurt a.M. 1980, S. 108–150.

Alloa, Emmanuel: *Das durchscheinende Bild. Konturen einer medialen Phänomenologie.* Zürich/Berlin 2011.

Benjamin, Walter: „Das Kunstwerk im Zeitalter seiner technischen Reproduzierbarkeit" [1935]. In: Benjamin, Walter: *Medienästhetische Schriften.* Hg. v. Detlev Schöttker. Frankfurt a.M. 2002, S. 351–383.

Bohnenkamp, Björn / Schneider, Irmela: „Medienkulturwissenschaft". In: Liebrand, Claudia et al. (Hg.): *Einführung in die Medienkulturwissenschaft.* Münster 2005, S. 37–47.

Debray, Régis: *Einführung in die Mediologie. Facetten der Medienkultur* [2000]. Übers. v. Susanne Löscher. Bern 2003.

Dovifat, Emil: „Wege und Ziele der zeitungswissenschaftlichen Arbeit" [1928]. In: Sösemann, Bernd (Hg.): *Emil Dovifat. Studien und Dokumente zu Leben und Werk.* Berlin/ New York 1998, S. 464–477.

Enzensberger, Hans Magnus: „Baukasten zu einer Theorie der Medien". In: *Kursbuch* 20 (1970), S. 159–186.

Faßler, Helmut: *Was ist Kommunikation? Eine Einführung.* München 1997.

Faulstich, Werner: *Einführung in die Medienwissenschaft.* München 2003.

Faulstich, Werner: „Einführung: Zur Entwicklung der Medienwissenschaft". In: Faulstich, Werner: *Grundwissen Medien.* München ^{4}2000a, S. 11–18.

Flusser, Vilém: „Umbruch der menschlichen Beziehungen". In: Flusser, Vilém: *Kommunikologie. Schriften.* Bd. 4. Mannheim 1996a, S. 7–231.

Literatur

Fohrmann, Jürgen: „Der Unterschied der Medien". In: Fohrmann, Jürgen / Schüttpelz, Erhard (Hg.): *Die Kommunikation der Medien*. Tübingen 2004, S. 5–19.

Foucault, Michel: „Ein Spiel um die Psychoanalyse. Gespräch mit Angehörigen des Departement de Psychanalyse der Universität Paris/Vincennes". In: Foucault, Michel: *Dispositive der Macht. Über Sexualität, Wissen und Wahrheit*. Berlin 1978, S. 118–175.

Habermas, Jürgen: *Theorie des kommunikativen Handelns*. 2Bde. Frankfurt a.M. 1981.

Hallenberger, Gerd: „Medien". In: Fricke, Harald et al. (Hg.): *Reallexikon der deutschen Literaturwissenschaft*. Bd. II: H-O. Berlin/New York 2000, S. 551–554.

Heller, Heinz-B. et al.: *Über Bilder Sprechen. Positionen und Perspektiven der Medienwissenschaft*. Marburg 2000.

Hickethier, Knut: *Einführung in die Medienwissenschaft*. Stuttgart 2003.

Holl, Ute / Pias, Claus: „Aufschreibesysteme 1980/2010. In memoriam Friedrich Kittler". In: *Zeitschrift für Medienwissenschaft* 1 (2012), S. 114 f.

Kittler, Friedrich A.: *Aufschreibesysteme 1800 · 1900*. München ³1995.

Kittler, Friedrich A.: *Grammophon Film Typewriter*. Berlin 1986a.

Kittler, Friedrich A.: „Vorwort". In: Kittler, Friedrich A.: *Draculas Vermächtnis. Technische Schriften*. Leipzig 1993, S. 8–10.

Lasswell, Harold D.: „The Structure and Function oc Communication in Society" [1948]. In: Schramm, Wilbur (Hg.): *Mass Communications*. Urbana/Chicago/London 1960, S. 492–512.

Ludes, Peter: *Einführung in die Medienwissenschaft. Entwicklungen und Theorien*. Mit einer Einleitung von Jochen Hörisch. Berlin ²2003.

Luhmann, Niklas: *Die Gesellschaft der Gesellschaft*. 2 Bde. Frankfurt a.M. 1997.

Maletzke, Gerhard: *Psychologie der Massenkommunikation. Theorie und Systematik*. Hamburg 1963.

Mersch, Dieter: „Kritik des Medienteleologismus. McLuhan, Flusser und Hegel". In: Kerckhove, Derrik / Leeker, Martina/Schmidt, Kerstin (Hg.): *McLuhan neu lesen. Kritische Analysen zu Medien und Kultur im 21. Jahrhundert*. Bielefeld 2008, S. 196–209.

McLuhan, Marshall: *Die Gutenberg-Galaxis. Das Ende des Buchzeitalters* [1962]. Übers. v. Max Nänny. Bonn 1995.

McLuhan, Marshall / Fiore, Quentin: *Das Medium ist die Massage. Ein Inventar medialer Effekte* [1967]. Zusammengestellt v. Jerome Agel. Übers. v. Martin t Baltes u. Rainer Höltschl. Stuttgart ³2014.

Parsons, Talcott: *The System of Modern Societies*. Englewood Cliff, NJ 1971.

Pross, Harry: *Publizistik. Thesen zu einem Grundcolloquium*. Neuwied/Berlin 1970.

Ruf, Oliver: „Welche Theorie sollen wir lesen? Kittler im Kanon-Spiegel". In: Neuhaus, Stefan / Schaffers, Ute (Hg.): *Was wir lesen sollen. Kanon und literarische Wertung am Beginn des 21. Jahrhunderts*. Würzburg 2016a, S. 79–98.

Rusch, Gebhard: „Medienwissenschaft als transdisziplinäres Forschungs-, Lehr- und Lern-Programm". In: Rusch, Gebhard (Hg.): *Einführung in die Medienwissenschaft. Konzeptionen, Theorien, Methoden, Anwendungen*. Wiesbaden 2002, S. 69–82.

Schmidt, Siegfried J.: „Medienwissenschaft und Nachbardisziplinen". In: Rusch, Gebhard (Hg.): *Einführung in die Medienwissenschaft. Konzeptionen, Theorien, Methoden, Anwendungen*. Wiesbaden 2002, S. 53–68.

Schüttpelz, Erhard: „Frage nach der Frage, auf die das Medium eine Antwort ist". In: Kümmel, Albert / Schüttpelz, Erhart (Hg.): *Signale der Störung*. München 2003, S. 15–29.

Schulte-Sasse, Jochen: „Medien/medial". In: Barck, Karlheinz u. a. (Hg.): *Ästhetische Grundbegriffe. Ein Historisches Wörterbuch in sieben Bänden.* Bd. 4. Stuttgart/Weimar 2002, S. 1–38.
Stöber, Rudolf: *Kommunikations- und Medienwissenschaften. Eine Einführung.* München 2008.
Vogel, Matthias: „Was sind Medien?". In: Ders.: *Medien der Vernunft. Eine Theorie des Geistes und der Rationalität auf der Grundlage einer Theorie der Medien.* Frankfurt a.M. 2001, S. 114–158.
Wilke, Jürgen: *Mediengeschichte der Bundesrepublik Deutschland.* Köln/Weimar/ Wien 1999.

Weiterführende Literatur

Faßler, Helmut: *Was ist Kommunikation? Eine Einführung.* München 1997. Klassiker kommunikationswissenschaftlicher Einführungen.
Faulstich, Werner: *Grundwissen Medien.* München [4]2000. Kompendium, das mit Einzelbegriffen wie ‚Medientheorie', ‚Mediengeschichte', ‚Medienästhetik', ‚Blatt', ‚Heft/ Heftchen', ‚Plakat' oder ‚Zeitung' einzelne medienwissenschaftliche Kontexte und wichtige Medienarten erläutert.
Heller, Heinz-B. et al.: *Über Bilder Sprechen. Positionen und Perspektiven der Medienwissenschaft.* Marburg 2000. Einführung, die ihr Augenmerk auf den visuellen und audio-visuellen Aspekt von Medien richtet.
Hickethier, Knut: *Einführung in die Medienwissenschaft.* Stuttgart 2003. Eine der wichtigsten und ausführlichsten bislang vorliegenden Einführungen in die Medienwissenschaft, die daher einen starken Handbuchcharakter erhält.
Liebrand, Claudia et al. (Hg.): *Einführung in die Medienkulturwissenschaft.* Münster 2005. Einführungswerk, das verständlich und gut zusammenfassend die medienkulturwissenschaftliche Beschäftigung auf der Grundlage einer breiten theoretischen Basis vorstellt.
Rusch, Gebhard (Hg.): *Einführung in die Medienwissenschaft. Konzeptionen, Theorien, Methoden, Anwendungen.* Wiesbaden 2002. Eher ein Sammelwerk und keine ‚echte' Einführung, da in den versammelten Aufsätzen Spezialthematiken und programmatische Stellungnahmen behandelt und angegeben werden.
Wilke, Jürgen: *Mediengeschichte der Bundesrepublik Deutschland.* Köln/Weimar/Wien 1999. Standardwerk, das zum 50-jährigen Bestehen der Bundesrepublik Deutschland die Bundeszentrale für Politische Bildung in ihre Förderung und in ihren Verteiler aufgenommen hat, um dadurch zu Recht die Vermittlung der bundesdeutschen Mediengeschichte in Schule und Erwachsenenbildung zu fördern.

Zur Entwicklung der Medienkulturwissenschaft

2

> **Zusammenfassung**
>
> Die Entstehung ebenso wie die Erfolgsgeschichte der Medienkulturwissenschaft ist mit Prozessen einer Etablierung als wissenschaftliches Fach eng verbunden. Entsprechende Formate der Wissenschaftlichkeit finden sich in der Beschäftigung bzw. bei der Untersuchung und Erforschung von medialen Erscheinungen bereits zu Beginn des 20. Jahrhunderts in unterschiedlichen Versionen und Richtungen. Eine eigentliche Struktur erhält die *allgemeine* Medienwissenschaft erst Mitte der 1970er-Jahre, die dann eine bestimmte disziplinäre Form nach und nach ausbildet. Das Bemerkenswerte besteht hierbei darin, dass die Medienwissenschaft als Hilfswissenschaft gestartet ist und mittlerweile einen Wissenschaftsbereich markiert, ohne den das Wissenschaftssystem an vielen Stellen nicht mehr denkbar ist. Medienkulturwissenschaft markiert hier einen Ausgangspunkt, um sich über eine durch Medien konstituierte Gesellschaft wissenschaftlich zu äußern.

Zeittafel

1970-er	Entstehung der Medienwissenschaft literaturwissenschaftlicher Prägung
1980-er	Wechselseitige Betrachtung von Literatur und Medien mit zunehmender gegenseitiger Skepsis; Kampf um Zuständigkeiten
1990-er	Abnahme der Konkurrenz zwischen Literatur- und Medienwissenschaft; erneutes Aufkommen der Konkurrenz zwischen Medien- und sozialwissenschaftlich geprägter Kommunikationswissenschaft
2000–	Formierung einer kulturwissenschaftlich geprägten Medienwissenschaft; stark Theorie geleitete Untersuchung von Mediendiskursen sowie Diskursen über Medien; zunehmende Verhandlung des medienwissenschaftlichen Nutzens gegenüber der Berufspraxis

(Eigene Darstellung)

2.1 Anfänge der Medienwissenschaft

In nicht wenigen wissenschaftlichen Beschäftigungen sind Medien als Ausgangspunkte von Fragestellungen zu entdecken. Werner Faulstich nennt etwa die Politik- und Propagandaforschung, die Publizistik- und Zeitungswissenschaft, die Kommunikationssoziologie und die Meinungsforschung bzw. grundlegend die Kommunikationsforschung. Genannt werden auch die dazu gehörigen wissenschaftlichen Köpfe (die bereits in der Einleitung z. T. aufgeführt worden sind): Emil Dovifat, Fritz Eberhard, Günter Kieslich, H. Wagner, Hans-Bernd Brosius und Ulrich Saxer (vgl. Faulstich 2000a: 11). Allerdings ist bei ihnen keineswegs explizit von einer Medienwissenschaft die Rede. Vielmehr lässt sich die Geburtsstunde der heutigen Medienwissenschaft als eine Abspaltung von einer Art ‚Mutterwissenschaft' verstehen.

2.1.1 Geburtswehen

So wie während des Ersten Weltkriegs die Zeitungswissenschaft aus der Wirtschaftswissenschaft oder die Theaterwissenschaft aus der Germanistik entstanden ist (vgl. Hickethier 2003: 7), weil die Methoden der ‚Mutterdisziplin' nicht mehr ausreichten, um die je zentrierten Felder hinlänglich zu erfassen (im Theater z. B. ökonomische Aspekte gegenüber der Textzentriertheit philologisch-germanistischer Orientierungen), nabelt sich das, was später Medienwissenschaft genannt werden konnte, von demjenigen ab, was man Literaturwissenschaft nennt (siehe Zitat): Seit den 1960er-Jahren und schließlich ausdrücklich Mitte der 1970er-Jahre

2.1 Anfänge der Medienwissenschaft

entsteht, beflügelt vom Einbezug audio-visueller Medien als akademisches Thema, eine Medienwissenschaft literaturwissenschaftlicher Prägung (vgl. Faulstich 2000a: 11). Grund dafür war auch, dass sich diejenigen, die Literatur schufen – d. h. die Schriftsteller:innen – immer mehr und mehr nicht ohne Bezug auf *ihre* Medien bzw. auf solche, die deren Schreiben gleichsam umgab, literarisch äußern konnten (ganz abgesehen davon, dass viele Autor:innen schon seit der Erfindung von Radio, Film und Fernsehen für solche Medien tätig waren).

> **Zur Entwicklung der Medienwissenschaft (Faulstich 2000a: 11 f.)**
> „Eine explizite ‚Medienwissenschaft' entstand in der Bundesrepublik erst Mitte der siebziger Jahre, als die Germanistik die Massenmedien entdeckte […]. Exemplarisch steht dafür der von Helmut Kreuzer herausgegebene Band *Literaturwissenschaft – Medienwissenschaft*, der die einschlägigen Referate des Düsseldorfer Germanistentages 1976 zusammenfaßt. In den Vorbemerkungen wird noch von ‚riskantem Dilettieren' gesprochen. Medienwissenschaft war hier wie beim Saarbrücker Germanistentag 1980 die bloße Ausweitung des Texte-Kanons auf Spielfilme, Hörspiele, Fernsehspiele und Literatur in der Massenpresse. Entsprechend stand die Frage des Texttransfers von einem Medium ins andere (z. B. die ‚Literaturverfilmung') und die ‚Adäquatheit' dieser Adaption oder Transformation im Vordergrund. Keine eigenständige Disziplin lag vor, sondern Medienwissenschaft galt als ‚Sammelbegriff' mit heuristischem Wert. Die meisten traditionellen Literaturwissenschaftler verfolgten diese Ansätze mit großem Misstrauen."

Der strukturelle Kern des medienwissenschaftlichen Feldes, das sich Ende der 1970er/Anfang der 1980er-Jahre geradezu wie ein wissenschaftliches Lauffeuer ausbreitet, treibt die Auseinandersetzung mit literarischen Werken gewissermaßen in die Hände der Medien. Literatur wird neu verstehbar durch die medialen Bedingungen, vor deren Hintergrund sie stattfindet. Das betrifft beispielsweise das Hörspiel als literarisch-fiktionale Form, das zunächst nur mit dem Radio denkbar ist, und das betrifft ebenfalls das Fernsehspiel, das eben im Fernsehen gezeigt wird. Deshalb spricht Saxer grundsätzlich von einer Literaturexpansion in den Massenmedien (vgl. Saxer 1977). Die Manifestation der Medienwissenschaft als abgenabelte – weil losgelöste – eigenständige Wissenschaftsdisziplin wird damit an vielen Punkten angestoßen, letztendlich auch realisiert. Doch ist diese Entwicklung zum einen von vielen Streitigkeiten, Befindlichkeiten und Versuchen überschattet, die darauf fußen, den eigenen Einfluss auf das Verständnis und die Auslegung von dem, was Medien wie und wozu bewirken können, zu behaupten oder auszuweiten, zumal eine große und gewachsene Wissenschaft wie die Germanistik durch das Aufkommen der Medienwissenschaft Inhalte so zu sagen ansatzweise abgibt, wenn nicht sogar gänzlich verliert. Zum anderen hat es zeitgleich immer wieder Bestrebungen gegeben, sich wechselseitig anzunähern, die Positionen zu verbinden, sogar zu versöhnen. Dies betrifft empirische Herangehensweisen (vgl. Kreuzer und Viehoff 1981) ebenso wie kommunikationsgeschichtliche (vgl. Bobrowsky und Langenbucher 1987). Bezeichnend für die Institutionalisierung der Medienwissenschaft bleibt gleichwohl deren ursprünglich literarturwissenschaftliche Ausstrahlung, die Fragen der Ästhetik im Verständnis als Wahrnehmungsweisen fokussiert und die darüber hinaus Thematiken der Darstellung und Inszenierung von Fiktionen ausbuchstabiert, d. h. Medien wiederum insbesondere als ästhetische Produkte betrachtet (vgl. Kap. 4).

2.1.2 Grabenkämpfe

Die wissenschaftskonstitutiven Fragen, die diese Geburt der Medienwissenschaft aufwirft, verweisen auf die wechselseitige Diskussion der daran Beteiligten, sind es doch verstärkt Medien-Germanist:innen bzw. Medien-Literaturwissenschaftler:innen, die *Ansichten einer künftigen Medienwissenschaft* wiedergeben – so der Titel eines einschlägigen Sammelbandes (vgl. Bohn et al. 1988). Aus dem Schatten der Germanistik und Literaturwissenschaft herauszutreten, wird denn auch eines der Anliegen, die sich die spätere Medienkulturwissenschaft in der Folge ihrer Entstehung zu stellen hat. Entscheidend bleibt daher, dass das Konzept der Medienwissenschaft mit eigener Identität, Kompetenz und Ort, die aus dem Unterschlupf bei anderen Fächern herauszukommen vermag, sich darauf ausrichtet, verstreute Tendenzen zu integrieren, um zur gleichen Zeit Brücken für eine interdisziplinäre Medienforschung zu bilden (vgl. Hickethier 1988). Das Projekt der Medienkulturwissenschaft muss diesem Anliegen gerecht werden. Wie jedes hehre Ziel stehen diesem jedoch weitere Hürden im Weg. Eine große tut sich hier Anfang der 1990er-Jahre auf, d. h. zu einer Zeit, als Germanistik und Literaturwissenschaft ihren partiellen Widerstand oder, schwächer formuliert, ihre Skepsis gegenüber *ihrer* Medienwissenschaft zurückbilden, dann aber die Sozialwissenschaften ihren Anteil an medienwissenschaftlichen Gebieten einfordern. Soziologie und Sozialpsychologie spielen in diesem Dilemma eine entsprechende Rolle, indem programmatisch die Massenkommunikation für jene beansprucht werden. In erster Linie greifen die dazu zu rechnenden Arbeiten neu auf die Politik in ihrer Funktion zwischen Wissenschaft und Praxis zurück (vgl. Roß und Wilke 1991) und es ist die Publizistik-

2.2 Umorientierungen der Sozial- und Geisteswissenschaften

wissenschaft, die sich neu und dominant für medienwissenschaftliche Perspektiven in der Verantwortung sieht und sich auch in die entsprechende Stellung bringt. Im Grunde genommen geht es bei diesen Grabenkämpfen um die Deutungshoheit, wer sich wie in erster Linie über Medien wissenschaftlich äußern soll/kann/darf. Es geht darum, wer den **Paradigmenwechsel** im System und im Betrieb der Wissenschaften, den die Entstehung der Medienwissenschaft ausgelöst hat, bestimmt.

> **Paradigmenwechsel (vgl. Kuhn 2001: 28–30)**
> Die Wissenschaftstheorie geht oftmals davon aus, dass sich neue Wissenschaften in einer Übergangsphase von normaler zu revolutionärer Wissenschaft ausbilden können. Angezeigt werden können solche Entwicklungen etwa durch eine plötzlich stark anwachsende Zahl an wissenschaftlichen Publikationen zu neuen wissenschaftlichen Themen, auch durch neue Forschungsprojekte oder auch neue Studiengänge – sie können in ihrem Aufkommen Hinweise dafür sein, dass sich eine neue Wissenschaft mindestens formiert. Auch die Institutionalisierung in Form von Fachgesellschaften ist hierfür ein Zeichen, ferner thematisch einschlägige wissenschaftliche Tagungen, Konferenzen oder Ringvorlesungen. Revolutionär ist eine neue Wissenschaft dann, wenn nicht nur neue Fragestellungen als neue Forschungsfelder erörtert und erprobt werden, sondern auch, dass nunmehr zuvor unüberwindbar scheinende wissenschaftliche Grenzen (wie diejenigen zwischen Literatur und Medien) diskutiert und überbrückt werden. Dann steht ein so genannter Paradigmenwechsel bevor, der ältere wissenschaftliche Übereinkünfte verabschiedet und an deren Stelle neue bzw. revolutionäre Ideen, Ansätze und Methoden setzt.

2.2 Umorientierungen der Sozial- und Geisteswissenschaften

Medien wissenschaftlich zu denken, lenkt den Blick auf die Chance, alte und neue Wissenschaften Disziplinen übergreifend einander anzunähern und kooperativ zu verzahnen. Faulstich wiederum verweist hier auf ein Richtung weisendes Format, das beispielhaft die Annäherung und Kooperation verschiedener Disziplinen als erreichbar hat scheinen lassen. 1990/91 hat das Funkkolleg *Medien und Kommunikation* stattgefunden, das in Zusammenarbeit mit dem Deutschen Institut für Fernsehstudien an der Universität Tübingen und dem Hessischen Rundfunk unter der Leitung von Siegfried J. Schmidt, Siegfried Weischenberg und Klaus Merten eine Reihe von Studienbriefen hervor gebracht hat; in ihm haben mit einigen Schwierigkeiten Literaturwissenschaftler:innen und Medienwissenschaftler:innen mit Kommunikationssoziologe:innen und Publizistikwissenschaftler:innen letztendlich erfolgreich kooperiert (vgl. Faulstich 2000a: 15). Umgekehrt haben Umorientierungen innerhalb der beteiligten Wissenschaften geradezu schon immer eine solche ideale Annäherung erschwert und teilweise unmöglich gemacht.

2.2.1 Einordnungen

Die sozialwissenschaftliche, empirische Befunde privilegierende Aufstellung der Publizistik hat zum Beispiel für medienwissenschaftliche Herangehensweisen die Distanzierung von fiktionalen und unterhaltenden Aspekten in den Medien bewirkt, das Medium Film vernachlässigt und qualitative Methoden gegenüber quantitativen Methoden abgewertet: „Dies begünstigte das Entstehen der Medienwissenschaft, die im Film und der Audiovision sowie in ästhetischen Fragestellungen ihren Schwerpunkt sah." (Hickethier 2003: 7 f.) Demgemäß lässt sich Medienkulturwissenschaft in dreifacher Weise thematisch und methodologisch verstehen:

- Medienkulturwissenschaft schöpft ihre Gegenstände aus einem erweiterten Text- und Kulturverständnis, das fiktionale und fiktive respektive unterhaltende und unterhaltsame mediale Formen gemäß ihrer germanistisch-literaturwissenschaftlichen Herkunft auslotet;
- in diesem Sinn wirft Medienkulturwissenschaft ihre Blicke auf die Medien Film und Fernsehen, Radio und Internet, die sie als Ausdrücke von Hoch- wie Populärkultur begreift;
- als Instrumente und Werkzeuge richtet sich Medienkulturwissenschaft auf Einzelfälle, auf Singularitäten in ihrer spezifischen Auffälligkeit, die sie analysiert und interpretiert – mit einer darauf rekurrierenden Theorie im Rücken und einer fundierenden Geschichte im Brennpunkt.

Bei Medienkulturwissenschaft geht es um die Aufmerksamkeit für jene Einrichtungen, die die genannten Medien herstellen, mit ihnen etwas vermitteln und, indem sie so vorgehen, Diskurse hervorbringen: Redezusammenhänge als Mediendiskurse, die das Reden in den Medien verstärken und Medieninhalte organisieren, indem das Lesen und Betrachten, das Zuhören und Zuschauen beeinflusst wird.

2.2 Umorientierungen der Sozial- und Geisteswissenschaften

Diese bestehen, so Hickethier, in Radio und Fernsehen aus der Abfolge von Sendungen und deren Argumentationen und stereotypen Mustern, Wertsetzungen etc., beim Film aus der Abfolge von Filmen in den Kinoprogrammen und im Internet aus den Text-, Bild- und Tonangeboten (vgl. ebd. 8 f.). Der Hypertext, der die Erscheinungen des Internets einschließlich der damit aufkommenden Kommunikation in Gestalt von Verlinkungen manifestiert, ist ein gutes Beispiel für diesen Schauplatz der Medienkulturwissenschaft. Wenn Pierre Lévy die *Metapher des Hypertextes* auslotet, dann richtet sich das Interesse auf einen Fundus gemeinsamer Referenzen und Assoziationen, auf ein gemeinschaftliches hypertextuelles Netz und einen gemeinsamen Kontext: als ein ständig in Bewegung befindliches System von Sinnesbeziehungen (vgl. Lévy 2000: 527 f.). In gleicher Weise metaphorisch spricht man denn auch diskursiv über die Medien. Knut Hickethier führt als Beispiele das Fernsehen als Fenster zur Welt oder die Datenautobahn des Internets an (vgl. Hickethier 2003: 8 f.).

Im Hinblick auf den wissenschaftlichen Index der Medienkulturwissenschaft ist auffällig, dass die Frage nach ihrer Zuordnung und damit nach ihrer Zuständigkeit virulent ist. Sie stellt sich auch in Konstellationen, die nicht allein Aspekte der Wissenschaft, d. h. von Forschung und Lehre, sondern auch der Berufspraxis, d. h. von Anwendung, betonen (vgl. Jäger und Schönert 1997). Das Stichwort des Journalismus als ein solches berufspraktisches Betätigungsfeld fällt immer öfter, gerade aber auch wiederum in Verbindung mit germanistischen/literaturwissenschaftlichen Studiengängen (vgl. Schönert 1993, 1998, 1999a, b). Die Orientierung an angewandtem Wissen, was etwa auch den Transfer von Theorie in Praxis meint (vgl. Hepperle et al. 2016), werden der Medienkulturwissenschaft neben ihrer starken theoretischen Durchsetzung als Fähigkeiten zugestanden. Sie lebt mithin gleichsam von einem Anwendungscharakter, den sie nicht zuletzt noch einmal ihrer literaturwissenschaftlichen Provenienz verdankt (siehe Zitat).

Vom Text- über das Literatursystem zum Mediensystem (Viehoff 2002: 28 f.)
„Eine Wissenschaft […], die nach langen Mühen erklärt, ihr Gegenstand und ihre Aufgabe sei es, das literarische Handeln von Subjekten in sozialen Gruppen, Subkulturen und Gesellschaften zu untersuchen, steht bei der weiteren Entfaltung der eigenen Grundannahmen, der Anwendung der Theorie und der Differenzierung der Modelle vor zwei zentralen Aufgaben. Sie muss einmal zu klären versuchen, wie alle einzelnen Handlungen in einem Handlungssystem zusammenhängen […]. Und sie muss sich zum zweiten dem

> Problem stellen, dass literarisches Handeln nicht exklusiv an *ein* Handlungsmedium gebunden ist, sondern die Medien literarischen Handelns vielfältig sind. Was bei einer textzentrierten Wissenschaft als Problem des ‚Transfers' vom Text in andere Medien der sprachlichen und visuellen Kommunikation – Theater, Fernsehen, Film behandelt wird, tritt nun als Grundproblem der Medialität von ästhetischer, literarischer Kommunikation überhaupt in den Blick. [...] Hatte Siegfried J. Schmidt noch 1984 einen programmatischen Aufsatz geschrieben mit dem Titel *Vom Text- zum Literatursystem*, so stellte sich jetzt die Frage, wie vom Literatursystem zum Mediensystem zu gelangen sei; denn das Literatursystem konnte am ehesten als ein Teil- oder Subsystem eines umfassenderen Handlungsbereichs verstanden werden, der durch Medien und Medienhandeln bestimmt war, und dieser Handlungsbereich war als System wieder am ehesten und sinnvollsten in einen übergeordneten Zusammenhang von Kultur zu stellen."

2.2.2 Medienfunktionen

Die Sozial- und Geisteswissenschaften, in deren Zwischenbereichen sich die Medienwissenschaft generell situiert, haben die Sichtweise auf Medien seit den 1980er-Jahren zwar auf der einen Seite den sozio-ökonomischen Verhältnissen gewidmet, auf der anderen Seite jedoch immer mehr auch die technische Verarbeitung von Datenflüssen aufgegriffen. Kommunikationsprozesse basieren in dieser Perspektive auf grundlegenden Operationen. Kittler zentriert sie in den Medientechnologien Übertragung, Speicherung und Verarbeitung bzw. Prozessieren (vgl. Kittler 1993a: 8). Dieser Weg einer medienkulturwissenschaftlichen Auffassung stellt den Digitalcomputer als eine Art umfassendes Meta-Medium auf die Bühne des wissenschaftlichen Diskurses. Basierend auf einem Informationsbegriff, der auf dem Modell der technischen Signalübertragung beruht, wird dadurch das Konzept der Medienkulturwissenschaft auf das Medium des Computers zentral hin ausgerichtet. Medienwissenschaft wird dann buchstäblich zur Computerwissenschaft. Beachtet man, wie dies Hartmut Winkler getan hat (vgl. Winkler 2015), dass insbesondere die Verarbeitung/das Prozessieren als Medienfunktion die Operationalisierbarkeit eines Mediums meint, erweist sich das wissenschaftsparadigmatische Potenzial der Medien ein ums andere Mal. Die Hinwendung einer Wissenschaft oder auch: vieler Wissenschaften zu den Medien zielt weniger auf fertige, abgeschlossene Produkte als vielmehr auf das, was währenddessen geschieht: auf die Dinge, die sich in ihrem Innern und auf ihrem Äußern, unter ihren Hüllen und

2.2 Umorientierungen der Sozial- und Geisteswissenschaften

auf ihren Oberflächen, in ihrem *Backend* und auf ihrem *Frontend* abspielen, permanent verändern und entwickeln. Winkler präzisiert dazu einen engen Begriff des ‚Prozessierens', der davon ausgeht, dass Medien in Produkte eingreifen und sie dadurch verändern:

- Im Akt des Prozessierens greifen konkrete Medienproduzenten ein: der Autor etwa, der Beleuchter, der Cutter, der Computerprozessor;
- Eingriffe aller Art sind dabei Beleuchter und Cutter, die Manipulation von Worten und Zahlen dem Autor und Computerprozessor vorbehalten;
- Dabei gilt, dass diese Unterscheidung nötig ist, um die falsche Verallgemeinerung zu verhindern, die Computer-Kriterien vorschnell auf alle Medien übertrage: „Im Feld der Computer mag Prozessieren tatsächlich ein ‚Manipulieren von Wörtern und Zahlen' sein; für Fotografie, Film oder Blockflöte dagegen wäre diese Bestimmung schlicht unzutreffend." (Winkler 2015: 31 f.)

Der Weg der Medienkulturwissenschaft führt in die Medien und in ihre Prozesse hinein und aus ihnen heraus. Er nimmt viele Abzweigungen über Techniken und Technologien, Materialien und Konstitutionen, Greifbares und Unsichtbares und er nimmt noch immer oftmals den (Um-)Weg über die Literatur. Einen frühen Aufsatz hat Kittler schließlich den Titel *Literatur und Literaturwissenschaft als Word Processing* gegeben (vgl. Kittler 1985): „Auch diese Formulierung geht von der Erfahrung des Computers aus, die sie nutzt, um Literatur – provokativ – auf Textverarbeitung zu reduzieren." (Winkler 2015: 18) Im zunächst unveröffentlichten Vorwort zu den *Aufschreibesystemen* situiert Kittler denn auch eine literaturwissenschaftliche Methode, die nach Maßgabe ihres Gegenstandes vorgehe, in der scheinbaren Äußerlichkeit von Information: „Elementares Datum ist, daß Literatur (was auch immer sie sonst sein mag) Daten verarbeitet, speichert, weitergibt. Und daß solche Datenakquisitions-, Datenspeicherungs- und Datentransmissionssysteme, wenn es sie in Gestalt von Texten gibt, dieselbe technische Positivität wie bei Computern auch haben." (Kittler 2012: 117) Eine Medienkulturwissenschaft, die Literatur und Medien wenigstens in ihren Verbindungen und Ähnlichkeiten anerkennt, ist die Voraussetzung, ihre Überwindung die Chance, die ein Studium der Medien realiter bedeutet. Wissenschaftliche Kompetenz für Medienberufe zu vermitteln, die in der Medienindustrie ihre Erwerbstätigkeit entwickeln, kann nämlich nur gelingen, wenn ausgehend von dieser Voraussetzung Pragmatik erwächst (vgl. Klauser und Leschke 2002a). Der Blick auf das pragmatische Diesseits und akademische Jenseits ist somit nicht zufällig in einer Situation geschärft worden, in der bedeutsame Wendungen der ihr eingeschriebenen und zutragenden Wissenschaften vonstattengegangen sind, d. h. durch die Vielfalt an Scharnierstellen und Einfallwinkel, die den Rahmen der Medienkulturwissenschaft bilden und ihn zugleich sprengen. Aus ihnen ist jene Hinwendung regelrecht entsprungen, die den Titel eines *Turns* im Sinne einer Umwandlung trägt.

2.3 Der Siegeszug der medienwissenschaftlichen Wende

Ein Quadrat wissenschaftlicher Umorientierungen, das sich aus Einkerbungen, Kanten, Rissen und Brüchen durch wissenschaftliche Erschütterungen zusammensetzt, bildet den Grundriss des medienkulturwissenschaftlichen Dispositivs, das bereits in der Einleitung dieses Buches umrissen worden ist. Dessen Struktur orientiert sich an jenen, zuletzt genannten Umwandlungen, die die theoretisch-konzeptionelle Aufmerksamkeit vor allem der Geistes- und Kulturwissenschaften verschoben und deren Forschungseinstellungen neue systematische Schwerpunktsetzungen beschwert haben.

2.3.1 Cultural Turns

Weniger allgemeine, ganzheitliche Auslegungen ästhetischer und kultureller Produkte wie Artefakte, Bilder, Kunstwerke oder Texte als vornehmlich die Bedingungen und Prozesse der kulturellen Produktion wie Herstellungspraktiken, Perspektivierungen, Symbolisierungen, gesellschaftliche Wahrnehmungen und schließlich mediale Kontexte, in denen kulturelle Artikulationen und Bedeutungen überhaupt erst hervorgebracht werden, führen zu einer Profilierung der Medienkulturwissenschaft als Umwandlungs-Motor und Wissenschafts-*Turn*-Katalysator. Für sie gilt dabei, was für das Potenzial eines **Cultural Turn** grundsätzlich Geltung hat: dass sie über ihre Effektivität auf den Feldern des akademischen Marktes hinausgehen und ihre größten Impulse sich wiederum aus ihrer Rückbindung an gesellschaftspolitische Prozesse ergeben: „Dass etwa Bild, Blick, Performativität oder Raum in jüngster Zeit zu zentralen Analysekategorien werden konnten, geht auf Veränderungen der gesellschaftlichen und medialen Wahrnehmungslage zurück." (Bachmann-Medick 2013: 400) Beispiele sind die Vorherrschaft des Visuellen oder auch auf die Übermacht der (Selbst-)Inszenierung durch mobile und smarte Medien (vgl. Ruf 2018a), mithin genuin mediale Entwicklungen.

> **Cultural Turn**
> Unter einem *Cultural Turn* versteht man bestimmte Tendenzen in den Geistes- wie in den Sozialwissenschaften, die durch die Durchsetzung kulturwissenschaftlicher Ansätze insbesondere der Kultursoziologie in der zweiten Hälfte des 20. Jahrhunderts entstanden sind; im Besonderen hat diese Entwicklung die neueren Philologien einschließlich der Literaturwissenschaft bzw. der Germanistik nachhaltig verändert. Richard Rorty hat etwa unter dem Stichwort des *Linguistic Turn* ausgeführt, dass kulturelle Äußerungen immer als Äußerungen in einer Sprache angesehen werden müssen, dass Sprache also ein Modell ist, das Kategorien für die Betrachtung kultureller Äußerungen bereitstellt (vgl. Rorty 1967). So gesehen können dann auch Medien wie Filme, Fernsehformate oder Radiosendungen untersucht werden, als seien sie eine Sprache, da sie wie eine solche funktionieren (vgl. Hickethier 2003: 13). Nach Doris Bachmann-Medick lassen sich vor allem folgende *Cultural Turns* identifizieren: *Interpretative Turn*, *Performative Turn*, *Reflexive Turn/Literacy Turn*, *Translational Turn*, *Spatial Turn* und *Iconic Turn* (vgl. Bachmann-Medick 2014). Ob dazu ein *Medial Turn* hinzugefügt werden muss, bleibt weiterhin zu diskutieren, nachdem dieser Punkt bereits Ende der 1990er-Jahre diskutiert worden ist (vgl. Weber 1999; Margreiter 1999).

2.3.2 Wozu Theorie?

Die Etablierung der Medienkulturwissenschaft ist aktuell nicht zuletzt durch die Einrichtung entsprechender Studiengänge an fast allen Universitäten, Fachhochschulen, Hochschulen für angewandte Wissenschaften und auch Kunstakademien sowie durch die Bewilligung und Einrichtung medienwissenschaftlicher Graduiertenkollegs und Forschungsverbünde weit vorangeschritten. Dieser Siegeszug in der Hochschullandschaft hat ihren Weg auch über Institutionen und akademische Strukturen genommen. Die massive Nachfrage auf der Seite der Studierenden nach medienkulturwissenschaftlichen Studienangeboten korrespondiert letztendlich mit der Wissenschaftsgeschichte des Faches, für das Differenz und Uneinheitlichkeit kennzeichnend geblieben ist. Darüber hinaus hat der Erfolg der Medienkulturwissenschaft auch etwas mit der Nachfrage einer bestimmten theoretischen Lage zu tun. War es in den späten 1950er-Jahren die so genannte Kritische Theorie mit ihrer Gesellschafts- und Kulturkritik von Adorno/Horkheimer bis Marcuse und Enzensberger, kam seit den 1960er-Jahren die Systemtheorie mit Luhmann als deren bekanntesten Protagonisten in Mode.

> **Medienwissenschaft als Medienkulturwissenschaft (Engell und Vogl 2000: 10)**
> „In dieser Hinsicht hat es eine Medienwissenschaft nicht einfach mit Geräten oder Codes, sondern mit Medien-Ereignissen in einem doppelten Sinn zu tun: mit jenen Ereignissen, die sich durch Medien kommunizieren, indem diese sich selbst als spezifische Ereignisse mitkommunizieren. Medien machen lesbar, hörbar, sichtbar, wahrnehmbar, all das aber mit der Tendenz, sich selbst und ihre konstitutive Beteiligung an diesen Sinnlichkeiten zu löschen und also gleichsam unwahrnehmbar, anästhetisch zu werden. Dieses doppelsinnige Medien-Werden von Apparaturen, Techniken, Symboliken oder Institutionen, das nicht von vornherein präjudizierbar ist und sich von Fall zu Fall auf je unterschiedliche Weise aus einem Gefüge aus heterogenen Bedingungen und Elementen vollzieht, eröffnet eine medienkulturelle Perspektive im engeren Sinn und führt die Medienwissenschaft aus den Monopolen von Philologie, Technikgeschichte oder Kommunikationswissenschaft heraus."

Die 1970er-Jahre prägte der in Frankreich entstandene Poststrukturalismus und Dekonstruktivismus mit deren (Vor-)Denkern Michel Foucault, Roland Barthes und Jaques Derrida. In den 1990er-Jahren stellten sich diesem die *Cultural Studies* bei Seite, um seit 2000 etwa die Akteur-Netzwerk-Theorie Bruno Latours immer häufiger in den Mittelpunkt theoretischer Anleihen zu rücken (vgl. Weber 2003: 295 f.). Die Medienkulturwissenschaft, die in diesem Zeitraum langsam aufkommt, sich behaupten muss und zu einer eigenen Identität und Markierung zu gelangen versucht, bezieht sich zwangsläufig auf die an dieser Stelle nur kurz zu nennenden populären Theorie-Kontexte. Es entsteht ein Theorien-Raum (vgl. ebd.: 301), der wissenschaftliches Handeln, wie Siegfried J. Schmidt formuliert, als systematisches zweckorientiertes Problemlösen konzipiert: „Theorien systematisieren gewissermaßen die Erfahrungen der Forscher mit ihren Versuchsinszenierungen, sie strukturieren den Erfahrungsraum von Forschern und konstituieren damit deren kulturelle ‚Einheitlichkeit' als Grundlage für kommunikative Intersubjektivität." (Schmidt 1998: 152) Zudem begleiten Theorien den Blick auf ‚zukünftige Medien' bzw. auf eine ‚medientechnische Zukunft', die als Schlüsselthema *von Gesellschaft* gelten kann (vgl. Ernst und Schröter 2020).

Zusammenfassung
Seitdem es Medien und Wissenschaften gibt, existiert eine wissenschaftliche Beschäftigung mit Medien in unterschiedlichen Disziplinen. Zu Beginn des 20. Jahrhunderts kulminiert diese aufgrund der damaligen gesellschaftlich-politischen Entwicklungen u. a. im Bereich der Propaganda. Durch die Entstehung der Zeitungskultur im 19. Jahrhundert formieren sich außerdem Publizistik und Zeitungswissenschaft. Erst im Laufe der 1970er-Jahre ergibt sich, nicht zuletzt durch die Neuaufstellung des Wissenschaftsbetriebs in der Folge der Studentenrevolte von 1968, in Deutschland die Abspaltung der Medienwissenschaft von der Literaturwissenschaft. Literarische Werke in ihrer Übertragung in andere Medien werden in den 1980er-Jahren eingehend beforscht. Zugleich setzt sich qua literaturwissenschaftlicher Prägung der Ansatz durch, Medien als ästhetische Artefakte und Produkte wissenschaftlich zu behandeln. Als die Medienwissenschaft aus dem Schatten der Literaturwissenschaft (als deren exotische Tochter) während der 1990er-Jahren heraustritt, fordern die Sozialwissenschaften, allen voran die Kommunikationswissenschaft, ihren Anteil am Untersuchungsfeld ein. Ab 2000 kann man von einer durch die kulturwissenschaftliche Neuorientierung der Geisteswissenschaften geleiteten Medienkulturwissenschaft sprechen, die heute immer öfter auch Fragen des Praxisbezugs und der Berufsanwendung stellt. Als eine Konstante der aktuellen Medienwissenschaft lässt sich der Rückbezug auf jene medientheoretischen Überlegungen auffassen, der die Funktionen von Medien anvisiert, etwa indem man, wie dies wiederum Friedrich Kittler getan hat, Übertragen, Speichern und Prozessieren expliziert.

Literatur

Bachmann-Medick, Doris: *Cultural Turns. Neuorientierungen in den* Kulturwissenschaften. Reinbek bei Hamburg ⁵2014.
Bachmann-Medick, Doris: „Turn(s)". In: Frietsch, Ute / Rogge, Jörg (Hg.): *Über die Praxis des kulturwissenschaftlichen Arbeitens. Ein Handwörterbuch.* Bielefeld 2013, S. 399–404.
Bobrowsky, Manfred / Langenbucher, Wolfgang R. (Hg.): *Wege zur Kommunikationsgeschichte.* München 1987.
Bohn, Rainer / Müller, Eggo / Ruppert, Rainer (Hg.): *Ansichten einer künftigen Medienwissenschaft.* Berlin 1988.
Engell, Lorenz / Vogl, Joseph: „Vorwort". In: Engell, Lorenz / Vogl, Joseph. (Hg.): *Kursbuch Medienkultur. Die maßgeblichen Theorien von Brecht bis Baudrillard.* Stuttgart ³2000, S. 8–11.

Ernst, Christoph / Schröter, Jens: *Zukünftige Medien. Eine Einführung.* Heidelberg 2020.
Faulstich, Werner: „Einführung: Zur Entwicklung der Medienwissenschaft". In: Faulstich, Werner: *Grundwissen Medien.* München ⁴2000a, S. 11–18.
Hickethier, Knut: *Einführung in die Medienwissenschaft.* Stuttgart 2003.
Hickethier, Knut: „Das ‚Medium', die ‚Medien' und die Medienwissenschaft". In: Bohn, Rainer / Müller, Eggo / Ruppert, Rainer (Hg.): *Ansichten einer künftigen Medienwissenschaft.* Berlin 1988, S. 51–74.
Jäger, Georg / Schönert, Jörg (Hg.): *Wissenschaft und Berufspraxis. Angewandtes Wissen und praxisorientierte Studiengänge in den Literatur-, Kultur- und Medienwissenschaften.* Paderborn 1997.
Kittler, Friedrich A.: „ohne Datum. Kittler: AUFSCHREIBESYSTEME 1800/100. Vorwort". In: *Zeitschrift für Medienwissenschaft* 1 (2012), S. 117–126.
Kittler, Friedrich A.: „Vorwort". In: Kittler, Friedrich A.: *Draculas Vermächtnis. Technische Schriften.* Leipzig 1993a, S. 8–10.
Kittler, Friedrich A.: „Literatur und Literaturwissenschaft als Word Processing". In: Stötzel, Georg (Hg.): *Germanistik – Forschungsstand und Perspektiven. Vorträge des Deutschen Germanistentages 1984. 2. Teil: Ältere deutsche Literatur, neuere deutsche Literatur.* Berlin/New York 1985, S. 410–419.
Klauser, Raimund / Leschke, Rainer: „Strukturmuster medienwissenschaftlicher Pragmatik". In: Rusch, Gebhard (Hg.): *Einführung in die Medienwissenschaft. Konzeptionen, Theorien, Methoden, Anwendungen.* Wiesbaden 2002a, S. 338–349.
Kuhn, Thomas S.: *Die Struktur wissenschaftlicher Revolutionen.* Übers. v. Kurt Simon. Frankfurt a.M. 2001.
Kreuzer, Helmut / Viehoff, Reinhold (Hg.): *Literaturwissenschaft und empirische Methoden.* Göttingen 1981.
Lévy, Pierre: „Die Metapher des Hypertextes". In: Pias, Claus et al. (Hg.): *Kursbuch Medienkultur. Die maßgeblichen Theorien von Brecht bis Baudrillard.* Stuttgart ²2000, S. 525–528.
Margreiter, Reinhard: „Realität und Medialität. Zur Philosophie des ‚Medial Turn'". In: *Medien Journal* 1 (1999), S. 9–18.
Rorty, Richard M.: *The Linguistic Turn. Essays in Philosophical Method.* Chicago 1967.
Roß, Dieter / Wilke, Jürgen (Hg.): *Umbruch in der Medienlandschaft. Beziehungen zwischen Wissenschaft, Politik und Praxis.* München 1991.
Ruf, Oliver (Hg.): *Smartphone-Ästhetik. Zur Philosophie und Gestaltung mobiler Medien.* Bielefeld 2018a.
Saxer, Ulrich: „Literatur in der Medienkonkurrenz". In: *Media Perspektiven* 12 (1977), S. 673–685.
Schmidt, Siegfried J.: *Die Zähmung des Blicks. Konstruktivismus – Empirie – Wissenschaft.* Frankfurt a.M. 1998.
Schönert, Jörg: „Germanistik – eine Disziplin im Umbruch? Zur disziplinären Entwicklung der Germanistik in den neunziger Jahren (am Beispiel der germanistischen Literaturwissenschaft)". In: *Mitteilungen des Deutschen Germanistenverbandes* 3 (1993), S. 15–24.
Schönert, Jörg: „‚Kultur' und ‚Medien' als Erweiterungen zum Gegenstandsbereich der Germanistik in den 90er Jahren". In: Lecke, Bodo (Hg.): *Literatur und Medien im Studium und Deutschunterricht.* Frankfurt a.M. 1999a, S. 43–64.

Literatur

Schönert, Jörg: „Germanistik als Medienwissenschaft oder als radikale Philologie?". In: Eversberg, Gerd / Segeberg, Harro (Hg.): *Theodor Storm und die Medien. Zur Mediengeschichte eines politischen Realisten.* Berlin 1999b, S. 15–24.

Schönert, Jörg: „‚Medienkulturkompetenz' als Ausbildungsleistung der Germanistik?". In: *Der Deutschunterricht* 6 (1998), S. 62–69.

Viehoff, Reinhold: „Von der Literaturwissenschaft zur Medienwissenschaft. Oder: vom Text- über das Literatursystem zum Mediensystem." In: Rusch, Gebhard (Hg.): *Einführung in die Medienwissenschaft. Konzeptionen, Theorien, Methoden, Anwendungen.* Wiesbaden 2002, S. 10–35.

Weber, Stefan: „Komparatistik: Theorien-Raum der Wissenschaft". In: Weber, Stefan (Hg.): *Theorien der Medien. Von der Kulturkritik bis zum Konstruktivismus.* Konstanz 2003, S. 295–312.

Weber, Stefan: „Die Welt als Medienpoiesis Basistheorien für den ‚Medial Turn'". In: *Medien Journal* 1 (1999), S. 3–8.

Winkler, Hartmut: *Prozessieren. Die dritte, vernachlässigte Medienfunktion.* Paderborn 2015.

Weiterführende Literatur

Bohn, Rainer / Müller, Eggo / Ruppert, Rainer (Hg.): *Ansichten einer künftigen Medienwissenschaft.* Berlin 1988. Programmatisches, viel diskutiertes Werk, das eine Zukunft der Medienwissenschaft prognostiziert und einfordert.

Ernst, Christoph / Schröter, Jens: *Zukünftige Medien. Eine Einführung.* Heidelberg 2020. Programmatische Einführung, die Medientechnologieentwicklung und den Diskurs der Imagination miteinander verschaltet.

Hepperle, Verena / Ruf, Oliver / Hamann, Christof (Hg.): *Wie aus Theorie Praxis wird. Berufe für Germanisten in Medien, Kultur und Wissenschaft.* München 2016. Sammelband, der den Bezug der Germanistik zur Medienwissenschaft aus der ‚Brille' der Berufspraxis in Einzeldarstellungen, Essays und Stellungnahmen rekapituliert.

Jäger, Georg / Schönert, Jörg (Hg.): *Wissenschaft und Berufspraxis. Angewandtes Wissen und praxisorientierte Studiengänge in den Literatur-, Kultur- und Medienwissenschaften.* Paderborn 1997. Ausführlicher Band, der die Praxisorientierung der Geisteswissenschaften als wichtige deutschsprachige Publikationen fundiert.

Kuhn, Thomas S.: *Die Struktur wissenschaftlicher Revolutionen.* Aus dem Amerikan. v. Kurt Simon. Frankfurt a.M. 2001. Klassiker der Wissenschaftstheorie, der einen eigenen Ansatz zur Klassifikation wie zur Entstehung neuer Wissenschaften aufstellt.

Schröter, Jens (Hg.): *Handbuch Medienwissenschaft.* Stuttgart/Weimar 2014. Komplexes Handbuchprojekt, das sowohl Medienbegriff und Medienwissenschaft gegenüberstellt als auch Medientheorien und Einzelmedien sowie deren ‚Schnittstellen' auf der Höhe des Forschungsstandes einem wissenschaftlichen Lesepublikum erklärt.

Roß, Dieter / Wilke, Jürgen (Hg.): *Umbruch in der Medienlandschaft. Beziehungen zwischen Wissenschaft, Politik und Praxis.* München 1991. Aus einer Arbeitstagung hervorgegangenes Buch, das die Spannweite der Medienwissenschaft auf die wachsende Medienindustrie zurück faltet.

Mediengeschichte 3

> **Zusammenfassung**
>
> Medienwissenschaft behandelt mit einem besonderen Augenmerk die historischen Zusammenhänge einzelner Medien und Mediengattungen. Dadurch wird verstehbar, wie ein bestimmtes Medium im jeweils spezifischen zeitgenössischen Kontext aufgekommen ist, welchen Wandlungen es unterliegt und in welche Richtung sich sein Wachstum bzw. auch sein potenzieller Niedergang im Abgleich mit weiteren Medien bewegt. Mediengeschichte kann, wie es hier vorgeschlagen wird, mit der Geschichte der Schrift und des Schreibens einsetzen, Bilder, Telegrafie und Telekommunikation skizzieren, Hörfunk, Film und Fernsehen umreißen, um bei Neuen Medien anzugelangen. Mediengeschichte ist dabei, wie deutlich werden kann, das notwendige Vehikel, um das Wesen von Medien zu begreifen; sie ist eine der wesentlichen Voraussetzungen medienkulturwissenschaftlicher Tätigkeit.

3.1 Geschichte der Schrift und des Schreibens

Äußern sich Medienkulturwissenschaftler:innen über Mediengeschichte geschieht dies oft, indem sich an den Punkten technischer Erfindungen und Innovationen orientiert wird. Man kann aber, wie dies Albert Kümmel, Leander Scholz und Eckhard Schumacher getan haben, dies auch tun, indem dagegen jene Diskurse fokussiert werden, die aus jenen technologischen/technischen Ereignissen solche der Kultur machen, d. h., vereinfach gesagt, die das Reden über Medien fokussieren, die das umfassendste und avancierteste Ensemble einer entsprechenden Zeit gewesen sind: „Im Diskurs, nicht in der Technik lösen Medien einander ab. [...] Das Ereignis der Technik heißt Erfindung – das Ereignis des Diskurses heißt Erfindung des Ereignisses Technik." (Kümmel et al. 2004: 7) Dabei stellt einer der ersten dieser Diskurse jener der Schrift und des Schreibens dar, der wiederum eng mit den maschinellen Möglichkeiten ihrer Realisierung verbunden ist: mit den Möglichkeiten des Drucks, die Schrift und Schreiben vor allem in Form von Büchern materialisieren. Zunächst beginnt jedoch diese Mediengeschichte der Schrift und des Schreibens mit solchen Materialien und Gegenständen, die Träger der Schrift und Hilfsmittel des Schreibens sind – von Erdhügeln, Baumrinden, Steinhaufen, Felswänden, Schiefertafeln, Holzpfählen, Lederhäuten, Palmblättern, Papyrusrollen, Pergamenten bis hin zum Papier und neuerdings Datenträgern für computerbasierte Lesesysteme bzw. von Griffeln, Pinseln, Federkielen, Bleistiften, Wachsstiften, Pastellkreiden, Kugelschreibern, Tintenrollern bis hin zu Schreibmaschinen, Desktopcomputern, Laptops, Handys, Tablets und Smartphones. Ein erster mediengeschichtlicher Höhepunkt für die Schrift und das Schreiben bleibt bei all dem aber der Einsatz von Drucktechniken.

3.1.1 Kurze Geschichte des Drucks

Die hinlänglich bekannte Erfindung des Drucks durch Johannes Gutenberg markiert den Ausgangspunkt einer sich von oralen, d. h. mündlichen Kommunikations- und Überlieferungstraditionen emanzipierenden Mediengeschichte. Indem nunmehr mit Hilfe beweglicher Metalllettern, der Entwicklung einer besonders praktikablen Legierung und damit einhergehend der Verwendung der maschinellen Druckerpresse ab 1450 gedruckte Schrifterzeugnisse auf Papier schnell und in hohen Auflagen hergestellt werden konnten, kam es zu einer Medienrevolution, die zum ersten Mal auf überaus effiziente Weise vor allem Bücher für den Massengebrauch reproduzierbar machte. Naturgemäß betraf dies aber auch insbesondere mobile Druckerzeugnisse, die dadurch überhaupt erst möglich wurden: das Flugblatt ebenso wie die Flugschrift und das Heft. Mit ihnen konnten einzelne Blätter gedruckt werden, um Nachrichten und vornehmlich Sensationen sowie auch Streitschriften als Pamphlete effektiv zu verbreiten. Daneben wurden im Zuge dieser Entwicklung des **Buchdrucks** Kleindrucke wie Ratgeber und Rechtsbücher möglich und dies alles nicht ohne enorme politische Auswirkungen: „Die neuen Druckmedien schufen alternativ Öffentlichkeit und wurden damit zur Bedrohung der Herrschenden: der Kirche und des Adels." (Faulstich 2000c: 35)

> **Buchdruck**
> Schrift-Medien sind nicht denkbar, ohne die Werkzeuge, die das Geschriebene auf eine in der Regel papierene Oberfläche bringen. Soll dies leicht reproduzierbar für einen Massenmarkt geschehen, um ein größtmöglichen Kreis an Rezipienten und mithin Käufern zu erreichen, muss ein mechanischer Prozess in Gang gesetzt werden, der als Buchdruck bezeichnet wird. Sowohl Schriften als auch Bilder werden durch diesen zahlreich auf ebene Flächen angebracht. Bis zur Erfindung der Druckerpresse wurde dies von so genannten Schreibern in Skriptorien übernommen, die für die handschriftliche Vervielfältigung von Dokumenten zuständig waren. In Europa übernahmen das meist Mönche in Klöstern. Nach Gutenberg konnte man sich seit dem 15. Jahrhundert von dieser Reproduktionspraxis lösen und dazu in einer Maschine angebrachte, bewegliche und auswechselbare Lettern einsetzen. Große Auflagen wurden so zu kleinen Preisen möglich. Dadurch kam es im Übrigen zu einer gesamtgesellschaftlichen Umwandlung. Denn das Monopol für die Erstellung von Schriftlichem lag nun nicht mehr in den Händen einer kleinen elitären Gruppe und stand auch nicht mehr unter dem Einfluss der Kirche. Vielmehr konnte das schriftlich fixierte Wissen einschließlich der verbreitbaren Nachrichten und Meinungen potenziell ohne kirchliche oder anderweitige Kontrolle ein immer größer werdendes Lesepublikum erreichen. Auch wenn staatliche Zensur doch immer wieder den Buchdruck eingeschränkt hat, begann mit dem Einsatz der Druckmedien gewissermaßen ein neues, bürgerliches und aufgeklärtes Zeitalter. (vgl. Eisenstein 1997)

Ab dem 18. Jahrhundert zeichnete sich dann ab, wie sehr eine solche, mediendruckgeschichtliche Entwicklung das gesamte System schriftlicher Textproduktionen beflügeln konnte. Sie ist der Ort, an dem und durch den ein Literatursystem zu Stande kommt, das einen Buchhandel ausbildet, das allen voran in Europa immer weitere Bevölkerungsteile anspricht und betrifft und das neben Büchern auch Zeitungen und Zeitschriften bis zum Ende des 19. Jahrhundert in gigantischem Ausmaß hervorbringt. Einher gehend mit weiteren, technisch-technologischen Errungenschaften wie dem Rotationsdruck auf Setzmaschinen, durch differenzierte Vertriebswege wie Plakatierungen auf Litfasssäulen oder Straßenkioske und eine immer größer werdende Zahl an Autor:innen, die die Durchlagkraft des Pressewesens begleiten, da sie in ihm ein vielfältiges Erwerbsumfeld fanden, wandeln sich durch die Mediengeschichte des Drucks ebenfalls die schriftlichen Texte selbst. Die Adressat:innen werden andere, die Textsorten werden durch Journalismus,

Werbung etc. *bunter* und ein professionelles bzw. auch populäres Schreiben wird immer gängiger – ganz im Gegensatz zur romantisch-literarischen Autorschaft, die den Schreibenden oft noch als künstlerisches Genie stilisiert hatte (vgl. Arnold und Beilein 2009). Gleichzeitig werden unterhaltende Formate beliebter und auch neue Medien-Mischungen kommen auf: allen voran der Comic als Text-Bild-Medium, der auf literarisch-erzählerische Muster ebenso zurückgreift wie auf visuelle Formen und damit immens intermediale Praktiken.

3.1.2 Kleine Begriffsgeschichte des Schreibens

Medienhistorisch kann die Schrift, wird sie drucktechnisch konstituiert, damit als das Resultat solcher Handlungen und Verfahren gelten, mit denen sprachliche Informationen fixiert, kodiert und in einem prozessualen Akt realisiert werden. Als Medien steht die Schrift buchstäblich in der Mitte: zwischen demjenigen, der mitteilt, und demjenigen, der dies aufnimmt. Sie ist daher ein gutes Beispiel, um aus ihrer Geschichte die Bedeutung von Medien schlechthin noch einmal auf den Punkt zu bringen: „Medium und Mediatisiertes bilden zusammen ein einziges Ereignis, genau eine Performanz, nicht verschiedene." (Stetter 2005: 130) Zudem bringt sie die zentrale Kulturtechnik des Schreibens im Druck zu Stande, die heute zentraler Bestandteil der menschlichen Lebenswelt ist, zumindest innerhalb schriftlich, d. h. literal geprägter Gesellschaften. Seit jeher korrelieren diese mit den Entwicklungen neuer Kommunikationsweisen und der mit ihnen einhergehenden Medien. Damit lässt sich für Medien und Medienkultur eine Geschichte betrachten, in der sich *Schreiben* durch Medientechnologien fortlaufend verändert.

Was innerhalb dieses Verlaufs geschieht, hat damit zu tun, wie wir Medien benutzen, um eine Kulturtechnik auszuführen (vgl. Ruf 2014/15). Wir tun es in der Regel mit unserem eigenen Körper und das heißt hier: mit unserer Hand und unseren Fingern (vgl. Ruf 2014a). Zum Schreiben greifen wir zu einem medialen Instrument, das zum Beispiel wiederum eine Schreibmaschine aber heute auch ein Smartphone sein kann (vgl. Ruf 2014b, 2015a). Allein dieser Griff ist also bereits eine Bewegung, die auf ein Medium zielt, wie dies auch die Philosophie der so genannten **Postmoderne** betont und auch Autorschaftstheorien deutlich machen (vgl. Jannidis et al. 2000).

3.1 Geschichte der Schrift und des Schreibens

> **Postmoderne – 3 Positionen**
> „[U]nsere Realität und Lebenswelt [sind] ‚postmodern' geworden. Im Zeitalter des Flugverkehrs und der Telekommunikation wurde Heterogenes so abstandslos, daß es allenthalben aufeinandertrifft und die Gleichzeitigkeit des Ungleichzeitigen zur neuen Natur wurde." (Welsch 2002: 4)
> „Ich glaube indessen, daß ‚postmodern' keine zeitlich begrenzbare Strömung ist, sondern eine Geisteshaltung oder, genauer gesagt, eine Vorgehensweise, ein *Kunstwollen*. Man könnte geradezu sagen, daß jede Epoche ihre eigene Postmoderne hat." (Eco 1984: 77)
> „Natürlich kann (und will) niemand einen Historiker daran hindern, die Postmoderne als eine Epoche zu beschreiben, komplizierte Vorschläge zur Datierung ihres Beginns zu machen – oder ihr umgekehrt die zum Ehrentitel ‚Epoche' erst qualifizierende ‚Geschlossenheit' abzusprechen. Aber als eine Besonderheit der Epoche ‚Postmoderne' sollte dann erwähnt werden, daß ihr eigener Modus, sich in ein Verhältnis zu anderen Epochen zu setzen, eben nicht den Grundstrukturen des historischen Bewußtseins entspricht – und daß sie sich selbst nicht als eine Epoche verstehen kann." (Gumbrecht 1991: 369)

Die medienkulturwissenschaftliche Beschäftigung mit dem Schreiben fragt danach, was Schreiben *überhaupt ist*, was es in einer Kultur bedeutet und welche Zusammenhänge zu anderen kulturellen Praktiken mit ihm aufgebaut werden. Das kann heißen, sich mit der konkreten Produktion von Texten auseinander zu setzen (vgl. Ludwig 1995), jedoch ebenfalls darin münden, das Schreiben als einen Akt der Produktion aufzufassen, bei dem neben dem handwerklichen Aspekt bzw. der Verwendung von sprachlichen Zeichen sowie der Ausführung einer bestimmten Handlung (einem Schreib-Akt) einschließlich des entsprechenden Kontextes (eine bestimmte Zeit, ein bestimmter Ort, eine individuelle Lebenssituation) zudem die Materialien und Technologien zu untersuchen sind, mit Hilfe derer Schreiben realisiert wird (vgl. Stingelin 2003, 2004). Es geht damit beim Schreiben immer um Medien. Flusser verweist zur Bekräftigung dieser These auf die Wortherkunft. Lat. *Scribere* heiße übersetzt Ritzen und das griech. *Grafein* heiße Graben. Schreiben meine also – als Geste – das Ritzen und das Graben von Schriftzeichen in einen Gegenstand bzw. auf dessen Oberfläche, ursprünglich mittels eines keilförmigen Werkzeugs (vgl. Flusser 1990: 14).

> **Die Geste des Schreibens (Flusser 2012: 261)**
> „Es handelt sich darum, ein Material auf eine Oberfläche zu bringen (zum Beispiel Kreide auf eine schwarze Tafel), um Formen zu konstruieren (zum Beispiel Buchstaben). Also anscheinend um eine konstruktive Geste: Konstruktion = Verbindung unterschiedlicher Strukturen (zum Beispiel Kreide und Tafel), um eine neue Struktur zu formen (Buchstaben). Doch das ist ein Irrtum. Schreiben heißt nicht, Material auf eine Oberfläche zu bringen, sondern an einer Oberfläche zu kratzen, und das griechische Verb *grafein* beweist das. Der Schein trügt in diesem Fall. Vor einigen tausend Jahren hat man damit begonnen, die Oberflächen mesopotamischer Ziegel mit zugespitzten Stäben einzuritzen, und das ist der Tradition zufolge der Ursprung der Schrift. Es ging darum, Löcher zu machen, die Oberfläche zu durchdringen, und das ist immer noch der Fall. Schreiben heißt immer noch, Inskriptionen zu machen. Es handelt sich nicht um eine konstruktive, sondern um eine eindringende, eindringliche Geste."

Diese Bestimmung des Schreibens ist auch für Flusser eng mit der Mediengeschichte verbunden (vgl. Flusser 1990: 137) und auch bei Roland Barthes findet man Hinweise, die (hier mit dem Begriff der ‚Schreibweise') eine spezifische Medienfunktion des Schreibens hervorheben (vgl. Barthes 2006: 18). Flusser formuliert dies so: „Erreichbar sind für den Schreibenden nur jene Empfänger, die mit ihm durch seinen Text übermittelnde Kanäle verbunden sind. Daher schreibt er nicht unmittelbar an seine Empfänger, er schreibt vielmehr an seinen Vermittler." (Flusser 1990: 43) Es handelt sich um eine medienhistorisch etablierte Vermittlungsfunktion des Schreibens, die es, wie Konrad Ehlich sagt, möglich macht, von ihr als Zerdehnung einer Kommunikationssituation zu sprechen (vgl. Ehlich 1983). Das Schreiben für einen Vermittler impliziert dabei, dass dieser, bevor er ein Schriftstück liest, wissen muss, welches Codes es sich bedient hat. Man muss dieses, so Flusser, zuerst dekodifizieren, bevor man es entziffern kann (vgl. Flusser 1990: 87). Schriftstücke sind medienhistorisch somit immer an Entzifferer gerichtet: „Der Schreibende streckt seine Hand dem anderen entgegen, um einen Entzifferer zu erreichen. Seine politische Geste des Schreibens geht aus, nicht um Menschen schlechthin, sondern um Entzifferer zu ergreifen." (Ebd.: 88)

▶ **Vilém Flusser** (1920–1991) Vilém Flusser wurde als Sohn eines jüdischen Intellektuellen 1920 in Prag geboren und gilt als einflussreicher Theoretiker und Pionier der Medienphilosophie. Flusser studierte in Prag Philosophie, bevor er 1939

3.1 Geschichte der Schrift und des Schreibens

vor den Nationalsozialisten flüchten musste und sich nach Sao Paulo (Brasilien) retten konnte, wo er ab 1962 einen Lehrstuhl für Kommunikationstheorie innehatte. Danach kehrte er 1972 wieder nach Europa zurück und zog schließlich in ein provenzalisches Dorf, wo er seine *Theorie der Kommunikologie* entwickelte und seine Thesen zum technischen Bild und dem Ende der Schrift entwickelte. Flusser starb 1991 bei einem Autounfall auf der Fahrt von Prag nach Deutschland, nachdem er einen öffentlichen Vortrag am Goethe-Institut in seiner Geburtsstadt gehalten hatte. Wichtige Werke: *Für eine Philosophie der Fotografie* (1983), *Ins Universum der technischen Bilder* (1985), *Medienkultur* (1997), *Kommunikologie* (1998), *Kommunikologie weiter denken. Die ‚Bochumer Vorlesungen'* (Hg.) (2009).

Das Bewusstwerden des Schreibens als kulturell-gesellschaftliche Teilhabe wie als gestischer Ausdruck bringt schließlich eine für die Mediengeschichte der Schrift und des Schreibens wichtige Annahme ins Spiel. Die Idee, zu schreiben, fußt auf den Vorstellungen von Schreiben als einem Ensemble unterschiedlicher Faktoren, die eine so genannte Schreib-Szene bzw. Schreibszene konstituieren. Damit gemeint ist ein Phänomen, das sich aus den Elementen ‚Sprache', ‚Instrumentalität' und ‚Geste' zusammensetzt und dann die *Rahmung* darstellt, in dem sich Schreiben abspielt (vgl. Campe 1991: 760). Dahingehend lässt sich im Übrigen Schreiben medienhistorisch erforschen, indem untersucht werden kann, wie sehr sich dieses selbst thematisiert, reflektiert und problematisiert und so einen *Rahmen* schafft, durch den es gleichsam auf eine Bühne gestellt und mit unterschiedlichem Erkenntnisinteresse beobachtet werden kann (vgl. Stingelin 2004: 8). Grundsätzlich bildet sich hier eine so genannte *Schreib-Szene*, die medienhistorisch und individuell von Autorin und Autor zu Autorin und Autor die Konstellation des Schreibens verändert, die sich innerhalb des von der Sprache (Semantik des Schreibens), der Intrumentalität (Technologie des Schreibens) und der Geste (Körperlichkeit des Schreibens) *gemeinsam gebildeten Rahmens* abspielt (vgl. ebd.: 15), der auch Schwierigkeiten mit sich bringen kann – zum Beispiel, dass man angesichts eines weißen Blatt Papiers nicht mit dem Schreiben anfangen kann (vgl. Ruf 2013a, 2018e). Zu betrachten wird ein Mediengeschichtsmodell, das die Literatur genauso betrifft wie die Medientechnik und die kulturellen Variablen.

▶ **Roland Barthes** (1915–1980) Französischer Publizist, Essayist und Theoretiker, der den so genannten Strukturalismus als Zeichen-Lehre (bzw. als Semiotik oder ‚Seminologie') begründete. Im Zentrum seines u. a. kultur-, sprach- und literaturwissenschaftlichen Arbeiten steht auch die Auseinandersetzung mit ‚Medien' – in einem überaus weiten Sinn. Aus seinem spezifischen Blickwinkel, der die Anordnungen und Bedeutungen sowohl von ‚Dingen' als auch von ‚Menschen' sowie deren Äußerungen behandelt, können Fotografien ebenso neu disktiert werden wie Automobile oder Sportausübungen. Aus dieser Betrachtung ergibt sich für Barthes vor allem die Frage nach jenem Geschehen, das den Weg von Bezeichnen, Bezeichnungen und Bezeichnetem sowie von Bedeuten, Bedeutungen und Bedeutetem verursacht. Roland Barthes starb am 26. März 1980 nach einem Autounfall auf dem Weg zu seiner Wirkstätte, dem *Collège de France* in Paris. Wichtige Werke: *Le degré zéro de l'écriture* (1953); *Mythologies* (1957); *Éléments de sémiologie* (1965); *S/Z* (1979); *Le plasiir du texte* (1973); *La chambre claire. Note sur la Photografie* (1980).

3.2 Geschichte der Bildmedien

Der Versuch, eine Mediengeschichte des Bildes sowohl in ihrem Bedeutungsgehalt als auch in ihrem Bedeutungsspektrum einführend zu klären (vgl. Ruf und Mersch 2014), steht vor der Herausforderung, das Thema gleichzeitig kategorial zu fassen, wie die verwendeten Kategorisierungen zu hinterfragen: „Es geht nicht um die Erforschung dessen, was schon kategorisiert ist, sondern um die Erforschung der Kategorisierung: eben um den Begriff des Bildes." (Wiesing 2005: 14) Eine erste entscheidende Klärung von dessen medienhistorischen Gehalt und Spektrum kann darauf abzielen, zu sagen: Dasjenige, was mit dem Begriff ‚Bild' benannt wird, steht nicht allein, d. h. es steht in vielen Fällen in einem Zusammenhang bzw. es tritt mit einem Anderen in Erscheinung, und zwar beispielsweise mit etwas, das es gibt (das existiert), und etwas, das dadurch vertreten wird (das repräsentiert). So ist es auch zu verstehen, dass es Bilder und die Rede von ihnen bereits zu geben scheinen, seitdem es den Menschen oder besser: den mit anderen interagierenden Menschen gibt. Der Mensch ist aus dieser Perspektive ein *Bilder-Wesen* – Hans Jonas spricht von einem *homo pictor* (vgl. Jonas 1994), was sich offensichtlich allein daran zeigt, dass er zur Zeit der eurasischen Altsteinzeit, im Jungpaläolithikum, bereits so genannte Bilderhöhlen hinterlassen hat, deren Bilder Georges Bataille eine vorgeschichtliche Malerei genannt hat (vgl. Bataille 1955).

3.2.1 Bildmedien und Bildwissenschaft

Bei Platon findet sich, in ähnlicher, doch auch verschobener Weise gelagert, im Kontext seiner Ideenlehre die Vorstellung, dass das als singuläres *Ding* erfahrene Einzelne das Abbild eines Urbildes (einer Idee = *eidos*) sei. Beide – Urbild und Abbild – stehen dabei in einem Verhältnis der Teilhabe (vgl. Plato 1978). Platons Vorschlag gibt sich hier ganz unter dem Einfluss natürlicher Bilder zu erkennen, wie sie bei Spiegelungen und Schatten anzutreffen sind, wodurch Verursachungs-, Ähnlichkeits- und Teilhabebeziehungen, aber auch Trugbilder benennbar werden. Das Gegenteil stellt im Übrigen die Auffassung dar, im Bild sei der Bildreferent (als derjenige, der gezeigt wird) präsent – eine eher kultische, magische oder religiöse Auslegung, wie sie im Gedanken an ein Abbild Gottes zum Ausdruck kommt (vgl. Belting 1990), was schon Platon ablehnt. Bilder medienhistorisch zu begreifen, gilt dabei in den meisten Fällen als genuin menschliche Kulturtechnik – Bildwissenschaft ist auch deshalb immer Kulturwissenschaft.

Die Fähigkeit, mit Bildlichkeit begrifflich umzugehen, gehört offenbar zur gestalteten und zu gestaltenden Kultur, die in der Möglichkeit eines Sehens und Gesehen-Werdens, des Sich-Aufzeigens und Darstellens eine erhöhte Sichtbarkeit – eine Visibilität respektive Visualität – ausbildet und die verstanden werden will und verstanden werden muss, die einen Verständigungsprozess in Ganz setzt (vgl. Tomasello 2009) – Bildwissenschaft ist aber auch deshalb immer Kommunikationswissenschaft.

Zwei miteinander korrespondierende Aspekte zur Konturierung entsprechender medienhistorischer Bildauffassungen sind (1.) die Auslegung des Bildes als Spur (d. h. als Erscheinung einer Nähe) und (2.) das Verständnis des Bildes als Resultat einer Ferne. Diese These beruft sich auf Hans Blumenberg, der etwa formuliert hat: „Der Mensch, das Wesen, das sich aufrichtet und den Nahbereich der Wahrnehmung verlässt, den Horizont seiner Sinne überschreitet, ist das Wesen der *actio per distans*." (Blumenberg 2007: 19) Zwischen den beiden Polen bzw. dem Verhältnis von Nah-Sein und Distanz spielt sich dasjenige ab, was das Bild am Ende konstituiert: die mediale Produktion, die mediale Betrachtung, die Wahrnehmung, die Interpretation etc. – Bildbegriffe sind daher auch immer Vermittlungsbegriffe und Bildwissenschaft ist auch deshalb immer Medienwissenschaft.

Bildermacher (Nancy 1998: 115 f.)
„Stellen wir uns das Unvorstellbare vor: die Geste des ersten Bildermachers. Er folgt weder dem Zufall noch einem Plan. Seine Hand tastet sich vor in eine Leere, die sich im Augenblick der Bewegung erst auftut und ihn von sich selbst trennt […]. Sie tastet im Dunkeln, blind und taub für jede Form. Denn das Tier in der Höhle, das diese Handbewegung macht, kennt Dinge, Wesen, Stoff, Muster, Zeichen und Handlungen. Aber es weiß nichts von der Form, weiß nicht, wie sich eine Figur, ein Rhythmus in der Darbietung abheben. Es weiß nichts davon, gerade weil es genau dies unmittelbar ist: sich abhebende Form, Figuration."

Als Bezeichnung eines Mediums führen Bildbegriffe dabei schnell zu Fragen bewusstseins- und erkenntnistheoretischer Prägung. Sie betreffen nicht mehr metaphysische Annahmen, sondern überdies geistige Prozesse. In diesen sollen, so die entsprechende Annahme, bestimmte Repräsentationen verarbeitet werden, die als Kopien (oder wiederum Abbilder) der ursprünglich sinnlich erfassten Daten beschrieben werden. Man spricht statt von Urbild-Abbild-Relation in dieser Auslegung von Subjekt-Objekt-Relation. Das mentale Bild, das somit in den Mittelpunkt rückt, wird entweder realistisch als Stellvertretung einer Wirklichkeit oder idealistisch als Konstruktion des Geistes aufgefasst (vgl. Sachs-Hombach 1995) – Bildwissenschaft ist auch deshalb immer Kognitionswissenschaft.

Hinzu kommt innerhalb der Mediengeschichte ein materielles Verständnis des Bildes, das solche Phänomene betrifft, die gemeinhin alltagssprachlich als Bilder benannt werden: Bilder im engeren Sinn, beispielsweise darstellende Bilder wie Gemälde, Fotografien und Zeichnungen sowie logische Bilder wie Diagramme und Charts. Beide erfassten materiellen oder materialen Bildtypen können aus bestimmten Stoffen im wörtlichen wie im übertragenen Sinn (häufig innerhalb eines künstlerischen Akts) hergestellt und visuell gestaltet werden – Bildwissenschaft ist auch deshalb immer Kunst- und Designwissenschaft.

3.2.2 Bildhistorische Diskurse

Angesichts der so nur kurz angedeuteten Sichtweisen impliziert die Mediengeschichte des Bildes insgesamt eine Vielzahl von Diskursverwerfungen, also Streitbarkeiten, Auseinandersetzungen, Deutungshoheiten, Kämpfe u. ä. (vgl. Bexte 2013: 10). Sich auf *eine* Mediengeschichte des Bildes zu einigen, ist denn auch ebenso utopisch wie *alle* möglichen/denkbaren Bildmediengeschichten zusammenfassend zu behandeln. In der Art der Behandlung aber, mit der sich dem einzelnen Fall angenommen wird, offenbart sich die ebenfalls einzelne Diskursschule. So strittig und diskursiv respektive different eine solche medienhistorische Rede vom Bild ist, so einheitlich erweist sich aber deren gemeinsamer etymologischer Ursprung: *Bild* benennt die Darstellung von Personen und Dingen sowie überhaupt den dem Auge sich darbietenden Anblick oder die nur in der Vorstellung wahrgenommene Erscheinung. Das Wort stammt ursprünglich aus dem Althochdeutschen *bilidi*, für das die Nebenformen *bilodi*, *biladi* nachgewiesen sind. Im Mittelhochdeutschen wird daraus *bilde* mit den Bedeutungen Abbild, Vorbild, Gestalt bzw. Zeichen, Gleichnis respektive Sinnbild, Beispiel.

Machen die ältesten westgermanischen Zeugnisse diese Ausgangsbedeutungen wahrscheinlich, kommen im Verlauf der Sprach- wie der Kulturgeschichte weiter

3.2 Geschichte der Bildmedien

ausdifferenzierte Vorstellungen ins Spiel, deren semantische Qualität gleichwohl auf die oben genannten Herkunftsformen bezogen bleibt. Zugleich ändert sich je nach Sprachkontext naturgemäß die Wortwahl, für die sich dann exemplarische Fälle etablieren lassen, die eine vereinfachte Annäherung an das Bild erlaubt und die zu jener Vielfalt an bildtheoretischen Ausführungen führt, die die Bildforschung im Gesamten bis heute leiten. Sobald man etwa die Aufmerksamkeit auf das eingedeutschte Wort *Ikon* lenkt, wird das griechische εἰκών (*eikon*) virulent, das auch im Englischen *icon* Verwendung findet. Prominente Auslegung hat diese Variante in der Zeichentheorie und Sprachwissenschaft von Charles S. Peirce erlangt. Unterstrichen wird darin – erneut – der bereits angedeutete Zeichencharakter in der Benennung von Bildern, d. h. deren semiotische Funktionalität, die darauf fußt, dass darin mit einem bezeichneten Gegenstand eine wahrnehmbare Ähnlichkeit aufgewiesen wird, wobei diese Ähnlichkeit visuell, klanglich u. ä. sein kann und unabhängig des Referenzobjekts zu bestehen hat: „Ein *Ikon* ist ein Zeichen, das auch noch dann die Eigenschaft besitzen muss, die es zu einem Zeichen macht, wenn sein Objekt nicht existiert, so wie ein Bleichstiftstrich, der eine geometrische Linie darstellt." (Peirce 2000: 375)

Ein ikonografisches Verständnis des Bildes betont die Analogien zwischen bildhaften und sprachlichen Zeichen. Das Ikonische muss damit nicht zwangsläufig visueller Natur sein (vgl. ebd.: 113). Auch wenn die Ikonizität eines Bildes zumindest im Dienst der sprachlichen Kommunikationsfunktion steht, gibt es jedoch auch eine Reihe deutlicher Manifestationen, bei denen ausschließlich das Grafische ins Zentrum rückt. Ein eindrückliches Beispiel sind die populär gewordenen und noch weiter populär werdenden Piktogramme, die das, was die Bezeichnung *Ikon* meint, versinnbildlichen: Verkehrsschilder, Pflegehinweise auf Textilien, WC-Hinweise, Verbotsanordnungen oder anklickbare Objekte auf grafischen Benutzeroberflächen computerbasierter Medien dienen einem ikonografischen Zweck (vor allem der schnellen und – vermeintlich – unkomplizierten Informationsübermittlung), setzen deswegen allerdings voraus, dass die Vorlage des stilisiert Dargestellten dem Betrachter geläufig und mithin intuitiv verständlich ist: „Was ein Ikon zu einem Ikon macht, ist nicht die Ähnlichkeit, sondern die Methode der Interpretation, der assoziative Schluß", d. h. die Wirkung des Ikons als „Assoziationsimpuls" (Keller 1995: 125).

Die Mediengeschichte, die im Wort *Ikon* zu Tage tritt, setzt schließlich Wissen voraus, das bewusst oder unbewusst im wahrnehmenden Subjekt vorhanden respektive angelegt sein muss. Das beinhaltet ausdrücklich auch die grundsätzlich mentale oder kognitive Fähigkeit, zu Rückschlüssen, Transfers und Interpretationen des Wahrgenommenen intellektuell in der Lage zu sein. Der so verstandene Zeichencharakter des Bildes verdankt sich also dem Umstand, dass als Bilder benannte Erscheinungen anschlussfähig zu der/dem sein sollten, die/der sie versteht (ein Bild zu betrachten, heißt noch lange nicht, es zu begreifen). Dazu findet der Akt der Verständigung zwischen dem als Bild Benannten und der/dem dieses Betrachtenden oder Sehenden in einem Rahmen statt, der sich als Rezeptionsform dem Umstand verdankt, dass der Mensch in den meisten Fällen versucht, das von ihm Wahrgenommene zum einen mit Benennungen versehen will. Erst dadurch wird etwas ins Bewusstsein gerufen – man spricht von der Versprachlichung einer Vorstellung. Zum anderen will der Mensch auch Nicht-Sprachliches und damit auch zum Beispiel flächige Darstellungen wie Bilder bezeichnen (vgl. Weinrich 2003).

Eine alternative, wenn auch dem zuvor Gesagten anverwandte medienhistorische Bedeutungsbestimmung des Bildes ist im Anschluss an das Lateinische *imago* möglich, d. h. an ein Wort, das ursprünglich im antiken Rom Verwendung findet, um Wachsmasken einen Namen zu geben, die – als Porträts – jene Toten präsentierten, die auf dem Platz des so genannten *Forum Romanum* als Mittelpunkt des politischen, wirtschaftlichen, kulturellen und religiösen Lebens gezeigt worden sind. *Imago* verweist somit ein ums andre Mal auf einen Repräsentations- respektive Stellvertretungscharakter, wenn Bilder auftreten. Das Wort *Imago* wurde in der Folge vornehmlich von psychologischer- bzw. psychoanalytischer Seite aufgegriffen, um mit dem Konzept eines inneren (unbewussten) Vorstellungsbilds von einer bestimmten Person umgehen zu können, die – so die Überlegung – auch nach der unmittelbaren, mithin realen Begegnung mit dieser in der Psyche gewissermaßen fortlebt. In erster Linie sind hier die Ansinnen der Analytischen Psychologie Carl Gustav Jungs und von dessen Lehrer Sigmund Freud anzuführen. Bei Letztgenanntem steht *Imago* im Kontext der so genannten Übertragungsneurosen, die den Vorgang betreffen, dass unbewusst Wünsche in das so genannte Vorbewusste übertragen werden (vgl. Freud 2000b). Besonders ausgeprägt ist dieses neuropsychologische Phänomen beim Aufbau von zwischenmenschlichen Beziehungen und Verbindungen, die gegenüber nahen Bezugspersonen aufgestellt werden. Auch hier spricht man von Bildern, die man sich von diesen macht bzw. die man von ihnen gleichsam in sich trägt.

Imago (Jung 1995, 195 f.)
„Unter diesen Dingen, die für die Infantilzeit von größter Bedeutung waren, spielen die Eltern die einflußreichste Rolle. Auch wenn die Eltern schon längst tot sind und alle Bedeutung verloren haben könnten und sollten, indem sich die Lebenslage der Kranken seither vielleicht total verändert hat, so sind sie dem Patienten doch noch irgendwie gegenwärtig und bedeutsam, wie wenn sie noch am Leben wären. Die Liebe und Verehrung, der Wider-

> stand, die Abneigung, der Haß und die Auflehnung der Kranken kleben noch an ihnen durch Gunst oder Mißgunst entstellten Abbildern, die öfters mit der einstmaligen Wirklichkeit nicht mehr viel Ähnlichkeit haben. Diese Tatsache hat mich dazu gedrängt, nicht mehr von Vater und Mutter direkt zu sprechen, sondern dafür den Terminus ‚Imago' von Vater und Mutter zu gebrauchen, indem es sich in solchen Fällen nicht mehr eigentlich um Vater und Mutter handelt, sondern bloß um deren subjektive und öfters gänzlich entstellte Imagines, die im Geiste des Kranken ein zwar schemenhaftes, aber einflußreiches Dasein führen."

Die wichtigsten dieser *Imagines* sind die Vater-, Mutter- und Geschwisterimago, die als unbewusste Erinnerungsbilder meist in frühester Kindheit ausgebildet werden und oft über das ganze Leben hinweg bestehen. Gefährlich werden sie, wenn mit ihnen negative oder bedrohlich besetzte Erinnerungsbilder verknüpft sind, die nicht selten psychische Störungen und/oder Komplexe hervorrufen (vgl. Laplanche und Pontalis 1973). Aufgrund seiner theoretisch begründeten Verknüpfung mit Momenten des Denkens bzw. des Psychischen mag *Imago* zwar einen relativ abstrakten Umstand betreffen. Gleichwohl ist es mit ihm möglich, die Ebenen der Bildbedeutungen noch einmal zu zentrieren. Wenn wir uns ein Bild machen, wie auch immer dies zustande gekommen sein mag, eröffnet sich stets eine (auch mediale) Welt: „Die Manifestation ist selbst die Ankunft des Fremden, das Zur-Welt-Kommen dessen, was keinen Platz in der Welt hat, die Geburt des Ursprungs, das Erscheinen des Erscheinens, die Freisetzung des Seins zur Existenz." (Nancy 1998: 117) Wenn man damit davon ausgeht, dass es erst in dem Moment sinnvoll ist, von Bildern zu sprechen, sobald ein Dasein im Zuge einer Bild-Bildung stattfindet, dann muss man auch zugestehen, dass es sinnvoll ist, von Bildern zu sprechen, wenn nicht nur etwas gezeigt wird (im Gedächtnis, in der Vorstellung, im Unbewussten, auf Materialien, auf Flächen usw.), sondern gerade eben auch – erneut unterstrichen – ein Zeichen gesetzt wird.

3.3 Geschichte der Telegrafie und der Telekommunikation

Es gibt, wie schon deutlich geworden ist, eine beachtliche Anzahl an Diskussionen über die Zeichenhaftigkeit der Medien. Herausgestellt wird in diesen sehr häufig, wie sehr die Materialisierung von Zeichen und deren stilistische Gestaltung einerseits durch Medien überhaupt erst hergestellt wird. Sie dienen dann als Zeichenvermittler und Zeichenspeicher (vgl. Meier 2014: 20). Andererseits manifestieren sich Medien erst in Form zeichenhafter Ressourcen. Neben der Schrift- und der Bildlichkeit konstituieren sich jene, so schon Ernst Cassirer, in Hinsicht auf eine Vielzahl an Wahrnehmungen: „In jedem sprachlichen ‚Zeichen', in jedem mythischen oder künstlerischen ‚Bild' erscheint ein geistiger Gehalt, der an und für sich über alles Sinnliche hinausweist, in die Form des Sinnlichen, des Sicht-, Hör- oder Tastbaren umgesetzt." (Cassirer 2010: 42) Ein weiterer medienhistorischer Schritt liegt hier in der Telegrafie, die den Massenmedien Telefon, Hörfunk und Fernsehen den Weg bereitet hat. Auch wenn bei ihr noch nicht die Gleichzeitigkeit von Sendung und Empfang gewährleistet werden kann, so bedeutet sie doch einen wesentlichen Beitrag zur Praktikabilität medialer Zeichen und zeichenhafter Medien. Bereits in ihrem Begriff tritt das Bestreben zu Tage, eine zeichenbasierte Kommunikation über Entfernungen hinweg möglich zu machen.

3.3.1 Telegrafische Anfänge

Telegrafie, von altgriechisch τῆλε (*tēle*) = fern und wiederum γράφειν (*gráphein*) = einritzen, meint diese Übermittlung von codierten Nachrichten über eine geografische Distanz. Hier wird das, was ausgesagt werden soll, als einzelne Zeichen übertragen, und zwar über einen Code. Die Geschichte der Telegrafie wandelt dabei ihre Gegenstände (und Codes) beharrlich. Die entsprechenden Geräte wurden militärisch als Instrument der Kriegsberichterstattung in Form von Morsezeichen und Fernschreibern genutzt, aber auch in Handel und Gewerbe, Industrie und Wirtschaft ab 1852 vor allem in Form von Telegramm-Übertragungen eingesetzt (vgl. Faulstich 2000d: 331). Die Codes der Telegrafie können von Menschen oder von Maschinen erzeugt sein, je nachdem ob es sich um eine optische (per Feuer-, Rauch- oder Lichtsignale beispielsweise in der Marine) oder eine elektrische bzw. elektromagnetische Telegrafie handelt. Die unterschiedlichen Varianten und die mit ihnen einhergehenden Störungen eint immer das Ziel der Distanzüberwindung, die beispielsweise so weit ging, Unterseekabel im Ausgang des 19. Jahrhunderts zu verlegen, und auch wenn heute die Telegrafietechnik keine weit verbreitete Kommunikationsweise mehr ist, da sie weder im Verkehrswesen noch im Seefunk Einsatz findet, hat sie sich bis in die Jetztzeit behauptet. Im Amateurfunk und auch in manchen Teilen des Militärs ist sie etwa nach wie vor ein ostinat genutztes Medium (vgl. Flichy 1994).

3.3 Geschichte der Telegrafie und der Telekommunikation

> **Medienhistorische Betrachtung (Kümmel und Schüttpelz 2003: 10)**
> „Die historische Beurteilung sieht sich oft genug einer paradoxen Situation ausgesetzt: was den Zeitgenossen als Störung erschien, kann im Nachhinein als einfache Produktivität der beteiligten Menschen und Maschinen bewertet werden. Aber umgekehrt kann die historische Betrachtung Störungen entdecken, die dem zeitgenössischen Diskurs verborgen geblieben waren. […] Ein zentrales medientheoretisches und epistemologisches Problem jeder Darstellung von Störungen ist ihre Nachträglichkeit […]. Man wird durch eine Störung gezwungen, sich auf etwas zu beziehen, das nicht geschehen ist."

Der Beginn der optischen Telegrafie im Europa des 17. Jahrhunderts konnte bereits dazu führen, eine Nachricht über fast zwei Dutzend Übertragungsstationen zu übermitteln und dafür nur wenige Minuten zu beanspruchen. Mittels elektrischer Möglichkeiten und Funksystemen wurde die Telegrafie nach 1800 permanent weiterentwickelt. Kabelgebundene Übertragungswege setzten sich zunächst durch, doch schon bald konnte, nicht zuletzt durch die im Anschluss an die elektromagnetisch-induktiven Arbeiten Michael Faradays realisierten physikalischen Versuche Wilhelm Webers und Carl Friedrich Gauß ab 1833 telegrafische Kommunikation mittels Spannungsimpulsen erzeugt werden. 1835 wurde von Paul Schilling von Candtadt der Nadeltelegraf, 1836 von Carl August von Steinheil der Drucktelegraf und 1837 von Samuel Morse der Schreibtelegraf erfunden, der eine rasante Erfolgsgeschichte erlebte. Für die Telegrafie zwischen den Kontinenten wurden naturgemäß Seekabel genutzt, bis Ferdinand Braun 1898 die erste drahtlose und 30 Kilometer Nachrichtenübermittlung am Physikalischen Institut in Straßburg gelang, was in der Folge von Braun und auch Guglielmo Marconi immer mehr gesteigert werden konnte – 1901 etwa mit der ersten transatlantischen Funkübertragung zwischen Cornwall und Neufundland. Kennzeichnend für die Funktelegrafie waren insbesondere hochfrequente Schwingungen, wie sie mit Hilfe der bereits erwähnten Morsetasten und Morsecodes getaktet werden, in eine Antenne eingespeist und als Funkwellen abgestrahlt werden können (Vgl. Wessel 1983).

So kann die Telegrafie als Ausweis einer medienhistorischen Faszinations- und Popularitätsgeschichte gelten, die spätestens seit der Mitte des 18. Jahrhunderts mit der Stabilisierung der Elektrizitätsforschung einhergeht. Das Medien-Werden der Telegrafie bedeutet dabei gleichzeitig, dass der physikalische Kommunikationsbegriff auf den zwischenmenschlichen (Informations-)Austausch bezogen werden kann (vgl. Sprenger 2012: 212). Erkennbar wird damit die vermeintliche Gleichzeitigkeit der Übertragung in der Beobachtung der erforderlichen technischen Anforderungen, die abhängig sind von ihren Diskontinuitäten, Kontingenzen und Materialitäten (vgl. Völker 2010).

Aus streng physikalischer Sicht bildet hierbei die Entdeckung des Elektromagnetismus durch Hans Christian Oerstedt 1819/20 einen Wendepunkt, da diese das Wissen um die Elektrizität und damit die Telegrafie revolutioniert. Denn fortan ist die Übertragung getaktet und das 19. Jahrhundert wird auch deshalb zu einem Jahrhundert des Takts und der Taktung, wodurch der elektronischen und digitalen Datenverarbeitung in gewisser Weise vorweggegriffen wird (vgl. Sprenger 2012: 303). Die Entgrenzung des Kabels löst schließlich das telegrafische Reichweitenproblem und lässt die Welt gleichsam zusammenrücken: Es bringt einander nahe. Das der Telegrafie innewohnende Gleichzeitigkeits- und Unmittelbarkeitsversprechen unterstützt eine mit ihr zumindest versuchte Welterschließung (vgl. ebd.: 297), die den heute virulent gewordenen globalen Charakter der Telekommunikation immer schon impliziert.

3.3.2 Telekommunikative Dimensionen

Telekommunikation, ebenfalls von altgriechisch τῆλε (*tēle*) = fern und lateinisch *communicare* = gemeinsam machen/mitteilen, fasst diesen Anspruch an Informationsaustausch über jegliche geografische Distanz hinweg zusammen. Die stetige Ausbreitung von telekommunikativen Elementen, die sich neben der Telegrafie auch als physisch-transportierbare Medien in verschiedenen Ausprägungen beobachten lässt, wie sie die Post als Briefe, Pakete und Päckchen oder Boten durch mündlich überlieferte und dann vorgetragene Nachrichten überbringen, findet ihre Voraussetzung in einem bereits angesprochenen Feld der Technologie, das aus einem technischen Kanal für individuelle Verständigung ein multifunktionales Kommunikations- und Vermittlungsinstrument macht (vgl. Faulstich 2000d: 331): im Austausch von Daten.

In dessen genuin moderner, an der Verwendung von Elektrotechnik, Elektronik und weiteren Technologien orientierten Formen bildet sich dieser in seinen Teilbereichen der Telegrafie, des Fernmeldens und der Telefonie aus und hat sich längst als wesentlicher Bestandteil der modernen und auch wiederum postmodernen Gesellschaft etabliert. Bezogen auf seine medienhistorische Bedeutung kommt dem Feld des Datenaustauschs nach wie vor ein ebenso elementarer wie ambivalenter Stellenwert zu. Grundsätzlich muss in einem weiten grundlegenden Verständnis zur Telekommunikation neben ihrer telegrafischen Ausprägung auch Rundfunk und (analoges wie digitales) Fernsehen, Telefax, Mobiltelefonie und das Internet im Allgemeinen gerechnet werden. In einem näheren Sinn eint all diese Ausprä-

3.3 Geschichte der Telegrafie und der Telekommunikation

gungen der Charakter als technische Einrichtung bzw. System, mit denen man neben dem Versenden, Übermitteln und Empfangen Signale auch steuern und kontrollieren kann – ein Umstand, der in jüngerer wie auch jüngster Zeit angesichts der Potenziale und Gefahren von **Big Data** an Brisanz gewonnen hat.

> **Big Data**
> *Big Data* wird als Sammelbegriff für digitale Technologien verwendet, die in technischer Hinsicht die digitale Kommunikation und Datenverarbeitung auf eine neue Ebene gehoben haben und in sozialer Hinsicht dadurch auch gesellschaftliche Strukturen neu organisiert haben: Durch die Verwendung von telekommunikativen Medienendgeräten, die eine überdimensionierten Datenaustausch (Sprache, Texte, Fotografien, Videos, Emails, SMS-Nachrichten, Chatprotokolle, Webseitenverläufe, Klickverhalten usw.) nicht nur möglich machen, sondern auf diesen zum Funktionieren angewiesen sind und diesen aber auch speicherbar und auswertbar machen, hat sich für die Struktur von Wirtschaftsunternehmen, Nachrichtendiensten, Marktforschungen, Vertriebs- und Servicesteuerungen, von Medizin und Verwaltung ein neuer, riesiger Raum an Betätigungen eröffnet. Große Datenmengen können, ohne dass deren Urheber:innen dies wissen, erhoben, analysiert und modelliert, weiterentwickelt und nutzbringend eingesetzt werden. So ist Big Data in einem noch nicht hinlänglich reguliertem Zwischenbereich angesiedelt, der Einflussnahmen, Missbrauch und neue Machtstrukturen mindestens möglich macht: „An der Schnittstelle von konzernorientierten Geschäftsmodellen und gouvernementalem Handeln experimentieren Biotechnologie, Gesundheitsprognostik, Arbeits- und Finanzwissenschaften, Risiko- und Trendforschung in ihren Social Media-Analysen und Webanalysen mit Vorhersagemodellen von Trends, Meinungsbildern, Stimmungen oder kollektivem Verhalten." (Reichert 2014: 9)

Grundsätzlich symbolisiert die Telekommunikation einen für die Mediengeschichte außergewöhnlichen Grundriss der Kontaktaufnahme und der Kommunikation: Sie bildet eine Matrix der Wechselseitigkeit aus, der die Form des Medialen diesseits des Mittelbaren und Vermittelnden eingeschrieben ist. Diese Struktur basiert auf einem Regime des Sendens und Empfangens und setzt sich aus mindestens vier Faktoren zusammen:

- der Bereitschaft zur Kontaktaufnahme über den persönlichen Austausch von Angesicht zu Angesicht hinaus;
- das Bestreben, Ortsdistanz und Zeit zwischen Sendung und Empfang wesentlich zu verdichten;
- den technischen Voraussetzungen, um Ortsdistanz- und Zeitverdichtung zu erreichen;
- schließlich einem institutionellen Komplex, der diese Voraussetzungen organisiert, wartet und aufrechterhält: eine Telekommunikationsregulierung.

Ein solches telekommunikatives Regime, das u. a. im Zusammenspiel dieser vier Instanzen entsteht, existiert vor allem in der Telefonie, die sich seit der Erfindung des Morsetelegrafen im Jahr 1837 (der die für das Telefon essenzielle Vorbedingung der Signalübertragung durch elektrische Leistungen anbietet) in fast alle gesellschaftlichen Felder weltweit hinein ausbreitet (vgl. Höflich 1996: 202–231).

Nachdem 1837 Charles Grafton Page entdeckt hatte, dass beim Auftreten und Verschwinden des Stroms durch eine Drahtspirale, die er zwischen den Polen eines Hufeisenmagneten angebracht hatte, tönende Schwingungen auftraten und 1854 durch Charles Bourseul die möglichen Techniken der elektrischen Sprachübertragung bereits diskutiert worden waren, gelang es Innocenzo Manzetti 1864/65 einen elektrischen Apparat zu schaffen, der es vermochte, die menschliche Stimme zumindest über 500 Meter hinweg zu übertragen (vgl. Reuter 1990). In der Folge kam es zu verschiedenen praktischen und auch miteinander verflochtenen Entwicklungen von im Prinzip funktionsfähigen Telefonapparaturen (etwa von Antonio Meucci, Tivadar Puskás, Philipp Reis, Elisha Gray und Alexander Graham Bell); allerdings gelang es ausschließlich dem Letztgenannten, ein solches telekommunikatives Gerät ab 1876 aus dem Labor in den Alltagsgebrauch zu transportieren, d. h. marktgerecht und industriell zu produzieren (vgl. Rammert 1993). Mit Hilfe eines modulierten Stroms und eines dadurch transformierbaren magnetischen Feldes, können seither mittels Schallwellen gesprochene Sprache, aber eben auch Töne über Kilometer hinweg und beinah zeitgleich versendet und empfangen werden.

Diese damals aufkommenden Möglichkeiten des Telefons, dessen Begriff wiederum von altgriechisch ἦλε (*tēle*) = fern und φωνή (*phōnē*) = Laut/Ton/Stimme/Sprache stammt, die eine eigene Mediengeschichte hervorbringen, hat Avital Ronell als Verbindung bezeichnet, die zusammenhält, was sie trennt; sie schafft „einen Raum a-signifikanter Brüche" und hängt gleichsam „an der neu eingerichteten Nabelschnur" (Ronell 2001: 14). Vorerst wurden Telefone von Mitarbeitern im Fernsprechverkehr bedient, deren Aufgabe es war, Telefongespräche in so genannten Telefonzentralen manuell anzunehmen und an die gewünschten Teilnehmer:in-

3.3 Geschichte der Telegrafie und der Telekommunikation

nen zu vermitteln. Da dies meist durch weibliche Telefonistinnen erledigt wurde, entstand im Übrigen die Rede von der *Demoiselle* bzw. von dem *Fräulein vom Amt* (vgl. Gold und Koch 1993). In seiner Materialisierung als Medienobjektivation gilt das Telefonieren besonders als Möglichkeit, in Form des Selbstwähldiensts eigenständig eine Telefonverbindung aufbauen zu können (und gerade nicht auf ein die Verbindung herstellendes *Fräulein vom Amt* zurückgreifen zu müssen), letztendlich als Bausteine eines automatischen Telefonvermittlungssystems (vgl. Feyerabend et al. 1929), das 1888 durch Almon Strowger Wirklichkeit geworden ist. Das Telefon stellt daher in seiner ausgereiften und massenverbreiteten Version eine zunächst analoge, heute in der Regel noch über Mehrfrequenzwahlverfahren realisierte Kommunikationsdimension bereit.

> **Telefon-Theorie (Ronell 2001: 12)**
> „Wann wird das Telefon zu dem, was es ist? Es setzt die Existenz eines anderen Telefons voraus, irgendwo, obwohl es seine A-Totalität als Apparat, seine Singularität ist, woran wir denken, wenn wir ‚Telefon' sagen. Um sein zu können, was es ist, muß es pluralisiert, multipliziert, durch eine andere Verbindung beansprucht werden, es muß nervös sein und nach dir verlangen. […] Warum gerade das Telefon? In gewisser Hinsicht war es der sauberste Weg, das Regime einer Menge metaphysischer Gewißheiten anzugehen. Es destabilisiert die Identität des Selbst und des Anderen, Subjekt und Ding, es schafft die Ursprünglichkeit des Ortes ab; es unterwandert die Autorität des Buches und bedroht permanent die Existenz der Literatur. Es ist selbst unsicher über seine Identität als Objekt, Ding, Ausstattungsstück, als perlokutionäre Intensität oder als Kunstwerk (die Anfänge der Telefonie sprechen für seinen Platz als Kunstwerk) […]."

Wenn von jedem Punkt auf der Welt annähernd in Echtzeit miteinander telefoniert werden kann, erlaubt dies die Etablierung intersubjektiver Abstimmung, die im Zeitalter der modernen Elektronik und Computertechnologie eine sowohl produktionsorientierte wie funktionale Verschiebung erfährt. Werden auf der einen Seite elektromechanische Elemente durch Halbleiter ersetzbar, sind Gehäuse-Verkleinerungen und Funktionsausweitungen weiterhin möglich. Dazu zählen nicht nur Tastenwahl, Rufnummern abgehender und ankommender Anrufe, Nummernspeicherung, Anrufweiterleitung, Konferenzschaltungen, Anruflisten, Anrufbeantworter mit Fernabfrage und Freisprechen. Auch das Versenden/Empfangen von schriftlichen Nachrichten als *Short-Message-System* (SMS) wird praktikabel –

und zwar vor dem Hintergrund der Entwicklung des Mobiltelefons, das als schnurloses Telefongerät bereits seit 1926 im Zugverkehr zum Einsatz gekommen ist und das in Form des Mobiltelefons tragbar ist, über Funk mit dem Telefonnetz kommuniziert und nicht mehr abhängig von einem bestimmten Ort ist. Während Vorläufer und Fantasien einer so eingelösten mobilen Telefonie bereits seit Beginn des 20. Jahrhunderts auszumachen sind, lassen sich ab 1946 entsprechende Apparate als in Kraftfahrzeugen montierte Autotelefone identifizieren. Ab 1973 entwickeln sich davon unabhängige Prototypen und schließlich – in Deutschland ab Mitte der 1980er-Jahre – die heute noch immer gebräuchlichen Mobilfunkgeräte, deren technische Reifung in Abstimmung mit der Weiterentwicklung immer flächendeckender Netzwerkstrukturen einher geht Vom B-Netz zum C-Netz zum D-Netz zum *Universal Mobile Telecommuciations System* (UMTS) bis hin zur *Long Term Evolution* (LTE). (Vgl. Burkart 2007)

Dass eine Synthese von Funktionen, die über das eigentliche Telefonieren hinausgehen, wiederum unter den Bedingungen technologischer Evolution und kommunikativer Transformation zu einer geradezu revolutionären sozialen Umwälzung führen kann, erweist sich im Fall der Telefonie kurz nach der Jahrtausendwende. Wenn dann (nach ersten Versuchen in der 1990er-Jahren) ab 2007 mit der Einführung des so genannten *iPhones* durch das Unternehmen *Apple* umfangreiche Computer-Funktionalitäten den ursprünglichen Sinn des Telefons auch im Sinne einer immer stärker zu erhöhenden Verbindung zwischen den Geräte-Nutzer:innen realisierbar werden, wandelt sich auch für viele der persönliche Umgang mit dieser Art von Technik. Auf der einen Seite werden diese Smartphones neu benutzbar, da sie über berührungsempfindliche Bildschirme verfügen, die mit den menschlichen Fingern bedient werden können, ohne echte Tasten zu drücken oder Knöpfe zu drehen (vgl. Ruf 2018d). Auf der anderen Seite hält damit das Internet einen evidenten Einzug in telekommunikative Apparaturen, und zwar in erster Linie mittels über mobile Internet-Anbindung ermöglichende Zusatzprogramme (,Apps'), die etwa soziale Netzwerke wie Facebook und Twitter auf dem *smarten*, mithin noch intensiver vernetzten, ursprünglichen Telefon-Gerät verwendbar machen (vgl. Ruf 2018b, c).

Bei diesem hier nur kurz anzudeutenden mediengeschichtlichen Verlauf zeigt sich folglich, dass im Allgemeinen für die Telekommunikation das Wesensmerkmal der Konnektivität beständig vorherrscht. Es lässt sich beobachten, dass diese Ordnungsweise wiederkehrend um sich greift, mit technologischen Prozessen immer umfassender wird und so eine kollektive Vernetzungsformierung Bahn bricht.

3.4 Geschichte des Hörfunks, des Films und des Fernsehens

Die Geschichte der Medien, beginnt zwar mit dem Aufkommen schriftlicher, bildlicher oder telekommunikativer Erscheinungen; eine evolutionäre, ihre Dimensionen vervielfältigende und ihre Bedeutung immens ausweitende Struktur erhält sie mit der Entstehung auditiver und audio-visueller Strukturen, die eine neue Medialität hervorbringen und ihre Schlagkraft als Massen-Phänomene sowohl vorbereiten wie durchsetzen. Während die Momente der Aufnahme, der Übertragung und des Empfangs in etwa parallel zur telegrafischen Entwicklung vorangehen, ist es die technische Wandlung von akustischen Schallwellen in elektrische Impulse, die in technikhistorischer Hinsicht die Geschichte des Hörfunks bedingen. Es erwächst also gleichsam eine Struktur, die das erste elektronische Massenmedium hervorzubringen vermag: Mit enormer Reichweite, universal zu rezipieren und ohne großen technologischen Überbau herzustellen. Damit stehen die nicht unkritisch zu hinterfragenden (vgl. Bredow 2002) Momente der Teilnahme und Teilhabe im Zentrum des medienwissenschaftlichen Diskurses.

3.4.1 Zur Radio-Entwicklung

Historisch betrachtet dienen insbesondere Verfahren der Tonaufzeichnung seit 1877 durch den von Thomas Alva Edison präsentierten Zinnfolienphonografen bzw. durch die wiederum von Philipp Reis und Alexander Graham Bell erfundenen ersten Mikrofone den entsprechend technischen Anforderungen an auditive Übertragung und auditiven Empfang. Das Telefon und der Telegraf sind denn auch wesentliche Voraussetzungen für den Hörfunk, nicht zuletzt auch die Entdeckung der elektromagnetischen Wellen durch Heinrich Hertz 1886. Guglielmo Marconi, dem 1897 als Erster eine drahtlose telegrafische Nachricht über eine Distanz von fünf Kilometern und wenig später auch über den Ärmelkanal (1899) und über den Atlantik (1901) gelang, gilt schließlich weitestgehend als eigentlicher Erfinder des Radios, das als Medienobjektivation das Hörfunknetz überhaupt erst möglich gemacht hat. Zwar sind bereits kurz zuvor ähnliche Versuche zu identifizieren; die Patente von Nikola Tesla sind hier ebenso zu nennen wie die Entwicklungen von Alexander Popow (vgl. Seeberger 1962). Entscheidend bleibt jedoch, dass naturwissenschaftliche bzw. speziell physikalische Innovationen (vgl. Kittler 1986a: 35 f.) wie der von Ferdinand Braun voran gebrachten induktiv gekoppelten Antennenkreis wesentliche Triebfeder für die Etablierung des Radios bzw. grundsätzlich des Hörfunks darstellen.

Mit der Übertragung und dem Empfang von Audio-Signalen und Sprache wird naturgemäß auch diejenige von Tönen und Musik revolutioniert (vgl. Saxer 2016). Diese benötigen nicht länger ein stationäres Abspiel-Medium (wie einen Schallplattenspieler), sondern können eine Reichweite von vielen Kilometer überbrücken. So wie die Technik immer mehr auf die sich damit eröffnenden Dimensionen reagiert und die bestehenden Lösungen etwa mittels Röhrensendern und Rückkopplungsempfängern immer breiter nutzbar macht, ist es wenig verwunderlich, dass damit auch die Produktion von Klang, Tönen, Musik und Sprache kommerzialisiert und institutionalisiert werden kann.

Das Radio konstituiert den Hörfunk mit speziellen Rundfunkprogrammen und Radiosendungen – angefangen mit Hans Henricus ‚Hanso' Schotanus à Steringa Idzerdas ersten öffentlichen Versuchen aus seiner Privathaus im niederländischen Den Haag ab dem 6. November 1919, die dieser mit einer Studio- und Radioausstattung seines eigenen Industrieunternehmens bestritt, sowie weitergehend mit der ersten kommerziellen Radiostation im US-amerikanischen Pittsburgh ab 1920 bzw. in Deutschland mit der ersten Rundfunkübertragung eines Weihnachtskonzerts am 22. Dezember 1920 durch den Sender Königs Wusterhausen auf dem Funkerberg der Reichspost in Brandenburg (vgl. Klawitter 2005). Als Geburtsstunde des deutschen Rundfunks kann der 29. Oktober 1923 angesehen werden, als die erste Unterhaltungssendung von der Funkstunde Berlin ausgestrahlt worden ist (vgl. Leonhardt 1997).

Musikalische Medienpraxis (Saxer 2016: 12)
„Bereits Friedrich Kittler hat vermerkt, dass erst die bahnbrechenden Erkenntnisse der naturwissenschaftlichen Forschung des 19. Jahrhunderts und das daraus sich ergebende neue Weltverhältnis den Boden für die Entwicklung der neuen Technologien schufen. Die technischen Voraussetzungen für die Phonografie waren lange vor ihrer Entstehung bereits gegeben, es bedurfte jedoch einer neuen, auf den Erkenntnissen der Akustik und der experimentellen Psychologie beruhenden Auffassung des Hörens, um technische Apparate zur Aufzeichnung von Klang zu realisieren. So führten etwa neue sinnesphysiologische Analysemethoden der Wahrnehmung Hermann von Helmholtz dazu, das Ohr nicht mehr als einen bloßen Übermittler zu denken, der in einem einfachen Korrespondenzverhältnis zu dem steht, was in einem Außen geschieht, sondern als ein produktives Organ, auf das experimentell eingewirkt werden kann. Erst dieser Umbruch in der Auffassung der Sinnesorgane war die Voraussetzung für die Entstehung akustischer Aufzeichnungsmedien."

Diese mediengeschichtliche Progression muss auch vor dem Hintergrund zeitgenössischer Medientheorien verstanden werden. Berthold Brecht hat sich dazu in einer berühmten Rede über die Funktion des Rundfunks 1932 geäußert. Er fordert darin dazu auf, die funktionale Bestimmung dieses Mediums überhaupt erst einmal aufzusuchen, und formuliert im Zuge dessen die Hoffnung, dass der Einsatz des Rundfunks als öffentlicher Distributionsapparat eine zweite Seite erhält: Dass er nicht allein der Lieferant von etwas ist, sondern auch den Hörer zu einem solchen Lieferanten macht. Gefordert wird damit die Möglichkeit, als Rezipient:in an dem Medium Hörfunk (und Radio) teilzunehmen, bei Brecht: um den Abstand zwischen dem einzelnen Individuum und den öffentlichen Institutionen zu verkleinern und dadurch einen wechselseitigen Austausch zu befördern, letztendlich um in einem aufklärerischen Sinn eine unmittelbare Auseinandersetzung mit den gesellschaftlichen Verhältnissen zu ermöglichen: „Der Rundfunk wäre der denkbar großartigste Kommunikationsapparat des öffentlichen Lebens, ein eingeheures Kanalsystem, das heißt, er wäre es, wenn er es verstünde, nicht nur auszusenden, sondern auch zu empfangen, also den Zuhörer nicht nur hören, sondern auch sprechen zu machen und ihn nicht zu isolieren sondern ihn in Beziehung zu setzen." (Brecht 2000: 260)

So ist es auch zu verstehen, dass im Verlauf der Mediengeschichte des Hörfunks und der Radioprogrammatik trotz deren Instrumentalisierung, dessen propagandistischen Missbrauch und deren Gleichschaltung durch totalitäre Regierungen (vgl. Lersch und Schanze 2004) viel dafür getan worden ist, insbesondere in Deutschland eine Rundfunk-Struktur aufzubauen und zu etablieren, die wiederum dem Bedürfnis nach Teilhabe und Teilnahme und gleichzeitig der Diversität einzelner Hörfunk-Stimmen (die nach wie vor regional diversifiziert sind) in Gestalt der *Arbeitsgemeinschaft der öffentlich-rechtlichen Rundfunkanstalten der Bundesrepublik Deutschland* (ARD) sowie etwa des *Deutschlandfunks* und des *DeutschlandRadios* zu entsprechen.

3.4.2 Film und Fernseh-Bilder

Der Begriff des ‚Films' findet seine vollendeten Ursprünge in den Gründerjahren der prominentesten Bewegtbildapparaturen, sei es durch den Kinematografen der Brüder Lumière (um 1892) oder Thomas A. Edisons Kinetograf und Kinetoskop (um 1890–1892). Assoziiert wird Film demnach mit der medialen Kategorie der dynamischen **Bewegungsbilder**, deren syntaktische Konvention von 24 Einzelbildern pro Sekunde sehr schnell zur visuellen und standardisierten Konvention in den Kinos wurde, da hierdurch innerhalb der Wahrnehmung der Rezipierenden ein vollständig realisiertes Bewegungsbild erzielt werden konnte: „Im Lichte des elektrischen Stroms ist der Film nicht mehr eine Folge von Bildern in Bewegung, sondern in der Gleichzeitigkeit von Figur und Bewegung ein Bewegungsbild, das nicht mehr wie ‚Bilder in Bewegung', sondern ganzheitlich als ‚ein Bild' wahrgenommen wird, ein kinematografisches Bewegungsbild" (Paech 2006: 99). Die dynamische Wende innerhalb der Medienkultur zeigt sich allen voran an der technischen Innovation und Durchsetzung des kinematografischen Prinzips, wobei dieses bereits in mechanischen Ansätzen über zahlreiche Apparaturen und optische Spielzeuge historisch nachweisbar ist (z. B. mit Erfindung des Daumenkinos um 1500, des Phenakistiskops um 1830 oder die prähistorische Verwendung des Thaumatrops). Die apparative Dynamik des kinematografischen Bewegungsbildes erzeugt auf Basis der intra-medialen Bewegung der Filmrolle und den kontinuierlichen Einzelbildphasen gleichermaßen eine semantisch-narrative Bewegung im Sinne eines szenischen Handlungsfeldes von Figuren, Orten und Zeiten: Film ist demnach phänomenologisch (die spezifische Erscheinungswirklichkeit betreffend) und technisch ein Bewegungsbild, semiotisch (die Zeichenbildung betreffend) allerdings ein narratives Bild mit Bedeutung. Ein Bewegungsbild ist phänomenologisch genau dann realisiert, wenn die „Figuration der (mechanischen) Abfolge figuraler Differenzen bzw. Ähnlichkeiten" (Paech 2006: 99) gegeben ist.

Die besondere Eigenschaft der Bewegung impliziert dann weitere Wahrnehmungseffekte, die immer schon in zahlreichen künstlerischen Praktiken adressiert oder thematisiert wurden, doch nun durch das apparative Moment auch effizient umgesetzt werden konnten: Bewegung, Zeit und Raum. Die spezifische Bewegung des Bewegungsbildes konstituiert sich somit durch eine kontinuierliche Sukzession und formt eine eigenständige Werk-Zeit aus, innerhalb derer sich die indexikalische Logik eines fotografischen (Bild-)Realismus zentralperspektivisch offenbart. Das Potenzial des Films vereinigt demnach innerhalb der Zeitphase die filmischen Bilder und verbindet damit zwei für die Filmkunst zentrale gestalterische Bezugsgrößen miteinander: Hier leistet der Schnitt die ästhetische Form der zeitlichen Verbindung von Einstellungen mit- und untereinander und die Montage rhythmisiert das Filmbild als ein temporales Ganzes: „Die einfache Sukzession affiziert die vorübergehende Gegenwart, aber jede Gegenwart koexistiert mit einer Vergangenheit und einer Zukunft, ohne die sie selbst gar nicht vorübergehen könnte. Es gehört zum Film, diese Vergangenheit und diese Zukunft zu erfassen, die mit dem gegenwärtigen Bild koexistieren" (Deleuze 1991: 57).

Das Bewegungsbild ist aber nicht nur ästhetische, technische, phänomenologische und semiotische Form, sondern im kulturellen Kontext vor allem ein Ort. Das Kino avancierte so zu einem sozialen Index und rezeptivem Raum, in welchem soziale Kreise miteinander und mit den Filmen in eine Beziehung treten konnten, um die meta-interaktive Relation aus Filmproduktion, Ästhetik, Bewegungsbild

3.4 Geschichte des Hörfunks, des Films und des Fernsehens

und Fan-Kultur stetig zu konsolidieren. Mit den Anfängen in den 1930er-Jahren etablierte sich im Verlauf weiterer Jahrzehnte eine prominente Bewegtbildapparatur, die in den Anfängen noch als Ferntonkino oder auch Telehor bezeichnet wurde: das Fernsehen. Mit den TV-Apparaten veränderte sich etwas Grundlegendes, denn diese elektrischen Apparate repräsentieren eine instantane Medienkultur, welche die Informationen der Weltgesellschaft direkt in den Wohnzimmern der Zivilgesellschaft versammelte, über den Modus der Audiovisualität: „The movie took over the novel and the newspaper and the stage, all at once. Then TV pervaded the movie and gave the theater-in-the-round back to the public." (McLuhan 1964: 58) Das elektrische TV-Bild bricht mit den mechanischen Grundbedingungen der Filmrolle und der kinematografischen Apparatur, denn das Bild selbst ist eine elektronische Prozedur von Lichtwerten und zeigt hiermit bereits den Bezug zum digitalen Monitorbild des Computers, den Displays oder den modernen Flachbildschirmen und Heim-Kino-Systemen der jüngeren Zeit: „‚Telegraf' and ‚television' seem to have registered a more direct impact than mechanical forms such as typografy and movies" (McLuhan 1962: 130). Es zeigt sich im TV der Reiz globaler Aktualität und „das neue elektrische Muster der Kultur" (Hartmann 2000: 248). Die Elektrizität formt nun das TV-Bild selbst aus und zeigt dieses als digitale Evidenz von anwesenden oder abwesenden Lichtwerten im Kontext des binären Moments digitaler Repräsentation.

> **Bewegungsbild (Paech 2006: 105)**
> „Das kinematografische Bewegungsbild verdankt sich der Koppelung seiner mechanischen, technisch-apparativen Voraussetzungen (des Basisapparates) auf der einen mit der Projektion eines energetischen Lichtbildes ‚in Bewegung' auf der anderen Seite. Das ‚informationelle' elektronische Bild des (Fernseh-, Video- oder Computer-) Monitors kommt vollkommen ohne die mechanische Seite der Bildkonstruktion aus und konstituiert sich als rein energetisches (elektrisches) Bild, das seinen für die Bewegungsdarstellung konstitutiven Ähnlichkeits-/Differenzfaktor in die punktuelle Konstruktion des Bildes tausendfach hereingenommen hat. Bewegung ist nicht mehr die Figur der Übersetzung oder Transformation einer analogen mechanischen ‚Kette' zur energetischen Darstellung ihrer sukzessiven figuralen Ähnlichkeiten/Differenzen im Licht des Bewegungsbildes. Die Aufzeichnung, Übertragung und Wiederholung von elektrischen Spannungswerten im Monitorbild, die dort als Hell-/Dunkel- oder Farbwerte erscheinen, ist ohne figurale Analogie, die sich erst als spezifische Information des Spannungswechsels an allen Punkten des Bildes oszillierend herstellt."

3.5 Geschichte der Neuen Medien

Die Geschichte der so genannten Neuen Medien ist als eine Geschichte der digitalen Medien zu verstehen, deren Ursprung am Umbruch von analog zu digital auszumachen ist. In erster Linie handelt es hierbei um die Geschichte des Computers, verstanden als eine elektronische Maschine, mit der sich Daten in spezifischen Formaten verarbeiten lassen und dessen Vernetzung mit anderen Computern ein globales Netzwerk (World Wide Web) strukturiert hat. Heute ist die Technologie des Smartphones dasjenige Medium, das unsere Medienkultur tiefgreifend geprägt hat (vgl. Ruf 2018a) und ununterbrochen und nahezu ortsunabhängig Zutritt zur digitalen Informationssphäre gewährleistet, so dass sich das digitale und analoge Leben des Menschen immer mehr miteinander verweben.

3.5.1 Zur Digitalisierung

Die Grundlage technologischer **Datenübermittlung** bilden spezifisch codierte Signale. Eine Codierung kann nun wiederum analog, diskret oder digital sein. Während ein analoges Signal einen „durchgehenden Wertebereich" aufweist, „bei dem etwa die Stromstärke der Lichtstärke oder dem Schallpegel entspricht", umfasst ein diskretes Signal lediglich „eine begrenzte Anzahl klar voneinander unterschiedener Werte" (Heidenreich 2004: 77). Das digitale Signal kann als Sonderfall einer diskreten Codierung begriffen werden, „mit dem Unterschied, daß die Werte als Ziffern und im besonders häufigen Fall eines Binärcodes als die Zahlen 0 und 1 codiert sind" (ebd.). Der medientechnologisch relevante Umbruch liegt folglich im Wechsel von analog zu digital und somit in der Modifikation der Art und Weise, wie Daten gespeichert werden können.

> **Datenübermittlung (Heidenreich 2004: 78)**
> „Ob Daten analog, diskret oder digitale codiert sind, betrifft nicht nur deren Übertragung, sondern auch die Weise, wie man sie verarbeitet und verändert und wie sie schließlich übermittelt und gespeichert werden. [...] Codes und Formate setzen die Bruchstellen und Distinktionen, an denen die Verarbeitung von Daten ansetzt."

Während also analoge Aufzeichnungstechniken wie die Schallplatte einen kontinuierlichen Wertebereich implizieren, da hier der Schalldruck der Aufnahmen proportional zur umgesetzten Stromstärke steht, würde eine diskrete – also auch eine digitale Abtastung – mit einer begrenzen Anzahl von Werten arbeiten (vgl. ebd.: 77 f.). Das Potenzial der digitalen Codierung liegt letztendlich darin, dass sie in der Lage ist, die unterschiedlichsten analogen Signale auf digitaler Ebene der Daten in einer zweiwertigen Notation zwischen 1 und 0 zu vereinheitlichen und gleichsam zu homogenisieren: „Wenn die Zahlen auf ihre einfachsten Prinzipien wie 0 und 1 reduziert werden, dann herrscht überall eine wunderbare Ordnung" (Leibniz 1860: 224). Damit offenbart sich die Verwandtschaft der aktuellen digitalen Datenübertragung zur Vorläuferin der Telegrafie, die ebenfalls nur die Zustände *an* und *aus* kannte und sowohl Buchstaben als auch Zahlen binär codieren konnte. „Zerlegung, Ordnung und Distinktion" (Winkler 1997: 224) können folglich als basale Prinzipien *des Digitalen* angesehen werden, weshalb sich *universelle diskrete Maschinen* – so nannte Alan Turing den Computer – immer nur approximativ der Realität annähern können, um diese verarbeiten zu können.

3.5.2 Zum Computer

Die Möglichkeit der Verarbeitung – also der Speicherung, Manipulation und Übertragung – diskreter Zahlen kann als das zentrale Momentum des Computers angesehen werden (vgl. Kittler 1986a: 8) und ist sowohl durch Alan Turings Dissertationsschrift *On Computable Numbers, with an application to the Entscheidungsproblem* (1936) als auch durch Claude E. Shannons Abhandlung *A Mathematical Theory of Communication* (1948) begründet. Turing beschreibt in seinem Text das theoretische Modell einer „universal computing machine" (Turing 1937: 241), mit der es möglich wird, Daten im Format des Binärcodes zu speichern sowie zu verarbeiten und so jedes beliebige mathematische Problem zu lösen, sofern dieses prinzipiell berechenbar ist: „[A] number is computable if its decimal can be written down by a machine" (ebd.: 230). Shannon nimmt sich seinerseits dem „fundamental problem of communication" an, nämlich „that of reproducing at one point either exactly or approximately a message selected at another point" (Shannon 1964: 31) und entwickelt hier eine „einheitliche Theorie der Nachrichtenübertragung und -verarbeitung" (Kammer 2001: 522) in Form einer Schaltalgebra von Bedeutung:

> Am Anfang des Digitalen steht das Schalten. Die digitalen Datenströme weiten sich parallel zur Entwicklung der Schaltelemente und ihrer Schaltzeiten aus. Jede Ziffer und jedes Symbol läßt sich in der binären Form durch den elementaren Gegensatz von ein/aus, ja/nein, null/eins oder 0/1 codieren. In Stromkreisen entspricht diese Opposi-

tion zwei verschiedenen Spannungszuständen oder einfach zwei Stellungen eines Schalters, der etwas ein- oder ausschaltet. Daher liegt der Geschichte der Digitalisierung eine Geschichte der Schalter und des Schaltens zugrunde. (Heidenreich 2004: 83)

Als erste elektro-mechanische, d. h. nach dem digitalen Binärsystem arbeitende Schaltmaschine kann der 1941 fertiggestellte Z3 von **Konrad Zuse** angesehen werden (vgl. Kammer 2001: 524), dessen Vorgängermodell Z1 dieser in das Wohnzimmer seiner Eltern gebaut hatte. Sowohl gespeicherte als auch noch zu verarbeitende Daten sind im Z3 „auf binärer Basis als Zahlenwert oder als logisches Element im Rahmen der Schaltalgebra darstellbar und können somit auch einheitlich im Rechenwerk des Computers verarbeitet werden" (ebd.). Diese Gleichbehandlung von Daten ist auf die Arbeit von John Mauchly, Presper Eckert – den Erfindern des vollelektronischen Röhrencomputers ENIAC – und John von Neumann zurückzuführen, wodurch die bis heute grundlegende Rechnerachitektur entstanden ist, die sich beispielsweise dadurch auszeichnet, dass Programmbefehle und Daten gleichzeitig in der Zentraleinheit des Computers vorgehalten werden und nicht gesondert eingegeben werden müssen (vgl. ebd.; Heidenreich 2004: 87). Als erster Rechner mit eben jener Architektur gilt schließlich der EDVAC („Electronic Discrete Variable Automatic Computer") aus dem Jahr 1952; es folgen Modelle, die sich durch den vollständigen Einsatz von Transistoren auszeichnen – wie der TRANSAC S 2000 (1957) – und mit Halbleiterschaltungen ausgestattet sind – wie der PDP-8-Rechner der Firma Digital Equipment (1965) (vgl. Kammer 2001: 526).

Die ersten *Personal Computer* kamen schließlich 1987 (Apple II) und 1983 (IBM XT) auf den Markt, wodurch der Anwenderkreis dieser Technologie extrem erweitert werden konnte. Neben der Technologie sind es allerdings die grafische Benutzeroberfläche sowie das dazugehörige ikonische Eingabegerät (die ‚Maus') – beides entwickelt von der Forschergruppe um Douglas Engelbart am Stanford Research Institute in den Labors von Xerox Parc während der sechziger Jahre –, die einen erheblichen Beitrag zur Nutzerfreundlichkeit der Mensch-Maschine-Schnittstelle geleistet haben. Während sich in den folgenden Jahren und Jahrzehnten die Kapazitäten der Speichertechnologien zusehends erhöhten, Prozessoren immer schneller und Bauteile miniaturisiert wurden, differenzierten und weiteten sich ebenfalls die Anwendungsbereiche dieser neuen Technologie aus.

▶ **Konrad Zuse** (1910–1995) Konrad Zuse wurde am 22.6.1910 in Berlin geboren, wuchs in Braunsberg und legte 1928 am Realgymnasium in Hoyerswerda sein Abitur ab. Anschließend absolvierte er bis 1934 an der Technischen Hochschule Charlottenburg ein Ingenieurstudium, welches er mit einem Diplom abschloß. Danach arbeitete er zunächst als Statiker bei den Henschel-Flugzeugwerken in Berlin,

3.5 Geschichte der Neuen Medien

kündigte allerdings 1935 seine Stelle und teilte seinen verblüfften Eltern mit, dass er in ihrem Wohnzimmer eine vollautomatische Rechenmaschine bauen wolle. Auf diese Art und Weise wollte er seine Vision verwirklichen, die Arbeit des Rechnens durch eine vollautomatische Maschine erledigen zu lassen. So entstand im heimischen Wohnzimmer die Z1, eine programmierbare mechanische – allerdings nicht voll funktionsfähige – Rechenmaschine. Das Prinzip der Z1 übernahm Zuse schließlich für die auf Relais basierende Z3, den ersten funktionierenden, vollautomatischen und frei programmierbaren Digitalrechner der Welt, den er 1941 fertig stellte. Damit entwickelte Konrad Zuse die Blaupause für unsere heutigen Computer.

3.5.3 Über Netzwerke

Das Internet entwickelte sich parallel zum *Personal Computer*, der zwar zunächst für das „Versprechen einer Individualisierung im Unterschied zur Vernetztheit und Kollektivierung" (Dotzler und Roesler-Keilholz 2017: 105) stand, in dem dennoch bereits früh in seiner Geschichte das Prinzip der Vernetzung angelegt worden war. So präsentierte Vannevar Bush 1945 in seinem Aufsatz *As We May Think* seine Vision des *Memex* (*Memory Extender*). Mit dieser elektro-mechanischen Maschine sollte es möglich sein, in Anlehnung an die Funktionsweise des menschlichen Geistes Informationen und Daten netzwerkartig miteinander zu verknüpfen und als Geflecht von Pfaden zu speichern: „The human mind [...] operates by association. With one item in its grasp, it snaps instantly to the next that is suggested by the association of thoughts, in accordance with some intricate web of trails carried by the cells of the brain." (Bush 1945: o. S.) Dieses Konzept der elektronischen Vernetzung von Wissen wurde 1960 von Ted Nelson im Projekt Xanadu aufgegriffen, der an die Forschungen von Xerox PARC anknüpfte, indem er eine Bibliothek von miteinander verknüpften Dokumenten entwickelte – dieses Netzwerk von Texten und Textfragmenten nannte Nelson *Hypertext* (vgl. Nelson 1965). Eben jene Struktur kann als grundlegend ontologisches Kriterium des Internets angesehen werden.

Mit dem ARPANET der *Advanced Research Projects Agency* (ARPA) wurde 1969 ein experimentelles Forschungsnetzwerk des amerikanischen Militärs in Betrieb genommen, über das man zunächst Rechner der Universitäten in Stanford (SRI), Los Angeles (UCLA), Santa Barbara (UCSB) und Utah (UUSLC) zusammenschaltete (vgl. Bleicher 2010: 21). Dieses Netz sollte eine dezentrale Speicherung und Verarbeitung von Informationen ermöglichen, wofür neben einer gemeinsamen ‚Sprache' zu Kommunikation zwischen den Computern sowie eine neue verteilte Netzwerkarchitektur notwendig wurde (Abb. 3.1).

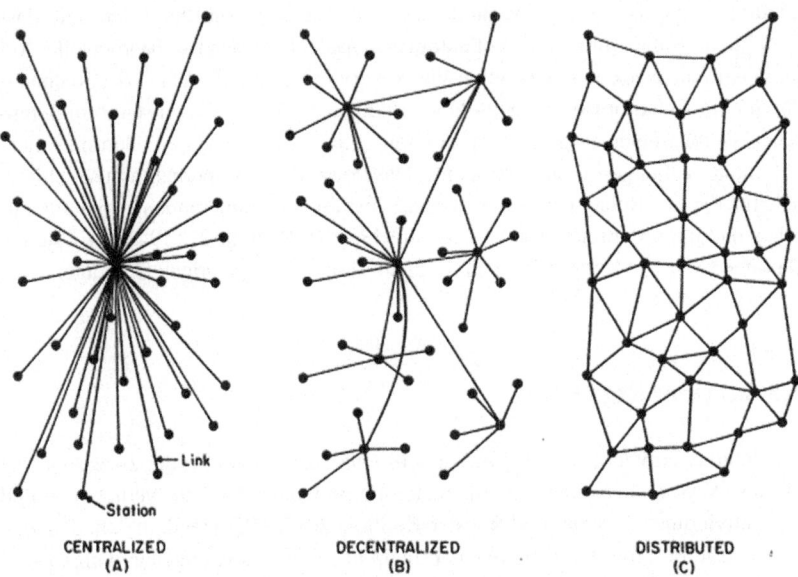

Abb. 3.1 Schematische Darstellung zentralisierter (links), dezentralisierter (Mitte) und verteilter Netzwerke (rechts). (Vgl. Baran 1964: 2)

Denn während zunächst Netzwerke sternförmig aufgebaut waren und die mit dem Hauptrechner verbundenen Terminals dessen Rechenzeit per *Time-Sharing* gemeinsam nutzen, wodurch diese Struktur immens anfällig für eventuelle Ausfälle – insbesondere des Hauptrechners – war, schlug Baran für dynamisch wachsende Netzwerke eine *distributed communication* vor:

> Let us consider the synthesis of a communication network which will allow several hundred major communications stations to talk with one another after an enemy attack. As a criterion of survivability we elect to use the percentage of stations both surviving the physical attack and remaining in electrical connection with the largest single group of surviving stations. This criterion is chosen as a conservative measure of the ability of the surviving stations to operate together as a coherent entity after the attack. (Baran 1964: 1)

Barans dezentraler Netzwerkentwurf sollte die Datenübertragung sicherstellen, selbst wenn einer der Knoten – also der über- bzw. vermittelnde Rechner – im

3.5 Geschichte der Neuen Medien

Netzwerk ausfällt. Da jeder Rechner intern auf eine Karte des gesamten Netzwerks zugreifen konnte, über welche der Transport und die Verteilung der Daten koordiniert wurde, konnte bei einer Störung eines Knotens eine neue Route gewählt werden, um Daten von einem Punkt des Netzwerks zu einem anderen Punkt zu übermitteln. Die vermittelten Informationen wurden für die Übermittlung innerhalb des Netzwerks in gleichgroße Pakete zerlegt – das sogenannte *packet switching* –, über verschieden Wege zum Zielknoten übermittelt und dort in ihrer korrekten Reihenfolge wiederhergestellt (vgl. Baran 1964; Bleicher 2010: 20 f.). Hierfür mussten wiederum einheitliche Protokolle entwickelt werden, über die der Datenverkehr einheitlich geregelt werden konnte, wie das noch heute bekannte *Transmission Control Protocol/Internet Protocol* (TCP/IP):

> A protocol that supports the sharing of resources that exist in different packet switching networks is presented. The protocol provides for variation in individual network packet sizes, transmission failures, sequencing, flow control, end-to-end error checking, and the creation and destruction of logical process-to-process connections. Some implementation issues are considered, and problems such as internetwork routing, accounting, and timeouts are exposed. (Cerf und Kahn 1974: 637)

Mit dieser Standardisierung beginnt die „technische Wirklichkeit des *Internet*" (Hartmann 2006: 176), zunächst als Ansammlung von Einzelnetzwerken wissenschaftlicher Akteur:innen, bis es schließlich durch die Zusammenarbeit zwischen Tim Berners-Lee und dem Genfer *Conseil Européen pur la Recherche Nucléaire* (CERN) im Jahre 1991 zum Hypertextsystem **World Wide Web** wurde. Durch die Einführung der *Hypertext Markup Language* (HTML) – einer Auszeichnungssprache zur Erstellung und Strukturierung von Webseiten – und dem *Hypertext Transmission Protocol* (HTTP) für deren Übertragung konnten diese elektronischen Dokumente über Browser wie Mosaic (1993), Netscape (1994) oder Internet Explorer (1995) dargestellt werden. Seitdem ist das Internet immer mehr zu einem multimedialen, interaktiven und partizipativen Hyper- oder Hybridmedium zwischen Massen- und Individualkommunikation avanciert (vgl. Bleicher 2010: 17), dessen technische Funktionalität eine „unbekannte Form der Diskursarchitektur" (Hartmann 2006: 214) erzeugt hat, innerhalb welcher die Organisation und Distribution von Öffentlichkeit ein zentrales Moment geworden ist: „Unsere Gesellschaften sind immer mehr um den bipolaren Gegensatz zwischen dem Netz und dem Ich herum strukturiert." (Castells 2003: 3)

> **World Wide Web**
> Das World Wide Web (WWW) kann als ein System von weltweit über das Internet verknüpften Webseiten verstanden werden. Webseiten wiederum sind Hypertext-Dokumente, die über Hyperlinks – also Querverweise zwischen den unterschiedlichen elektronischen Hypertexten – miteinander verbunden sind. Die Funktionsweise des und damit die Kommunikation innerhalb des WWW wird vorrangig über das das *World Wide Web Consortium* (W3C) geregelt, das u. a. Standards wie HTML (Hypertext Markup Language), HTTP (Hypertext Transmission Protocol) oder CSS (Cascading Style Sheets) eingeführt hat. Im Kontext einer Medienkulturwissenschaft lässt sich sagen, dass das World Wide Web „u. a. als Archiv umfassender Wissensbestände, als Videoplattform, Kommunikations- und Diskussionsraum, Geschäft, Arztpraxis, Sozialgemeinschaft, Spielplatz, Informations-, Kultur- oder Unterhaltungsmedium, aber auch als Atelier, Museum und Bibliothek" (Bleicher 2010: 9) fungiert.

3.5.4 Über Mobile Medien

Ein weiteres dezentrales System der Kommunikation ist das zellulare Mobilfunknetz, dessen erste kommerzielle Version – der *Mobile Telephone Service* (MTS) – 1946 von AT&T in St. Louis (Missouri) in Betrieb genommen wurde und das das CB-Funksystem mit dem bestehenden Telefonnetz verband. 1949 wurde dann das erste landesweite Mobilfunknetzwerk in den Niederlanden in Betrieb genommen; es folgte Schweden 1956 (MTA) und Deutschland 1958 mit dem öffentlichen Mobilfunknetz (A-Netz). Existierende Mobiltelefone waren allerdings – obwohl es bereits Visionen sogenannter *handhelds* gab – derart schwer, dass ihre Mobilität nur dadurch gewährleistet werden konnte, indem man sie in Autos einbaute (auch um sie an die Autobatterie anschließen zu können).

Das änderte sich am 3. April 1973, als das Unternehmen Motorola das erste in der Hand haltbare Funktelefon vorstellte: Das *Dynatac* ('Dynamic Adaptive Total Area Coverage'). Befreit von der Notwendigkeit zusätzlicher Transportmittel begann nun tatsächlich die Ära der mobilen Medien. So wurde 1991 das D-Netz als komplett digitales Mobilfunknetz in Deutschland eingeführt und das Mobiltelefon entwickelte sich in den 1990er-Jahren „von einem Geschäftsapparat und Prestigeobjekt zu einem Alltagsgegenstand und Massengut" (Völker 2010: 276). Neben Sprache konnten nun mit dem Mobiltelefon auch Daten – beispielsweise über SMS

3.5 Geschichte der Neuen Medien

(Short Message Service) oder Bluetooth – ausgetauscht werden, das tragbare Telefon wurde zum tragbaren Computer, der sich mit anderen tragbaren oder stationären Computern vernetzen konnte:

> Mobilkommunikation wird konstant superlativiert und das, was einst ein Mobiltelefon war, beinhaltet nun als Mobiles Medium sowohl das Telefon als auch das Adressbuch, die Spielekonsole, den PC, die Kamera und vieles mehr – es ist zu einer mobilen Medientechnologie, die prinzipiell offen und vor allem netzwerkfähig ist, geworden. Durch die mit Mobilen Medien innerhalb des fast flächendeckenden Netzwerkes jederzeit möglich gewordene Entfaltung von digitalen Informations- und Kommunikationsräumen wird Virtualität auf neuartige Weise in der Welt präsent […].
> (Völker 2010: 289)

Als technologische Verkörperung der Konzepte der Konvergenz, Vernetztheit, Mobilität und Virtualität kann schließlich das Smartphone angesehen werden, das wie kaum ein anderes Medium zuvor unsere Kultur und Gesellschaft geprägt hat – und noch immer prägt (vgl. Ruf 2018a). Als Vorläufer dieses ubiquitären Mediums, das sich erst 2007 mit dem ersten **iPhone** von Apple vollends realisieren sollte, können einerseits der *Nokia Communicator* (1996) – ein Mobiltelefon mit Faxfunktion – und andererseits der *Simon Personal Communicator* von IBM – mit E-Mail- und Faxprogramm, Kalender, Adressbuch und Spielen – angesehen werden. Mit der Etablierung des Smartphones lassen sich Verschiebungen der medialen Praktiken mobiler Medien von der orts- und zeitunabhängigen synchronen Kommunikation zur asynchronen Kommunikation über Applikationen wie Messenger oder Social Media realisieren. Neben der Ubiquität und Vernetzung drängt sich dadurch immer mehr der Aspekt der Mobilität dieser Medien in den Vordergrund und damit „die globale Möglichkeit der lokalen und ortsbezogenen Erzeugung von Inhalten" (Thielmann 2014: 355), deren Kern u. a. auch in der Möglichkeit der exakten Positionsbestimmung auszumachen ist.

iPhone Das erste iPhone wurde am 9. Januar 2007 auf der *Macworld Conference and Expo* in San Francisco von Steve Jobs, dem damaligen CEO (Chief Executive Officer) von Apple Inc., vorgestellt. Wie bei allen nachfolgenden und aktuellen iPhone-Modellen kam auch auf dem iPhone der ersten Generation das hauseigene Betriebssystem iOS (Version 1.0.0–3.1.3.) zum Einsatz. Die Bedienung des iPhones erfolgte hauptsächlich durch Berührungen mit den Fingern auf einem kapazitiven Multi-Touch Bildschirm (Touchscreen) mit einer Displayauflösung von 320 × 480 Pixeln. Es lässt sich behaupten, dass mit dem iPhone der Siegeszug des Smartphones zum Leitmedium begann.

3.6 Mediengeschichte und Medienwandel

Die Geschichte der Medien ist nicht als einfache chronologische Aneinanderreihung und Beschreibung unterschiedlicher Innovationen – etwa von Technologien, Apparaturen, Verfahren usw. – im Hinblick auf deren zeitliches Auftreten zu verstehen, sondern ist in ihrer Essenz eine Erzählung der Entwicklung bzw. des Wandels einzelner Medien in ihrer gegenseitigen Verwobenheit innerhalb eines Ökosystems (vgl. Schröter und Schwering 2014: 179). Den Kern dieses Prozesses bildet letztendlich die Medienkonkurrenz, da Medien – u. a. als Technologien, Nutzungsformen und Institutionen – erst dann für die Medienhistoriografie interessant werden, „soweit sie für kommunikative, bildende oder unterhaltsame Zwecke genutzt werden" (Garncarz 2016: 33) und sich somit *als Medium* durchgesetzt haben. Im Hinblick auf das Verständnis der Geschichte der Medien als eine Erzählung des Medienwandels muss einerseits die Frage beleuchtet werden, ob dieser **Wandel** in Bezug auf das Mediensystem als kontinuierlich oder diskontinuierlich anzusehen ist und andererseits, wie sich die ‚Lebenszyklen' einzelner Medien strukturieren lassen.

> **Medienwandel (Kinnebrock et al. 2015: 13)**
> „(Medien-)Wandel erfasst nicht alles und alle mit derselben Geschwindigkeit und bewirkt nicht eine gleichförmige oder gar lineare Entwicklung in eine bestimmte Richtung. Kontinuität hingegen bedeutet keine starre Unveränderlichkeit. So verstanden, sind Wandel und Kontinuität stets nur in kontextualisierter Form empirisch zu erfassen – nämlich als eine Vielfalt an Einzelphänomenen, die jeweils raumzeitlich eingeordnet werden müssen."

3.6.1 Evolution vs. Revolution

Da die Analyse von Wandelprozessen allein aus deren Historisierung heraus geschehen kann, wodurch eine „zeit-, raum- und kultursensible Einordnung" möglich wird, die das „eigentlich Neue herausstechen und somit nicht nur tatsächlichen Wandel von vermeintlichem unterscheiden, sondern ebenso Kontinuitätslinien und Brüche erkennen" (Kinnebrock et al. 2015: 14) lässt, weisen medien-geschichtliche Prozesse grundsätzlich eine identifizierbare Struktur auf. Schließlich ist jeder Wandel durch ein Vor- und Nachher gekennzeichnet, weshalb „aktuelle Phänomene erst durch eine diachrone Betrachtung und die Einordnung in größere historische Zusammenhänge zu verstehen" (ebd.: 13) sind. Eine Charakterisierung von Medien-

3.6 Mediengeschichte und Medienwandel

wandel lässt sich folglich zwischen den Polen ‚Entwicklung' bzw. ‚Evolution' und ‚Umbruch' bzw. ‚Revolution' in einem Verständnis zwischen *Wandel als kontinuierlicher Prozess* und *Wandel als abrupte Veränderung* vollziehen. Nimmt man nun eine evolutionstheoretische Perspektive ein und stellt das Streben nach Effizienz als Kernaspekt medialen Wandels heraus, könnte die These aufgestellt werden, dass „*mediale und kommunikative Neuerungen [...] sich nur durchsetzen [konnten], wenn sie kurz-, mittel- oder langfristig eine wichtige Funktionalität effizienter bereitstellten*" (Stöber 2015: 54). Prozesse des Medienwandels sind eng mit gesellschaftlichen Veränderungen und Bedürfnissen verwoben, weshalb eine gegenseitige Abhängigkeit der Systeme „Technik, Kultur, Politik/Recht und Ökonomie" angenommen werden kann, durch deren Interaktionen letztendlich ausgehandelt wird, „ob und welche Funktionen und Nutzen einer neuen Kulturtechnik zugewiesen werden können" (ebd.: 55). Medienentwicklung vollzieht hier folglich unter dem Gesichtspunkt der Institutionalisierung und somit der Verankerung eines Mediums innerhalb der Gesellschaft als Instrument einer elementaren Kulturtechnik, was über die Phasen der Medienevolution – Invention, Innovation, Diffusion – beschreibbar wird. Unter der ersten Phase (Invention) versteht man die „Entdeckung oder Erfindung von etwas grundsätzlich Neuem", was bedeutet, dass die Medienprodukte entweder in Form von Patenten oder theoretischen Konzepten oder als „Unikate, Labormuster oder Prototypen" vorliegen; in der zweiten Phase (Innovation) „wird die Idee zur allgemeinen Übernahme vorbereitet", weshalb dem neuen Medium durch die Gesellschaft zunächst einmal spezifische Nutzungsmöglichkeiten zugewiesen werden müssen; die dritte Phase (Diffusion) kennzeichnet schließlich die dynamische Ausbreitung der neuen Technologien, wodurch „sich die neuen Medien zu Kulturtechniken für die breiteren Schichten" der Gesellschaft entwickeln können (ebd.: 61). Wenn sich also eine emergierende Technologie durchsetzt und institutionalisiert wird, etabliert diese folglich ein neues mediales Paradigma qua Restabilisierung des bestehenden Medienökosystems. Diese Entwicklung der Medienlandschaft kann nun über die folgenden evolutionären Mechanismen beschrieben werden:

1. Die Variation zeigt sich in der gleichzeitigen Konstruktion vieler Technisierungsprojekte nebeneinander zu ein und demselben Problem.
2. Die Selektion der Projektvarianten wirkt durch die institutionellen Filter ökonomischer Märkte, politischer Machtverhältnisse und kultureller vorherrschender Weltbilder, die nur einige für die Weiterentwicklung auslesen.
3. Die Stabilisierung erfolgt durch die institutionelle Einbettung als Teil der Technostruktur und die kulturelle Etablierung als technisches Paradigma. (Rammert 2007: 21)

Dieser evolutionstheoretischen Deutung von Mediengeschichte als Erzählung eines kontinuierlichen – im besten Falle teleologisch ausgerichteten – Fortschritts steht die Modellierung einer Historiografie der Medien über das Konzept des **Medienumbruchs** (ergänzend) gegenüber.

> **Medienumbruch (Schnell 2006: 7)**
> „In Phasen des Umbruchs strukturiert sich ein zuvor dominantes Medienensemble um, mit dem Effekt, dass neue Medien sich durchsetzen und auf diese Weise zugleich die Perspektive auf ihre Vorgänger-Medien verändern, ohne diese zwangsläufig zu verdrängen. Pointiert wird mithin ein Moment des (Um-)Bruchs, in dem Mediendiffusion und -dynamik sich zu einem Prozess verdichten, der nachträglich als Umwälzung vorheriger Parameter gewertet werden kann. In diesem Verständnis koppelt eine Mediengeschichte aus der Perspektive des Umbruchs die Evolution der Informations-, Nachrichten- und Wahrnehmungstechniken an ihre Revolutionen."

Die Theorie der Medienumbrüche entwirft Mediengeschichte folglich als einen diskontinuierlichen Verlauf, der sich auszeichnet durch ein „Stocken der Verhältnisse", einen Moment „der Suche wie Irritation", in dem noch nichts feststeht und vieles möglich ist (Glaubitz et al. 2011: 13). Die nun emergierende Entwicklungsrichtung eines solchen Umbruchs ist zunächst unbestimmt, denn die Frage danach, „ob sich eine Erfindung – ein neues Medium oder eine neue Technik – durchsetzt, hängt weniger von dieser selbst als von den vielfältigen Faktoren ab, aus denen sie erwächst, und die sie in der Folge begleiten" (ebd.: 14) – hier sind technologische Faktoren und anthropologische Dimensionen der Mediengeschichte ebenso einzuschließen wie tradierte gesellschaftliche und kulturelle Institutionen oder ästhetische Traditionen:

> Demnach unterscheidet sich der Ansatz, Mediengeschichte als und entlang einer Geschichte von Medienumbrüchen zu erzählen, nicht allein von dem Konzept eines sukzessiv-linearen Fortgangs der Evolution von Medien, sondern zieht darüber hinaus jene ‚Erfolgsstorys' in Zweifel, die den Siegeszug einer Innovation als einen immer schon absehbaren inszenieren. (Glaubitz et al. 2011: 15)

Methodisch gesehen vollzieht sich die Analyse von Medienumbrüchen folgendermaßen: Wenn sich ein Medium beim Publikum und somit innerhalb des Medienökosystems durchsetzen konnte, es also ein bestimmtes **Rekognitionsniveau**

3.6 Mediengeschichte und Medienwandel

(vgl. ebd.: 32) erreicht hat – d. h. von einer hinreichenden Menge von Nutzenden wahrgenommen wurde und sich als Kulturtechnik mit spezifischen diskursiven *Faszinationskernen* etabliert hat – „setzt rückwirkend die Suche nach dem Ursprung sowie den Entwicklungslinien ein, mit denen sich die neue Technik etablieren und ausdifferenzieren konnte" (Schröter und Schwering 2014: 187). An diesem Punkt löst das Medium „öffentliche wie öffentlichkeitswirksame Diskurse, Debatten und Forschungen aus", über die versucht wird, das Potenzial und den Nutzen der neuen Technologie zu erfassen wie zu bestimmen; Medienumbrüche werden also erst in den Diskursen um ein spezifisches Medium manifest, auch wenn sie sich dann bereits längst ereignet haben und müssen daher rückwirkend rekonstruiert werden (vgl. ebd.). Die Faszinationskerne sind letztlich Verdichtungen von sogenannten *Plurifurkationslinien*, den „kontingent zum Zeitpunkt der Emergenz existierenden Diskurse[n]", welche „Wissen, Theorien und Selbstbeschreibungen in Wechselwirkung mit der neuartigen Maschine" produzieren, wodurch sich eine „offene – weder technisch noch sozial determinierte – Wechselseitigkeit als Vernetzung von Technik und Diskurs" etablieren kann, „in der beide Bereiche diverse Stufen der Verschiebung, Beeinflussung und Regelung durchlaufen" (Glaubitz et al. 2011: 28 f.). Diese Entwicklungslinien führen wiederum zum *Emergenzereignis*, „mit dem die technische Innovation ihren ersten Auftritt hat" (ebd.: 28) und das über die *Salient-Werdung* der Effekte des neuen Mediums aufgespürt werden kann. Dieses Ereignis bestimmt, wann die Geschichte des neuen Mediums beginnt, und kann wiederum als Verdichtung des *prä-ermergenten Feldes* angesehen werden, einer „Gemengelage" aus „diversen Wissens- und Diskursbeständen sowie existierenden Techniken" (ebd.: 27 f.), aus deren Verkettung letztendlich das neuartige Medium hervorgeht.

Rekognitionsniveau
Das Rekognitionsniveau beschreibt in seiner höchsten Ausprägung, wie „das Wissen um eine neue Technik das öffentliche Bewusstsein in seiner ganzen Breite erreicht. Dieses *maximale Rekognitionsniveau* (Rmax) lässt sich als Gipfel eines Medienumbruchs begreifen, insofern sich in den Diskursen Faszinationskerne bilden, auf die sich das Interesse am neuen Medium konzentriert. Gleichzeitig meint jede und jeder zu wissen, was es mit dem neuen Medium auf sich habe, wie es folglich zu nutzen wäre oder warum es zu kontrollieren sei" (Glaubitz et al. 2011: 31).

Innerhalb der hier vorgestellten Positionen lässt sich Mediengeschichte als Medienwandel innerhalb eines Spannungsfeldes zwischen Evolution und Revolution bestimmen und herausstellen, dass diese von einer „Dialektik zwischen Kontinuität und Wandel" gekennzeichnet ist, was bedeutet, dass der aktuelle Status unseres Mediensystems zwar nicht von der Vergangenheit determiniert wird, jedoch auf dieser aufbaut (Kinnebrock et al. 2015: 12 f.). Wie sich diese Aussage spezifisch innerhalb der Entwicklung einzelner Medien ausformulieren lässt, soll daher im Folgenden näher betrachtet werden.

3.6.2 Lebenszyklen

Gabriele Balbi geht in seinem Text *Old and New Media. Theorizing Their Relationships in Media Historiography* dem Verhältnis und dem wechselseitig aneinander orientierten Wandel von alten und neuen Medien nach. Entlang der Entwicklung und Etablierung verschiedener Medien- und Kommunikationstechnologien argumentiert Balbi medienhistorisch, wie neue Medien jeweils durch bereits bestehende Medien in den vier Entwicklungsschritten Imitation, Spezifikation, Rekonfiguration und Ko-Existenz ko-konstruiert werden. Balbi leitet daraus ab, dass alte und neue Medien also keineswegs als Gegensätze zu sehen sind und Medienwandel nicht als die Durchsetzung des Neuen auf Kosten des Alten – also im Sinne der *Disruptiven Innovation* oder der *Schöpferischen Zerstörung* nach Schumpeter (1942) – zu verstehen ist. Vielmehr führt demnach ein Zusammenspiel von alten und neuen Medien zum eigentlichen Medienwandel: „Erforscht man ein Medium im Wandel, ist es erforderlich, es nicht zu isolieren, sondern in seiner Interaktion mit anderen Medien zu sehen." (Garncarz 2016: 46)

Neue Medien entstehen nicht aus dem Nichts, auch existieren sie nicht sofort mit ihren spezifischen Formen und Medialitäten, sondern es ist eher so, dass sie im ersten Schritt ihrer jeweiligen Entwicklung ältere Medien *imitieren*. Und zwar auf vielfältige Art und Weise wie etwa durch das Aufgreifen des Namens älterer Medien – so wurde das frühe Kino etwa als *photoplay* bezeichnet, um die bewegten Bilder des Films mit denen der statischen Fotografie in Verbindung zu bringen (vgl. Balbi 2015: 232 f.). Gleiches ist heute bei Konvergenztechnologien wie dem Smartphone zu beobachten, das sich durch seine Namensgebung in ein direktes Verhältnis zum bekannten Telefon setzt (nur eben ‚smarter'). Ein weiterer Aspekt der Imitation ist die Besetzung desselben Nutzungsraums: „New media frequently take place in spaces taken over from old media" (ebd.: 233). Exemplarisch kann das heimische Wohnzimmer als spezifischer „space of consumption" (ebd.) angesehen werden, in dem sich private Medien über die Jahrhunderte hindurch ‚ange-

3.6 Mediengeschichte und Medienwandel

siedelt' haben – zunächst vielleicht der Phonograf, dann das Radio und schließlich der Fernseher. Doch auch die Imitation von Inhalten fremder Medien im Sinne einer Remediation: „[New] digital media borrow and reconfigure previous forms of expression. Computer games recall film montage and television, hyper-realistic graphics play with the contemporary concept of photographic reality, and the Internet repurposes oral tradition, literary history, and the histories of radio and television […]." (Ebd.: 234 f.)

Im zweiten Schritt der *Spezifikation* wird dem emergierten Medium der Status der Neuheit zugewiesen und es wird zu „something apart from old media, acquiring their own specific and stable nature" (ebd.: 237). Indikatoren zur Evaluation der *Neuheit* neuer Medien nach sind demnach eine neue Namensgebung – „,radio with images' was soon supplanted by ,television'" (ebd.: 239) –, die Etablierung eines abweichenden Nutzungsmodus – das Smartphone ist längst keine Technologie mehr, mit der man hauptsächlich telefoniert –, sowie das Aufkommen spezifischer Diskurse bezogen auf die neuen Medien, die deren Neuartigkeit untermauern: „[One] of the main characteristics of the discourse on new media is that it presents the emergence of new communication technologies as something totally new with no parallel in other historical periods." (Ribeiro 2015: 213) Anschließend tritt das Medium in einen Prozess der Rekonfiguration ein, durch den die bestehenden Medien in eine Interaktion mit dem Neuen treten, indem sie Elemente seiner je spezifischen Medialität imitieren (vgl. Balbi 2015: 239). Doch wie verändern sich alte Medien, wenn Sie in Kontakt mit neuen treten? Erstens, indem sie ihre Leistungsfähigkeit erweitern, „or rather expending their social and technical relevance, creating a new old medium", so wie das Kino durch die Entwicklung zum 3D- und Farbkino beispielsweise auf die bedrohlichen neuen Kapazitäten des Fernsehens reagiert hat (vgl. ebd.: 240). Zweitens können sich alte Medien Nischen innerhalb eines Marktes suchen, um zu ,überleben', wie es beispielsweise bei der Vinylschallplatte der Fall war, als die digitale Compact Disc (CD) zu *dem* Medium für Musik wurde (vgl. ebd.). Drittens können die alten Medien ihr „framework to use" modifizieren, indem sie – vergleichbar mit der Reaktion der Malerei auf die Fotografie – neue ästhetische Ausdrucksformen entwickeln: „It is no accident that new artistic movements in the nineteenth century gradually abandoned the mere reproduction of reality, favouring instead inner impressions, psychology, and the description of states of mind […]." (Ebd.: 241) Im folgenden Schritt der *Ko-Existenz* bilden alte und neue Medien ein interdependentes Geflecht von Beziehungen, indem sie entweder als distinkte Medien nebeneinander existieren oder remediatisiert bzw. integriert werden, indem neue Medien die Funktionen alter Medien bereitstellen und diese somit erhalten bzw. unterschiedliche Medien zu einem verschmelzen „to achieve a kind of synthesis with characteristics that are difficult to distinguish from the original ones" (ebd.: 243).

Das Modell von Balbi verdeutlicht mit Nachdruck die dynamische Entwicklung einzelner Medien und betont zugleich deren notwendige Kontextualisierung innerhalb des bestehenden und sich verändernden Medienökosystems, dessen Logik besagt, dass „[every] medium is ‚co-constructed' by contemporary media, as well as by past ones and even by the way in which the future is imagined" (ebd.: 244). Dies wiederum erlaubt eine systematische Auseinandersetzung mit den Zyklen eines ‚Medienlebens' und der Erkenntnis, dass neue und alte Medien nicht als voneinander unabhängig angesehen werden können, sondern sich zum einen gegenseitig bestimmen und zum anderen jedes alte Medium irgendwann einmal auch ein neues Medium gewesen ist: „Focussing on old and new media together […] means analysing change and continuity together." (Ebd.: 244)

Zusammenfassung
Die Entwicklung *der Medien* sowie jene der mit ihnen beschäftigten Disziplinen, Ansätze und Methoden ist nicht ohne eine Einzelgeschichtsschreibung der jeweiligen Medienapparaturen sowie der mit ihnen verbundenen Kulturtechniken zu verstehen. Exemplarisch kann der jeweilige Weg einschließlich der damit jeweils unterschiedlich ausgeprägten Diskurse einzelner Medien-Objekte/-Objektivationen nachgezeichnet werden, wodurch sich zugleich die Erklärung eines Medien-Systems ergibt, das untereinander stets eine Verbindung eingeht, bei dem Einzelmedien auseinander hervorgehen, sich voneinander differenzieren und ostinat neue ‚Bündnisse' bzw. ‚Verabschiedungen' ausprägen. Dies betrifft die Entstehung der schriftlichen Kommunikation ebenso wie diejenige der visuellen; dies umfasst gleichzeitig die Ausprägung telegrafischer und telekommunikativer Netzwerke, audiovisuelle Übertragungen, *den Film* wie *das Fernsehen* und schließlich ebenfalls (und sicherlich auch vornehmlich) die gegenwärtig dominanten ‚Neuen Medien', die computerbasiert sind und immer stärker mittels Mobilität funktionieren. In der Zusammenschau ergibt sich ein Überblick über Mediengeschichten, die zur selben Zeit *etwas* über das Wissen von Medienkultur als spezifische soziale Umwelt ‚erzählen'.

Literatur

Arnold, Heinz Ludwig / Beilein, Matthias (Hg.): *Literaturbetrieb in Deutschland. Neufassung.* München ³2009.

Balbi, Gabriele: „Old and New Media. Theorizing Their Relationships in Media Historiography". In: Kinnebrock Susanne / Schwarzenegger, Christian / Birkner, Thomas (Hg.): *Theorien des Medienwandels.* Köln 2015, S. 231–249.

Baran, Paul: *On Distributed Communications: I. Introduction to Distributed Communications Networks (Memorandum RM-3420-PR).* Santa Monica, CA 1964.

Barthes, Roland: „Am Nullpunkt der Literatur" [1953]. In: Barthes, Roland: *Am Nullpunkt der Literatur – Literatur oder Geschichte – Kritik und Wahrheit.* Übers. v. Helmut Scheffel. Mit einem Vorwort v. dems. zu ‚Kritik und Wahrheit'. Frankfurt a.M. 2006, S. 7–69.

Bataille, Georges: *Die vorgeschichtliche Malerei. Lascaux oder Die Geburt der Kunst.* Übers. v. Karl Georg Hemmerich. Genf 1955.

Belting, Hans: *Bild und Kult. Eine Geschichte des Bildes vor dem Zeitalter der Kunst.* München 1990.

Bexte, Peter: *Wo immer vom Sehen die Rede ist ... da ist ein Blinder nicht fern. An den Rändern der Wahrnehmung.* München 2013.

Bleicher, Joan Kristin: *Internet.* Konstanz 2010.

Blumenberg, Hans: *Theorie der Unbegrifflichkeit.* Aus dem Nachlass hg. u. mit einem Nachw. v. Anselm Haverkamp. Frankfurt a.M. 2007.

Brecht, Berthold: „Der Rundfunk als Kommunikationsapparat. Rede über die Funktion des Rundfunks" [1932]. In: Engell, Lorenz / Vogl, Joseph. (Hg.): *Kursbuch Medienkultur. Die maßgeblichen Theorien von Brecht bis Baudrillard.* Stuttgart ³2000, S. 259–263.

Bredow, Hans: „Eure Aufgaben im Rundfunk!" [1926]. In: Kümmel, Albert / Löffler, Petra (Hg.): *Medientheorie 1888–1933. Texte und Kommentare.* Frankfurt a.M. 2002, S. 230–232.

Burkart, Günter: *Handymania. Wie das Mobiltelefon unser Leben verändert hat.* Frankfurt a.M. 2007.

Bush, Vannevar: „As we may think". In: *Atlantic Monthly* 176 (1945), S. 101–108.

Campe, Rüdiger: „Die Schreibszene, Schreiben". In: Gumbrecht, Hans Ulrich / Pfeiffer, K. Ludwig (Hg.): *Paradoxien, Dissonanzen, Zusammenbrüche. Situationen offener Epistemologie.* Frankfurt a.M. 1991, S. 759–772.

Cassirer, Ernst: *Philosophie der symbolischen Formen. Erster Teil: Die Sprache* [1964]. Text und Anmerkungen bearbeitet v. Claus Rosenkranz. Hamburg 2010.

Castells, Manuel: *Das Informationszeitalter. Bd. 1: Der Aufstieg der Netzwerkgesellschaft.* Opladen 2003.

Cerf, Vinton G. / Kahn, Robert E.: „A Protocol for Packet Network Intercommunication". In: *IEEE Transactions on Communications Technology* 22/5 (1974), S. 637–648.

Deleuze, Gilles: *Das Zeit-Bild. Kino 2.* Frankfurt a.M. 1991.

Dotzler, Bernhard J. / Roesler-Keilholz, Silke: *Mediengeschichte als Historische Techno-Logie.* Baden-Baden 2017.

Eco, Umberto: *Nachschrift zum ‚Namen der Rose'.* München/Wien 1984.

Ehlich, Konrad: „Text und sprachliches Handeln. Die Entstehung von Texten aus dem Bedürfnis nach Überlieferung". In: Assmann, Aleida / Assmann, Jan Assmann / Hardmeier, Christof (Hg.): *Schrift und Gedächtnis. Beiträge zur Archäologie der literarischen Kommunikation 1.* München 1983, S. 24–43.

Eisenstein, Elizabeth L.: *Die Druckerpresse. Kulturrevolutionen im frühen modernen Europa.* Wien/New York 1997.
Faulstich, Werner: „Mediengeschichte". In: Faulstich, Werner: *Grundwissen Medien.* München ⁴2000c, S. 29–41.
Faulstich, Werner: „Telefon". In: Faulstich, Werner: *Grundwissen Medien.* München ⁴2000d, S. 330–338.
Feyerabend, Ernst et al. (Hg.): *Handwörterbuch des elektrischen Fernmeldewesens.* 2 Bde. Berlin 1929.
Flichy, Patrice: *Tele – Geschichte der modernen Kommunikation.* Übers. v. Bodo Schulze. Frankfurt a.M./New York 1994.
Flusser, Vilém: „Die Geste des Schreibens" [1991]. In: Zanetti, Sandro (Hg.): *Schreiben als Kulturtechnik. Grundlagentexte.* Berlin 2012, S. 261–268.
Flusser, Vilém: *Die Schrift. Hat Schreiben Zukunft?* [1987]. Göttingen ³1990.
Freud, Sigmund: *Zur Dynamik der Übertragung. Behandlungstechnische Schriften.* Frankfurt a.M. ³2000b.
Garncarz, Joseph: *Medienwandel.* Konstanz/München 2016.
Glaubitz, Nicola et al.: *Eine Theorie der Medienumbrüche 1900/2000.* Siegen 2011.
Gold, Helmut / Koch, Annette (Hg.): *Fräulein vom Amt. Anläßlich der Ausstellung „Fräulein vom Amt" im Deutschen Postmuseum Frankfurt am Main (4. Mai 1993 bis 15. August 1993).* München 1993.
Gumbrecht, Hans Ulrich: „Die Postmoderne ist (eher) keine Epoche". In: Weimann, Robert / Gumbrecht, Hans Ulrich (Hg.): *Postmoderne – globale Differenz.* Frankfurt a.M. 1991, S. 366–369.
Hartmann, Frank: *Globale Medienkultur. Technik, Geschichte, Theorien.* Wien 2006.
Hartmann, Frank: *Medienphilosophie.* Stuttgart 2000.
Heidenreich, Stefan: *FlipFlop. Digitale Datenströme und die Kultur des 21. Jahrhunderts.* München/Wien 2004.
Höflich, Joachim R.: *Technisch vermittelte interpersonale Kommunikation. Grundlagen, organisatorische Medienverwendung, Konstitution „elektronischer Gemeinschaften".* Opladen 1996.
Jannidis, Fotis et al. (Hg.): *Texte zur Theorie der Autorschaft.* Stuttgart 2000.
Jonas, Hans: „Homo Pictor: Von der Freiheit des Bildens". In: Boehm, Gottfried (Hg.): *Was ist ein Bild?* München 1994, S. 105–124.
Jung, Carl Gustav: *Gesammelte Werke.* Bd. 4: *Freud und die Psychoanalyse.* Düsseldorf 1995.
Kammer, Manfred: „Geschichte der Digitalmedien." In: Schanze, Helmut (Hg.): *Handbuch Mediengeschichte.* Stuttgart 2001, S. 519–554.
Keller, Rudi: *Zeichentheorie. Zu einer Theorie semiotischen Wissens.* Tübingen 1995.
Kinnebrock, Susanne / Schwarzenegger, Christian / Birkner, Thomas: „Theorien des Medienwandels – Konturen eines emergierenden Forschungsfeldes". In: Kinnebrock, Susanne / Schwarzenegger, Christian / Birkner, Thomas (Hg.): *Theorien des Medienwandels.* Köln 2015, S. 11–28.
Kittler, Friedrich A.: *Grammophon Film Typewriter.* Berlin 1986a.
Klawitter, Gerd (Hg.): *100 Jahre Funktechnik in Deutschland.* Dessau 2005.

Literatur

Kümmel, Albert / Scholz, Leander / Schumacher, Eckhard: „Vorwort der Herausgeber". In: Kümmel, Albert / Scholz, Leander / Schumacher, Eckhard (Hg.): *Einführung in die Geschichte der Medien*. Paderborn 2004, S. 7–9.

Kümmel, Albert / Schüttpelz, Erhard: „Medientheorie der Störung / Störungstheorie der Medien". In: Kümmel, Albert / Schüttpelz, Erhard (Hg.): *Signale der Störung*. München 2003, S. 9–13.

Laplanche, Jean / Pontalis, Jean-Bertrand: *Vokabular der Psychoanalyse*. 2 Bde. Übers. v. Emma Moersch. Frankfurt a.M. 1973.

Leibniz, Gottfried Wilhelm: „Explication de l'arithmetique binaire". In: Pertz, Georg Heinrich (Hg.): *Leibnitzens gesammelte Werke aus den Handschriften der Königlichen Bibliothek zu Hannover*. Halle 1860, S. 223–227.

Leonhardt, Joachim-Felix (Hg.): *Programmgeschichte des Hörfunks in der Weimarer Republik*. 2 Bde. München 1997.

Lersch, Edgar / Schanze, Helmut (Hg.): *Die Idee des Radios. Von den Anfängen in Europa und den USA bis 1933*. Konstanz 2004.

Ludwig, Otto: „Integriertes und nicht-integriertes Schreiben. Zu einer Theorie des Schreibens: eine Skizze". In: Baurmann, Jürgen / Weingarten, Rüdiger (Hg.): *Schreiben. Prozesse, Prozeduren und Produkte*. Opladen 1995, S. 273–287.

McLuhan, Marshall: *Understanding Media. The Extension of Man*. London 1964.

McLuhan, Marshall: *The Gutenberg Galaxy. The Making of Typographic Man*. Toronto 1962.

Meier, Stefan: *Visuelle Stile. Zur Sozialsemiotik visueller Medienkultur und konvergenter Design-Praxis*. Bielefeld 2014.

Nancy, Jean-Luc: „Höhlenmalerei". In: Nancy, Jean-Luc: *Die Musen*. Übers. v. Gisela Febel u. Jutta Legueil. Stuttgart 1998, S. 109–119.

Nelson, Ted H.: „Complex information processing: a file structure for the complex, the changing and the indeterminate". In: *'65: Proceedings of the 1965 20th national conference*, August 1965, S. 84–100.

Paech, Joachim: „Was ist ein kinematographisches Bewegungsbild?". In: Koebner, Thomas / Meder, Thomas (Hg.): *Bildtheorie und Film*. München 2006, S. 92–108.

Peirce, Charles: *Semiotische Schriften. Bd. II: 1903–1906*. Hg. u. übers. v. Christian J.W. Kloesel u. Helmut Pape. Frankfurt a.M. 2000.

Plato: *Texte zur Ideenlehre*. Hg. u. übers. v. Hans-Georg Gadamer. Frankfurt a.M. 1978.

Rammert, Werner: *Technik – Handeln – Wissen. Zu einer pragmatischen Technik- und Sozialtheorie*. Wiesbaden 2007.

Rammert, Werner: *Technik aus soziologischer Perspektive. Forschungsstand, Theorieansätze, Fallbeispiele. Ein Überblick*. Opladen 1993.

Reichert, Ramón: „Einleitung". In: Reichert, Ramón (Hg.): *Big Data. Analysen zum digitalen Wandel von Wissen, Macht und Ökonomie*. Bielefeld 2014, S. 9–31.

Reuter, Michael: *Telekommunikation. Aus der Geschichte in die Zukunft*. Heidelberg 1990.

Ribeiro, Nelson: „The Discourse on New Media. Between Utopia and Disruption". In: Kinnebrock, Susanne / Schwarzenegger, Christian / Birkner, Thomas (Hg.): *Theorien des Medienwandels*. Köln 2015, S. 211–230.

Ronell, Avital: *Das Telefonbuch. Technik, Schizophrenie, Elektrische Rede* [1989]. Aus dem Amerikan. v. Rike Felka. Berlin 2001.

Ruf, Oliver (Hg.): *Smartphone-Ästhetik. Zur Philosophie und Gestaltung mobiler Medien*. Bielefeld 2018a.

Ruf, Oliver: „Smartphone-Theorie. Eine medienästhetische Perspektive". In: Ruf, Oliver (Hg.): *Smartphone-Ästhetik. Zur Philosophie und Gestaltung mobiler Medien.* Bielefeld 2018b, S. 15–31.
Ruf, Oliver: „Ästhetische Mobilität oder: Smartphone-Kultur". In: Ruf, Oliver (Hg.): *Smartphone-Ästhetik. Zur Philosophie und Gestaltung mobiler Medien.* Bielefeld 2018c, S. 9–12.
Ruf, Oliver: „Medientaktilität". In: Schweppenhäuser, Gerhard (Hg.): *Handbuch Medienphilosophie.* Darmstadt 2018d, S. 191–199.
Ruf, Oliver: „*La page blanche.* Diskursgeschichte und Poetologie einer Kulturtechnik des Schreibens". In: Hoffmann, Ludger / Stingelin, Martin (Hg.): *Schreiben. Dortmunder Poetikvorlesungen von Felicitas Hoppe; Schreibszenen und Schrift – literatur- und sprachwissenschaftliche Perspektiven.* München 2018e, S. 91–114.
Ruf, Oliver: „Wischen". In: Christians, Heiko / Bickenbach, Matthias / Wegmann, Nikolaus (Hg.): *Historisches Wörterbuch des Mediengebrauchs.* Wien/Köln/Weimar 2015a, S. 641–652.
Ruf, Oliver: „Kulturtechnik Wischen – Eine Medientheorie neuer mobiler Nutzungsgesten". In: *Forschungsbericht der Hochschule Furtwangen* 2014/15, S. 116 f.
Ruf, Oliver: *Die Hand. Eine Medienästhetik.* Wien 2014a.
Ruf, Oliver: *Wischen und Schreiben. Von Mediengesten zum digitalen Text.* Berlin 2014b.
Ruf, Oliver: „Weißes Blatt". In: Frietsch, Ute / Rogge, Jörg (Hg.): *Über die Praxis des kulturwissenschaftlichen Arbeitens. Ein Handwörterbuch.* Bielefeld 2013a, S. 463–467.
Ruf, Oliver / Mersch, Dieter: „Bildbegriffe und ihre Etymologie". In: Günzel, Stephan / Mersch, Dieter (Hg.): *Bild. Ein interdisziplinäres Handbuch.* Stuttgart 2014, S. 1–7.
Sachs-Hombach, Klaus (Hg.): *Bilder im Geiste. Zur kognitiven und erkenntnistheoretischen Funktion piktorialer Repräsentationen.* Amsterdam 1995.
Saxer, Marion: „Spiel (mit) der Maschine. Anmerkungen zur Historiographie musikalischer Medienpraxis in der Frühzeit der Reproduktions- und Übertragungsmedien. Eine Einführung". In: Saxer, Marion (Hg.): *Spiel (mit) der Maschine. Musikalische Medienpraxis in der Frühzeit von Phonographie, Selbstspielklavier, Film und Radio.* Bielefeld 2016, S. 9–23.
Schnell, Ralf: „'Medienumbrüche' – Konfigurationen und Konstellationen". In: Schnell, Rald (Hg.): *MedienRevolutionen. Beiträge zur Mediengeschichte der Wahrnehmung.* Bielefeld 2006, S. 7–12.
Schröter, Jens / Schwering, Gregor: „Modelle des Medienwandels und der Mediengeschichtsschreibung". In: Schröter, Jens (Hg.): *Handbuch Medienwissenschaft.* Stuttgart/Weimar 2014, S. 179–190.
Seeberger, Kurt: „Rundfunk. Entwicklung und Eigenart". In: Stammler, Wolfgang (Hg.): *Deutsche Philologie im Aufriß.* Bd. III. Berlin ^{2}1962, S. 1353–1382.
Shannon, Claude E.: „The Mathematical Theory of Communication". In: Shannon, Claude E. / Weaver, Warren (Hg.): *The Mathematical Theory of Communication.* Urbana 1964, S. 29–125
Sprenger, Florian: *Medien des Immediaten. Elektrizität, Telegraphie, McLuhan.* Berlin 2012.
Stetter, Christian: „Medienphilosophie der Schrift". In: Sandbothe, Mike / Nagl, Ludwig (Hg.): *Systematische Medienphilosophie.* Berlin 2005, S. 129–146.
Stingelin, Martin: „Schreiben". In: Müller, Jan-Dirk et al. (Hg.): *Reallexikon der deutschen Literaturwissenschaft. Neubearbeitung des Reallexikons der deutschen Literaturgeschichte.* Bd. III: P–Z. Berlin/New York 2003, S. 387–389.

Stingelin, Martin: „‚Schreiben'. Einleitung". In: Stingelin, Martin (Hg.): „*Mir ekelt vor diesem tintenklecksenden Säkulum*". *Schreibszenen im Zeitalter der Manuskripte.* München 2004, S. 7–21.

Stöber, Rudolf: „Mediengeschichte. Evolution und Effizienz, Innovation und Institutionalisierung". In: Kinnebrock, Susanne / Schwarzenegger, Christian / Birkner, Thomas (Hg.): *Theorien des Medienwandels.* Köln 2015, S. 53–72.

Thielmann, Tristan: „Mobile Medien". In: Schröter, Jens (Hg.): *Handbuch Medienwissenschaft.* Stuttgart/Weimar 2014.

Tomasello, Michael: *Die Ursprünge der menschlichen Kommunikation.* Übers. v. Jürgen Schröder, Frankfurt a.M. 2009.

Turing, Alan Mathison: „On computable numbers, with an application to the Entscheidungsproblem". In: *Proceedings of the London Mathematical Society* 1937, Ser 2, Vol. 42, S. 230–265.

Völker, Clara: *Mobile Medien. Zur Genealogie des Mobilfunks und zur Ideengeschichte von Virtualität.* Bielefeld 2010.

Weinrich, Harald: *Textgrammatik der deutschen Sprache.* Hildesheim [4]2003.

Welsch, Wolfgang: *Unsere postmoderne Moderne.* Berlin [6]2002.

Wessel, Horst A.: *Die Entwicklung des elektrischen Nachrichtenwesens in Deutschland und die rheinische Industrie. Von den Anfängen bis zum Ausbruch des Ersten Weltkrieges.* Wiesbaden 1983.

Wiesing, Lambert: *Artifizielle Präsenz. Studien zur Philosophie des Bildes.* Frankfurt a.M. 2005.

Winkler, Hartmut: *Docuverse. Zur Medientheorie der Computer.* Berlin 1997.

Weiterführende Literatur

Böhn, Andreas / Seidler, Andreas: *Mediengeschichte. Eine Einführung.* Tübingen 2008. Einführungswerk, das einerseits eine theoretische Basis vermittelt, indem Kommunikations- und Zeichentheorie und Medienbegriffe sowie andererseits die Entwicklung der Medien einschließlich übergeordneter Aspekte betrachtet werden.

Bösch, Frank: *Mediengeschichte. Vom asiatischen Buchdruck zum Fernsehen.* Frankfurt a.M. 2011. Erzählt die globale Mediengeschichte entlang zeithistorischer Linien und Zeitalter.

Borstnar, Nils / Pabst, Eckhard / Wulff, Hans Jürgen: *Einführung in die Film- und Fernsehwissenschaft.* Stuttgart 2008. Übersichtliches Einführungsbuch in die Geschichte des Films und des Fernsehens sowie in deren wissenschaftliche Auseinandersetzungen.

Buschauer, Regine: *Mobile Räume. Medien- und diskursgeschichtliche Studien zur Tele-Kommunikation.* Bielefeld 2010. Ausführliche historische Auseinandersetzung mit der Telekommunikation.

Elsaesser, Thomas, Hagener, Malte: *Filmtheorie zur Einführung.* Hamburg [5]2017. Etablierte Einführung in der einschlägigen Junius-Reihe *Zur Einführung.*

Faßler, Manfred / Halbach, Wulf R. (Hg.): *Geschichte der Medien.* München 1998. Einschlägiges Werk mit universellem Anspruch.

Faulstich, Werner: *Mediengeschichte von den Anfängen bis ins 3. Jahrtausend + von 1700 bis ins 3. Jahrtausend.* 2 Bde. Göttingen 2006. Enorm weit aufgespannte Übersichtsbände, in denen die Menschheitsgeschichte als Medienkulturgeschichte erscheint.
Garncarz, Joseph: *Medienwandel.* Konstanz/München 2016. Detaillierte und exemplarische Auseinandersetzung mit dem Medienwandel.
Glaubitz, Nicola et al.: *Eine Theorie der Medienumbrüche 1900/2000.* Siegen 2011. Umfangreiche und tiefgehende Analyse des Phänomens der Medienumbrüche.
Grabbe, Lars C. / Rupert-Kruse, Patrick / Schmitz, Norbert M. (Hg.): *Yearbook of Moving Image Studies. Cyborgian Images: The Moving Image between Apparatus and Body.* Marburg 2015. Dieser Sammelband diskutiert die Relation zwischen dem postmodernen (Cyborg-)Subjekt und Medientechnologien aus einer bildwissenschaftlichen Perspektive.
Grabbe, Lars C. / Liebsch, Dimitri / Rupert-Kruse, Patrick (Hg.): *Auf dem Sprung zum bewegten Bild. Narration, Serie und (proto-)filmische Apparate.* Köln 2014. Der Band widmet sich der Entwicklung des bewegten Bildes zwischen Film und Computerspiel.
Grabbe, Lars C. / Rupert-Kruse, Patrick / Schmitz, Norbert M. (Hg.): *Multimodale Bilder. Zur synkretistischen Struktur des Filmischen.* Marburg 2013. Der Band widmet sich dem Film über die Konzepte der Intermedialität, Intermodalität und Intercodalität.
Groß, Bernhard / Morsch, Thomas (Hg.): *Handbuch Filmtheorie.* Wiesbaden 2021. Aktuelles Handbuch in filmtheoretische Fragestellungen.
Hickethier, Knut: *Einführung in die Medienwissenschaft.* Heidelberg 2003. Klassiker medienwissenschaftlicher Einführungen.
Hörisch, Jochen: *Eine Geschichte der Medien. Von der Oblate zum Internet.* Frankfurt a.M. 2004. Kenntnisreiches wie souveränes Buch, das als Stationen Sprache, Bilder, Schrift, Buchdruck, Presse, Post, Foto- und Telegrafie, Film, Radio und Fernsehen, Computer und Internet sowohl behandelt als auch deren gesellschaftliche Anschübe identifiziert.
Kinnebrock, Susanne / Schwarzenegger, Christian / Birkner, Thomas (Hg.): *Theorien des Medienwandels.* Köln 2015. Einführende Sammlung unterschiedlicher Studien zum Thema Medienwandel.
Kümmel, Albert / Scholz, Leander / Schumacher, Eckhard (Hg.): *Einführung in die Geschichte der Medien.* Paderborn 2004. Sammelband, dessen einzelne Beiträge die Buchdruckindustrie, den Zeitungsdiskurs, die Lithographie, Fotografie, Telegraphie, die Kino- und Radiodebatte, die Fernseh- und Videotechnologie sowie Hypertext und World Wide Web diskutieren.
Metz, Christian: *Semiologie des Films.* München 1972. Klassiker der Filmtheorie.
Mikos, Lothar: *Film- und Fernsehanalyse.* Konstanz 2008. Einschlägige Einführung älteren Datums.
Netzwerk Bildphilosophie (Hg.): *Bild und Methode. Theoretische Hintergründe und methodische Verfahren der Bildwissenschaft.* Köln 2014. Überblickswerk, das die dargestellten bildanalytischen Methoden an einem identischen Bildbeispiel jeweils veranschaulicht.
Völker, Clara: *Mobile Medien. Zur Genealogie des Mobilfunks und zur Ideengeschichte von Virtualität.* Bielefeld 2010. Umfassende Studie zum Verhältnis mobiler Medien zum virtuellen Raum.
Wulff, Hans Jürgen: *Darstellen und Mitteilen. Elemente der Pragmasemiotik des Films.* Tübingen 1999. Weiterer Klassiker der Filmanalyse.
Wuss, Peter: *Filmanalyse und Psychologie. Strukturen des Films im Wahrnehmungsprozeß.* Berlin 1999. Und noch ein weiterer Klassiker der Filmanalyse.

Medien *und* ... 4

> **Zusammenfassung**
>
> Was geschieht, wenn zwei oder mehrere Medien miteinander konfrontiert werden, wenn sie sich überlappen, wenn sie einander gegenüberstehen, wenn das eine in das andere Medium einwandert? Verändert das eine das andere Medium? Entsteht dabei ein neues Medium? Und was ist zu beobachten, wenn andere und ähnliche Erscheinungen als diejenigen der Medien in diese Prozesse eingebunden sind – etwa die Literatur, die Kunst oder das Design? In jedem Fall geschieht im Zuge dieser Bewegungen und Aushandlungen *etwas*; es ist kein Stillstand zu eruieren, sondern Handlungen, die auf Transformation respektive Negotiation hin ausgerichtet sind. Medienkulturwissenschaft interessiert sich in besonderer Weise für dasjenige, was dabei *entsteht*. Das ist auch einer der Gründe, warum medienkulturwissenschaftliche Fragestellungen relevant für andere Disziplinen sind. Denn damit kann das engere Gegenstandsfeld eines Faches erweitert und medienkulturell geleitet neu ‚gelesen' werden.

4.1 Verhältnisse zwischen Medien

Mindestens seit der Romantik und also spätestens seit dem 19. Jahrhundert, in jedem Fall jedoch im Zuge des Aufkommens jeweils *neuer* apparativer und medialer Bedingungen (vgl. Müller 2009: 31) kommt es zu Phänomenen, die davon bestimmt sind, dass bei ihnen zwei (oder mehrere) Medien aufeinandertreffen und dass dann etwas *Bestimmtes* geschieht: Sei es, dass das eine Medium das andere thematisiert, zitiert oder transformiert oder sei es, dass dabei ein wiederum neues Medium entsteht. Die Medienkulturwissenschaft spricht in solchen Fällen von Konzepten der so genannten ‚Intermedialität', bei der es darum gehen kann, nach der Vermengung und Überlagerung verschiedener Künste und Medien zu fragen – als ‚Formen moderner kultureller Kommunikation' (vgl. Müller 1996). Intermediale Erscheinungen hängen dabei auf der Seite der Medienproduktion auch von den sie umgebenden und sie beeinflussenden historischen Veränderungen ab und auf der Seite der Medienrezeption kann festgestellt werden, dass im Verlauf dieses Prozesses auch neue Erfahrungen gemacht werden können – insbesondere ästhetischer Natur.

4.1.1 Intermedialität als medienkulturelles Konzept

Wendet man sich medienkulturwissenschaftlich intermedialen Verhältnissen zu, interessiert man sich automatisch für das, was als kultureller Wandel vor sich geht, und damit auch für das Verstehen dessen, was in einer zukünftigen Situation möglich sein könnte (vgl. Hartmann 2003: 290 f.). Flusser würde von einem „Umsturz der Codes" (Flusser 1996: 235) sprechen, der den kulturellen Kontext neu bestimmt. Betrachtet werden können in diesem Verständnis – als prominentestes Beispiel – literarische Textwelten, die intermedial „mit Bilderwelten, Sounds, Programmierungen etc. konfrontiert" (Hartmann 2003: 291) werden. Medienkulturwissenschaft fragt hier nach dem Ort und dem Träger medialer Gebilde in Literatur und hinterfragt zugleich deren Rahmenbedingungen, „in denen der sinnlich-geistige Doppelbezug des Menschen zu sich und seiner Welt" unter den Bedingungen neuer medientechnischer Entwicklungen ebenfalls „neue Erwartungshaltungen produziert" (ebd.). Vorausgesetzt ist, dass die Rede von ‚Welt' dem Menschen „nicht unmittelbar gegeben", sondern stets vermittelt wird, und zwar „über einen sinnlichen Wahrnehmungs- und einen vernünftigen Erkenntnisapparat, über zwischengeschaltete Symbolsysteme wie die Sprache bis hin zu kulturellen und technischen Programmierungen": „Mit den Speicher- und Übertragungsmedien des 19. und dem Übergang von analogen zu digitalen Medien des 20. Jahrhunderts haben diese Programmierungen eine definitive Eigendynamik in Richtung einer Abkopplung der Apparatewirklichkeit von der Menschenwelt entwickelt." (Ebd.: 292)

Ein solcher Ansatz geht davon aus, dass „Medien als *Materialitäten der Kommunikation* nicht länger als neutrale Botschafter, sondern als durchaus sinnerzeugende Agenten" (ebd.) zu betrachten sind. Die ‚Konstruktion' des Menschen wird aus dieser Perspektive prinzipiell durch kulturelle und mediale Techniken realisiert und man geht zudem davon aus, dass im Zeitalter elektronischer Datenverarbeitung Apparate bzw. Schaltungen als „Schematismus von Wahrnehmbarkeit überhaupt" (Kittler 1995: 5) alles Menschliche überlagern (vgl. Hartmann 2003: 292):

Das Reflexionspotenzial der Intermedialität liegt in dieser Spannung zwischen Mono- und Plurimedialität, Differenzierung und Hybridität. Intermedialität ist ein dynamisch-dialektisches Geschehen – in produktions- wie rezeptionsästhetischer Hinsicht. Auf der Ebene der Produktion bedarf es eines Willens zur Intermedialität, auf der Seite der Rezipienten einer gedanklichen Doppelbewegung zwischen Distinktion und Fusion. (Robert 2014: 76)

4.1.2 Medialität und Medienspezifität

Gemeinhin definiert man ein Medium „als distinkt angesehenes Kommunikationsdispositiv", das sich durch eine typische technologische Strukturierung der Produktions- und auch Rezeptionssituation, bestimmte „technische und institutionelle Übertragungskanäle" sowie durch die Verwendung mindestens eines „semiotischen Systems" zur Übermittlung von Inhalten kennzeichnet (Wolf 2014: 183). Die je spezifische Form dieser Inhalte wird wiederum durch die charakteristischen Eigenschaften des Mediums bestimmt – seine Medialität. Die Medialität eines Mediums kann, so wiederum Hickethier, durch vor allem drei miteinander zusammenhängende Aspekte näher analysiert werden (vgl. Hickethier 2003: 25):

1. Die spezifischen Eigenschaften des betreffenden Mediums, die oft in eine charakteristische Ästhetik münden. Man könnte hier von einer Medialität im engeren Sinn sprechen, die sowohl durch die
2. zur Realisierung des Mediums verwendeten Techniken als auch
3. seine gesellschaftliche Institutionalisierung und Verwendungsweise bestimmt wird.

Damit lässt sich Medialität als das „typisch genommene Set von Eigenschaften" beschreiben, „das für einzelne Medien als konstitutiv gesehen wird" (ebd.: 26) – beispielsweise die spezifische Ästhetik, worauf nochmals näher in einem eigenen Kapitel zurückzukommen sein wird, sowie die syntaktische und semantische Struktur einer medialen Darstellung – und somit der Abgrenzung der Medien untereinander dient. Dabei ist allerdings zu beachten, dass die Medialität eines Mediums nicht als starres Set von Eigenschaften anzusehen ist, sondern sowohl der technologischen Entwicklung als auch historisch-kulturellen Wandelprozessen unterworfen ist. Gemäß der Auseinandersetzung von Steven Maras und Dave Sutton mit dem Konzept der Medienspezifität ist davon auszugehen, dass sich vor allem die Materialität eines Mediums – zunächst aufgefasst als vornehmlich technologische ‚Grundeigenschaften' – als eine *assemblage* und folglich als eine Formation bzw. Ansammlung unterschiedlicher Medienelemente verstehen lässt (vgl. Maras und Sutton 2000: 101–103); sie gehen weiter davon aus, dass Medien in ihrer Entwicklung auf der Basis ihrer technologischen Elemente miteinander interagieren, was bedeutet, dass aufgrund von „technological, conceptual and/or cultural conditions" die *assemblages* unterschiedlicher ko-existenter Medien ‚geöffnet' werden und es zwischen diesen zu einem „process of comparison, borrowing and re-evaluation" kommt, an dessen Ende eine neue mediale Konfiguration entstehen kann (ebd.: 106).

An dieser Stelle kreuzen sich die Perspektiven der (Inter)Medialiät und der Medienspezifik: Medien können nicht als fixe technologische Formationen angesehen werden, sondern verändern sich zum einen innerhalb medialer Wandelprozesse auf der Ebene ihrer Materialität und stehen zum anderen in einem interaktionistischen Verhältnis mit anderen Medien – was eben jenen Wandel sowohl bedingt als auch aus diesem resultiert. Und wenn nun eben jene verwendeten Techniken erst spezifische mediale Ästhetiken realisieren, dann ist es ebenso denkbar, dass sich auf dieser Ebene **medialer Formprozesse** Intermedialität „als Wiederholung oder Wiedereinschreibung eines Mediums als Form in die Form eines (anderen) Mediums" (Paech 2008: 62) ereignet.

> **Mediale Formprozesse (Paech 2008: 61)**
> „Medien generieren Formen, die ihrerseits als Medien wiederum Formen generieren etc., das bedeutet, dass Medien als Formen in Erscheinung treten und nur in den Formen, die sie generieren, beobachtet werden können: Als mediatisierte Form und als Form ihres Mediums, was ihre grundsätzliche Reflexivität zur Folge hat. Medien sind keine Objekte, sondern Bedingungen oder Möglichkeiten ihrer Formprozesse und deren Beobachtung."

4.1.3 Mediale Konstellationen

Nach Werner Wolf ist Intermedialität „in einem weiten Sinn jedes Überschreiten von Grenzen zwischen konventionell als distinkt angesehenen Ausdrucks- oder Kommunikationsmedien", während sie in einem engeren Sinne – analog zu Julia Kristevas Konzept der Intertextualität (1972) – „eine in einem Artefakt nachweisliche Verwendung oder (referenzielle) Einbeziehung wenigstens zweier Medien" beschreibt (Wolf 2013: 344). Intermedialität etabliert folglich eine Perspektivierung auf diejenigen Prozesse, die zwischen Medien stattfinden und diese *vergleichend* zueinander ins Verhältnis setzt: „Medien stehen in Beziehung

4.1 Verhältnisse zwischen Medien

zueinander, verweisen aufeinander, konkurrieren miteinander und entwickeln sich." (Wolf 2014: 175)

Dies hat zudem eine Fokussierung auf den Konstruktcharakter medialer Grenzen und derjenigen *intermedialen Praktiken* zur Folge, welche diese Grenzen – verstanden als *Ermöglichungsstrukturen* – dehnen, verschieben, modifizieren, korrodieren und auflösen (vgl. Rajewsky 2015: 47). Vor diesem Hintergrund wird das Verständnis von Medien als distinkte bzw. isolierte Entitäten brüchig, da diese sich eben nicht mehr aufgrund spezifischer materieller oder ästhetischer Eigenschaften voneinander unterscheiden lassen, sondern – wie bereits erwähnt – als dynamische und historische Konstrukte angesehen werden müssen, denen ihre jeweiligen Eigenschaften dynamisch-performativ im Medienvergleich zugeschrieben werden. Erst aus „intermedialer Perspektive" werden „die Besonderheiten, Leistungen, aber auch Beschränkungen" deutlich (Wolf 2014: 176):

> Vielleicht bedeutet dies alles anzuerkennen, daß nicht die einzelnen Medien primär sind und sich dann inter-medial aufeinander zu bewegen, sondern daß die Intermedialität ursprünglich ist und die klar voneinander abgegrenzten ‚Monomedien' das Resultat gezielter und institutionell verankerter Zernierungen, Einschnitte und Ausschlußmechanismen sind. (Schröter 1998: 149)

Zur Klassifizierung intermedialer Verhältnisse soll eine Systematisierung herangezogen werden, wie sie Irina O. Rajewski in ihrer synthetisierenden Studie *Intermedialität* vorschlägt, wobei sie jedoch darauf hinweist, dass sich intermediale „Prozesse und Phänomene" aufgrund ihrer mit dem kulturellen und medialen Wandel zusammenhängenden Dynamik „immer wieder neu (begrifflicher) Festlegung entziehen" werden, weshalb eine solche Systematisierung nicht als abgeschlossen angesehen werden kann (Rajewsky 2002: 181). Nach Rajewsky tritt Intermedialität in drei verschiedenen Ausprägungen auf: Medienkombination, Medienwechsel und intermediale Bezüge (vgl. ebd.: 19).

Die *Medienkombination* – auch Multi-, Pluri- oder Polymedialität genannt – beschreibt die Verbindung mindestens zweier konventionell als distinkt wahrgenommener Medien oder medialer Ausdrucksformen, wozu „alle multimedialen Kopplungen von Text und Bild (z. B. Emblematik), Text und Ton (z. B. Hörspiel) sowie Text, Bild und Ton (z. B. Theater, Oper, Film, aber auch hypermediale Arrangements)" zählen, „bei denen die Medien als verschiedene Medien zueinander in Beziehung gesetzt werden" (Wirth 2007: 254 f.). Bei einer hohen Intensität der Verbindung zwischen den Medien kommt es zu einer materiellen Fusion untereinander, innerhalb welcher jedes Medium in seiner eigenen, medienspezifischen Weise zur Bedeutungskonstitution des Gesamtprodukts beitragen, wie es etwa beim Fotoroman oder der Oper der Fall ist. Eine solche Kombination kann zur

Herausbildung eigenständiger „Kunst- oder Mediengattungen" führen, „bei denen die plurimediale Grundstruktur zu einem Spezifikum des neu entstandenen (Einzel)Mediums wird" (Rajewsky 2002: 15). Allerdings ist der Begriff der ‚Medienkombination' auch auf mediale Phänomene anzuwenden, in denen unterschiedlicher Medien durch „additive Kombination" (Wolf 2014: 193) lediglich ko-präsent sind, beispielsweise, wenn innerhalb eines Theaterstücks über einen Fernseher Nachrichten abgespielt werden.

Der *Medienwechsel* – auch Medientransfer oder Medientransformation genannt – bezieht sich auf die Transformation eines medienfixierten Prätextes in ein anderes Medium. Die materielle Präsentation erfolgt hier lediglich im Zielmedium, wie es beispielsweise bei der Inszenierung eines dramatischen Textes als Bühnenstück oder bei Literaturverfilmung bzw. -Adaption der Fall ist, wodurch ein Transport von einem semiotischen System in ein anderes stattgefunden hat. Bei der Untersuchung von Medienwechseln stehen die Kontinuitäten und Differenzen zwischen den jeweiligen Medientexten im Vordergrund, die sich eben aus dem Wechsel ergeben, da in „der intermedialen Transposition" die spezifischen Elemente und Strukturen des jeweiligen Zielmedium immer beeinflussen „was und wie vermittelt wird" (ebd.: 192). Die innerhalb von Medienwechseln auftretenden Kontinuitäten und Differenzen können auf unterschiedlichen Ebenen untersucht werden: semiotische, ästhetische, technische und organisatorische Konventionen der Medien, „mediale Anreicherung" (Wirth 2007: 255) (neue Darstellungspotenziale und Gestaltungsmöglichkeiten durch das Zielmedium) u. ä. (vgl. Rajewsky 2002: 16–19).

Intermediale Bezüge sind als „Verfahren der Bedeutungskonstitution eines medialen Produkts durch Bezugnahme auf ein Produkt (Einzelreferenz) oder das semiotische System bzw. bestimmte Subsysteme (Systemreferenz) eines konventionell als distinkt wahrgenommenen Mediums" zu verstehen, dessen Spezifikum die „Überschreitung von Mediengrenzen" ist (ebd.: 199). Hierunter fallen beispielsweise filmische Bezugnahmen auf die Malerei oder Bezugnahmen der Malerei auf die Fotografie im Zuge der fotorealistischen Malerei. Das jeweilige Medienprodukt – beispielsweise der Film – verwendet innerhalb dieser Ausprägung über seine normalen Verfahren der Bedeutungskonstitution auch Verfahren aus dem Medium, auf das es sich bezieht. Es werden also „medienspezifische Elemente, Strukturen oder Eigenschaften" (ebd.: 150) eines anderen Mediums mit den eigenen medienspezifischen Mitteln des repräsentierenden Mediums thematisiert, simuliert oder reproduziert, wobei die intermediale Referenz *explizit* oder *implizit* sein (vgl. ebd.: 79; Wolf 2014: 194).

Eine *explizite Referenz* lässt sich allgemein als „Thematisierung des Bezugssystems in Form eines ‚Redens über' bzw. ‚Reflektierens' des Bezugssystems" inner-

4.1 Verhältnisse zwischen Medien

halb seiner eigenen Medialität und inhärenten Zeichensystems beschreiben und geschieht ohne „fremd- bzw. altermedial bezogene Illusionsbildung", also ohne die Übernahme altermedialer Elemente oder Strukturen: „Das Bezugssystem – z. B. der Film oder das Fernsehen – wird schlicht benannt, ohne daß dies eine Modifikation des narrativen Diskurses oder die Illusion eines televisuellen oder filmischen ‚Als ob' mit sich brächte" (Rajewsky 2002: 79, 85, 57).

Eine *implizite Referenz* – nach Rajewsky eine „Systemerwähnung *qua* Transposition" (ebd.: 83) – lässt sich in die Realisationsformen der Evokation, (Teil-)Reproduktion und Simulation unterteilen (vgl. ebd.: 84). Auch hierbei handelt es sich um eine „Thematisierung des Bezugsystem[s]", allerdings geht diese über die explizite Systemerwähnung hinaus, da hier zwingend eine „fremd- bzw. altermedial bezogene Illusionsbildung" zustande kommen muss (ebd.: 196). Eine *Systemerwähnung per Evokation* erfolgt beispielsweise durch die Ekphrasis – eine rhetorische Form der Bildbeschreibung, durch welche Figuren, Gegenstände, Handlungen sowie die Umgebung eines Gemäldes anschaulich und geradezu ‚bildhaft' beschrieben werden, so dass sich den Hörenden das Bild vor dem geistigen Auge ‚zeigt'. In der *Spielart der (Teil-)Reproduktion* spielt nun die „Reproduktion bestimmter Elemente oder Strukturen des Bezugssystems" (ebd.: 103) innerhalb des Zielmediums eine zentrale Rolle, etwa, wenn innerhalb eines Romans ein Songtext zitiert wird, wodurch gleichzeitig von den Hörenden die entsprechende Melodie assoziiert wird (vgl. Wolf 2014: 197) oder wenn in einer Hollywood-Action-Komödie Figuren aus einem Stück von Samuel Beckett auftreten. Eine *simulierende Systemerwähnung* findet schließlich dann statt, wenn auf formaler Ebene „medienspezifische Charakteristika bzw. Qualitäten des Bezugssystems" (Rajewsky 2002: 96) mit den Mitteln des Zielmediums imitiert werden. Diese Form der intermedialen Bezugnahme ist beispielsweise dann ersichtlich, wenn innerhalb eines Animationsfilms Schmutz auf der – eigentlich immateriellen, da rein virtuellen – Kameralinse landet oder wenn im Film *Searching* (USA 2018, Aneesh Chaganty) über die gesamte Spielzeit allein die Interaktionen auf einem Computerbildschirm zu sehen sind, wodurch der Film gleichsam interaktive Benutzeroberflächen imitiert.

Von diesen drei verschiedenen Ausprägungen der Intermedialität ist wiederum die *Transmedialität* – verstanden als werkübergreifende Intermedialität (vgl. Wolf 2014: 188) – abzugrenzen, da sich diese sich auf „[m]edienspezifische Phänomene" bezieht, „die in verschiedensten Medien mit dem dem jeweiligen Medium eigenen Mitteln ausgetragen werden können, ohne daß hierbei die Annahme eines kontaktgebenden Ursprungsmediums wichtig oder möglich ist" (Rajewsky 2002: 13). Zu solchen Phänomenen gehören neben der Narrativität auch „Fiktionalität, Rhythmizität oder Serialität" (Schröter 1998: 138) oder spezifische Ästhetiken, die sich aus der ähnlichen Strukturierung unterschiedlicher Medien ergeben können, ohne dass deren Ursprung einem spezifischen Medium zugewiesen werden könnte: „Die formalen Ebenen sind getrennt von der medialen Basis und relativ autonom ihr gegenüber – in diesem Sinne *trans-medial* – wenngleich sie sich auch nur in einem je gegebenen medialen Substrat aktualisieren können." (Ebd.: 137)

4.1.4 Analyse intermedialer Beziehungen

Die oben vorgestellte Klassifizierung intermedialer Verhältnisse, die über jene Typologie nach Rajewsky systematisiert werden konnte, ist als eine „Werkzeugkiste" anzusehen, „über deren bloße Erstellung und Inventarisierung [allerdings] hinausgegangen werden muss" (Wolf 2014: 204). Für eine tiefergehende Analyse intermedialen Beziehungen sollen daher weiterführende Kriterien vorgestellt werden, wie sie Werner Wolf in seinem Lexikonartikel zur *Intermedialität* vorschlägt, indem er diese differenziert, nach (1.) „beteiligten Medien", (2.) der „Dominanzbildung", (3.) der „Quantität der intermedialen Bezugnahme", (4.) der „Genese der Intermedialität" sowie (5.) der „Qualität des intermedialen Bezuges" (Wolf 2013: 345).

Das erste Kriterium fragt nach denjenigen Elementen und Strukturen distinkter Medien, die ursprünglich am intermedialen Phänomen beteiligt sind – so verbinden sich beispielsweise in der Emblematik die Medien Text und Bild zu einer neuen Kunstform. Das zweite Kriterium fragt ausgehend von der Beteiligung differenter Medien nach der Dominanzbildung eines Mediums. Während es „intermediale Formen ohne klare Dominanz" gibt, wie sie etwa in der *plurimedialen Konstellation* der Medienkombination – z. B. im Film, in der Oper oder im Comic – vorkommen, finden sich allerdings auch Intermedialität mit „Dominanz eines Mediums gegenüber einem oder mehreren anderen", beispielsweise bei „punktuelle[n] Illustrationen zu einem Roman" (ebd.) oder innerhalb *intermedialer Bezüge* – dies wird insbesondere bei der *Systemerwähnung per Evokation* deutlich –, da hier über die Mittel des Zielmediums auf das jeweilige Referenzmedium verwiesen wird. Als drittes Kriterium nennt Wolf die „Quantität intermedialer Bezugnahmen, die in ,partielle' – also „Teile eines Werks betreffende" – und ,totale' – also „das ganze Werk betreffende" – Bezugnahmen unterteilt werden können; totale Bezugnahmen finden sich beispielsweise wiederum in der Oper wieder, da hier die „plurimediale Grundstruktur" auf das gesamte Werk anzuwenden und als Kombination unterschiedlicher Medien anzusehen ist, wogegen partielle Bezugnahmen etwas in einem „Drama mit Liedeinlagen" zu finden sind (ebd.: 345; vgl. Rajewsky 2002: 15). Das vierte Kriterium fragt nach der „Genese der Intermedialität", und somit danach, ob Intermedialität bereits „von Anfang an Teil des Werkskonzeptes" war und somit als ‚primär' anzusehen ist, wie es etwa beim Comic der Fall ist, oder ob die Intermedialität „erst im Nachhinein" und somit ‚sekundär' entstanden ist, was vor allem bei Phänomenen des Medienwechsels zu beobachten ist (Wolf 2013: 345). Die „Qualität des intermedialen Bezuges" (ebd.) bildet das fünfte Kriterium und kann entweder in ‚manifester' oder ‚verdeckter' Form auftreten. In der Ausprägung als manifeste Intermedialität „bleiben die beteiligten Medien als solche an der Werkoberfläche unabhängig von einer möglichen Dominanzbildung erhalten und unmittelbar erkennbar" (ebd.) – dies ist beispielsweise bei der Musik im Tonfilm der Fall. Die verdeckte Intermedialität ist im Gegensatz zur manifesten Intermedialität deutlich schwerer zu erkennen, da hier „stets eine bestimmte Dominanzbildung stattfindet" und das nicht-dominante Medium – etwa als „Folge eines Medienwechsels" – „im dominanten Medium eines Werkes aufgeht" bzw. von diesem „quasi verdeckt wird" und somit dessen ursprüngliche Medialität nicht mehr auszumachen ist (ebd.), wie es u. a. und insbesondere bei der *simulierenden Systemerwähnung* der Fall ist (vgl. Rajewsky 2002: 96).

Weiterhin ist es relevant, die hier dargestellten Intermedialitätsformen hinsichtlich ihrer intendierten Funktionen bestimmen zu können, denn erst mit der Bestimmung der möglichen Auswirkung intermedialer Konstellationen innerhalb ihrer jeweiligen Kategorien, kann „über deren bloße Erstellung und Inventarisierung hinausgegangen werden" (Wolf 2014: 204). Die vorgenommenen Kategorisierungen wie auch die aufgeführten Kriterien zur Analyse von Intermedialität bilden folglich erst die Grundlage für eine tiefergehende Analyse der Funktion von **intermedialen Bezugnahmen** (vgl. Wolf 2002).

> **Intermediale Bezugrahmen (Rajewsky 2008: 47)**
> „Die Herausbildung neuer Medien und ganz allgemein medienhistorische Entwicklungen und Umbruchsituationen, Fragen der Medienerkenntnis, der grundlegenden Funktionslogik von Medien oder Prozessen der Mediatisierung als solche sind ebenso Gegenstand der Intermedialitätsforschung wie die Untersuchung konkreter Texte, Filme, Theaterstücke oder anderer medialer Konfigurationen, denen – in welcher Weise auch immer – eine Qualität des Intermedialen zuzuschreiben ist."

4.1.5 Remediation

Jay Bolter und Richard Grusin (2000) entwickeln ihren Ansatz zum Konzept der *remediation* zunächst anhand der titelgebenden ‚New Media', weiten ihn im Verlauf ihrer Studie jedoch medienübergreifend aus und entwickeln ein Verständnis von Intermedialität oder *remediation* als grundlegende kulturelles und mediales Phänomen (vgl. Rajewsky 2008: 50).

> **Remediation (Bolter und Grusin 2000: 55)**
> „[All] mediation is remediation. […] Our culture conceives of each medium or constellation of media as it responds to, redeploys, competes with, and reforms other media. […] Media are continually commenting on, reproducing, and replacing each other, and this process is integral to media. Media need each other in order to function as media at all."

Damit wird Intermedialität als inhärente Qualität der ‚Medienevolution' etabliert, wodurch die Interdependenz von (neuen und alten) Medien deutlich hervorgehoben wird, da letztlich jedes Medium von Remediatisierungsprozessen bestimmt wird – *remediation* ist folglich „mit der Medialität […] bereits gegeben" (Rajewsky 2008: 51). Aus ihrer historischen Perspektive arbeiten Bolter und Grusin anhand einer Vielzahl von Beispielen die ‚doppelte Logik' der *remediation* heraus, indem sie schreiben: „Both new and old media are invoking the twin logics of immediacy and hypermediacy in their efforts to remake themselves and each other" (Bolter und Grusin 2000: 5). Unter *immediacy* verstehen die Autoren die Tendenz eines Mediums, hinter denjenigen Erscheinungen zu ‚verschwinden', welche es erst ermöglicht: „In the epistemological sense, immediacy is transparency: the absence of mediation or representation. […] In its psychological sense, immediacy names the viewer's feeling that the medium has disappeared and the objects are present to him, a feeling that his experience is therefore authentic." (ebd.: 70). Diese Tendenz ist sowohl in der jahrhundertealten Verwendung der Zentralperspektive innerhalb der Malerei auszumachen als auch in aktuellen VR-Settings – beides Techniken und Technologien der direkten Adressierung (vgl. ebd.: 11–28). Wenn die Medien selbst allerdings auffällig werden und ins Bewusstsein rücken – beispielsweise durch Störungen oder die Kombination von Medien – sprechen Bolter und Grusin von *hypermediacy*: „In its epistemological sense, hypermediacy is opacity – the fact that knowledge of the world comes to us through media. […] The psychological sense hypermediacy is the experience that she has in and of the presence of media […]" (ebd.: 70 f.).

Remediatisierung ist wie Intermedialität als ein Schirmbegriff anzusehen und kann am ehesten über die Analyse ihrer spezifischen Praktiken konkretisiert werden, die einerseits generell emergierenden Medien zugeschrieben werden können – so remediatisiert Film an sich sowohl fotografische als auch theatrale Elemente und Strukturen –, die andererseits aber auch als Referenzen in konkreten Medienprodukten ausgemacht werden können – etwa wenn bestimmte Filme auf bestimmte Videospiele Bezug nehmen (vgl. Rajewsky 2008: 51). Im Folgenden sollen daher einige Beispiele für re- bzw. intermediale Praktiken behandelt werden.

4.2 Medien *und* Medien

Medienproduzierende loten in ihren Arbeiten immer wieder reflexiv das Verhältnis der Medien zueinander aus und lassen so das Bezug nehmende Medium über das reflektierte Medium ‚nachdenken'. Diese sich hierin realisierenden intermedialen Verfahren sind als Annäherungs- und Abgrenzungsbewegungen *zwischen* Medien anzusehen, durch die ein technologischer und/oder ästhetischer Wandel erst vollzogen werden kann. Die Ordnung der Medien – auch jenseits des Umbruchs von Analog zu Digital – ist folglich als ein dynamisches Geflecht von Beziehungen anzusehen, die sich stetig in einem Prozess der Umgestaltung befindet (vgl. Keazor et al. 2011: 9). Die hieraus resultierenden Phänomene der Konvergenz, der Remediation und der Intermedialität können zum näheren Verständnis exemplarisch und vorrangig anhand des Verhältnisses des Films zu den Medien Comic, Videospiel und Computer diskutiert werden.

4.2.1 Analog/Digital

Da Phänomene der Intermedialität und Remediatisierung mit dem Medienwandel und der fortschreitenden Medienkonvergenz zusammenhängen, bildet vor allem der Übergang von Analog zu Digital einen zentralen Einschnitt, da hier durch die Digitalisierung auf technisch-materieller Ebene zum einen eine Annäherung zweier zuvor getrennter Technologien und zum anderen eine „Ablösung der Spezifik der Medien von einer bestimmten technologischen Materialität […] des Analogen" (Paech und Schröter 2008: 11) stattfindet. Dies lässt sich nicht nur im Bereich der traditionellen Filmproduktion, sondern auch aktuell in Form der *Virtual Production* sehr eindrucksvoll beobachten, denn die Digitalisierung markiert „nicht nur die Ablösung des Films von seiner Materialität und vom klassischen Dispositiv des

Kinos [...], sie markiert den Beginn des ‚virtuellen Lebens' des Films" (Hediger 2020: 32; vgl. auch Rodowick 2007).

Als materielle Basis der Speicherung von Filmen ist folglich nicht mehr die Filmrolle anzusehen, sondern Daten, welche durch Computer prozessierbar und modifizierbar sind, wodurch wiederum die Möglichkeit der *Simulation von Materialität* – des Filmischen, des Televisuellen, des Fotografischen, des Bildlichen usw. – möglich wird. Doch bleibt die urpsrüngliche Materialität des Produktionsmediums ebenfalls erhalten, wenn Analoges in Digitales umgewandelt wird. So transportiert ein Film „auch dann noch Formen der medialen Eigenschaften von Fotografie und Mechanik der Kinematografie, wenn er zum Beispiel im Fernsehen elektronisch projiziert oder gar mit Video elektronisch produziert und digital auf DVD aufgezeichnet worden ist; zugleich übernimmt er Eigenschaften dieser neuen medialen Umwelt, die er ebenso formuliert" (Paech und Schröter 2008: 10). Die „Spezifik der Medien" bleibt folglich sowohl in der Übertragung als auch in der Simulation in den „Formen ihrer jeweiligen Aisthesis bestehen" (ebd.: 11).

Dies zeigt sich u. a. in der Verwendung virtueller Kameras in aktuellen Animationsfilmen, innerhalb welcher die physischen Kameraeigenschaften, wie sie aus der Produktion von Realfilmen bekannt sind, imitiert werden. Zwar unterliegen computeranimierte Filme „keinerlei physikalischen Beschränkungen" – ganz im „Gegensatz zur Filmkamera, die nur jene Bilder verwirklichen kann, die ihre materielle Bauweise und Ausstattung möglich machen" (Richter 2008: 16); dennoch scheinen Animationsfilme in einigen Bereichen an der Materialität des realen Filmes festzuhalten, etwa wenn im Abspann des Pixar-Films *Monsters Inc.* die ‚Aufnahmen' mit den Monstern gezeigt werden und ein Mikro im Bild ist oder wenn eine außer Kontrolle geratene Maschine die Kamera ‚umstößt' (vgl. Schröter 2014). Eine Evokation von Materialität wird aber auch dann deutlich, wenn Bildstörungen oder physikalisch bedingte Effekte wie beispielsweise ‚Lensflares' – d. h. Lichtreflexionen in der Kameralinse – simuliert werden, wahrscheinlich, „um die fotografische Anmutung des Bildes zu verstärken" und so „eine spezifische neue Leistung der simulierten Bildlichkeit ausstellen zu können" (ebd.: 36, 39).

Auch in der Domäne der Smartphonefotografie wird eine Remediatisierung des Analogen *im Digitalen* und *durch das Digitale* deutlich – und dies zeigt sich nicht nur daran, dass viele Smartphones bei der Aufnahme eines Fotos das charakteristische Geräusch des Öffnens und Schließens des mechanischen Blendenverschlusses einer analogen Kamera abspielen. Vor allem zeigt sich dies in der Verwendung digitaler Filter, durch die eine analoge Ästhetik – in Form von Oberflächeneffekten wie Kratzer, Staub und Dreck auf dem Film oder fehlerhafte Farbgebung durch chemische Reaktionen – simuliert wird (vgl. Schrey 2015: 15). Diese „Grafik-Presets", wie sie unter anderem auf der Plattform *Instagram* und spezifischen

4.2 Medien *und* Medien

Abb. 4.1 Über VHS-Effekt-Filter können TikToks die Glitch-Ästhetik von zerknitterten Videoaufnahmen adaptieren. (Quelle: Dass 2021: o. S.)

Foto-Apps zu finden sind, „adaptieren medienästhetische Charakteristika analoger, d. h. chemo-physikalischer fotografischer Verfahren" und simulieren digital vor allem „Phänomene wie Über- oder Unterbelichtung, Farbverschiebungen, extreme Kontrastverstärkungen, Vignettierungen und Lichtflecke" (Gunkel 2018: 24). Dies lässt sich exemplarisch an der *Pic Grunger Free* zeigen, mit deren Hilfe die eigenen digitalen Aufnahmen das Aussehen von verwitterten oder verwahrlosten Fotografien erhalten. Diese Bewegung macht auch vor aktuellen Videoformaten nicht Halt und so kann man sich beispielsweise für die eigenen ‚TikToks' VHS-Effekt-Filter herunterladen, die den eigenen Clips die *Glitch*-Ästhetik von zerknitterten Videoaufnahmen verleiht (vgl. Dass 2021: o. S.). Wem das nicht genügt, der kann (plattformunabhängig) eigene digitale Filmaufnahmen mit unterschiedlichen *Overlays* von YouTube kombinieren und mit Oberflächeneffekten versehen, die aus der frühen Kinematografie bekannt sind (vgl. https://youtu.be/MVQHfUf3Ne8) (Abb. 4.1).

4.2.2 Film und Comic

Comicverfilmungen – mithin Medienwechsel, bei denen Erzählungen aus dem Comic in den Film oder ein ganzes *cinematic universe* à la Marvel übersetzt werden –

sind ein bekanntes Phänomen. Doch lassen sich Formen der Intermedialität zwischen Comic und Film bereits sehr früh ausmachen. So scheint der Comic einerseits „historisch den Film mit seiner grafischen Bilderzählung vorwegzunehmen", andererseits ermöglicht die Computeranimation eine sehr enge und aktuelle Verknüpfung von Comic und Film (Paech 2008: 66). Es sind vor allem die Innovationen im Bereich des digitalen (Animations-)Films, die einen „Transfer formal-ästhetischer Aspekte vom Medium Comic zum Medium Film in vielen Fällen erst möglich machen und somit die bereits bestehenden Repräsentationsmöglichkeiten des Mediums Film erweitern", indem sie beispielsweise „charakteristische Eigenschaften des Comics in das Medium Film übertragen" (Sina 2013: 146). In diesen Fällen liegt folglich kein bloßer Medienwechsel vor, bei dem das Medium Comic im Medium Film aufgeht, „sondern die beiden Medien Comic und Film generieren sich vielmehr gegenseitig und schaffen etwas Neues" (ebd.) innerhalb eines Prozesses der Remediatisierung.

Eine Vielzahl von Comicverfilmungen ist nicht allein als bloße Adaption von Comics oder Graphic Novels anzusehen – so geht beispielsweise auch die Leinwandversion des gleichnamigen Marvel-Comics *Hulk* (2003) von Ang Lee über die reine Übernahme narrativer Motive hinaus. *Hulk* übernimmt sowohl ästhetische Elemente als auch strukturelle Prinzipien des Mediums Comic, indem nicht nur jede Einstellung oftmals an ein einzelnes Panel eines Comics erinnert, sondern es ist vor allem die Einteilung des *Screens* in unterschiedliche Panels, die auf die ästhetisch-narrative Struktur von Comics verweist (Abb. 4.2). Mit der Panel-Technik werden so unterschiedliche Perspektiven auf Figuren, Objekte, Räume und Handlungen neben- bzw. ineinander dargestellt, was das Prinzip des zeitlichen

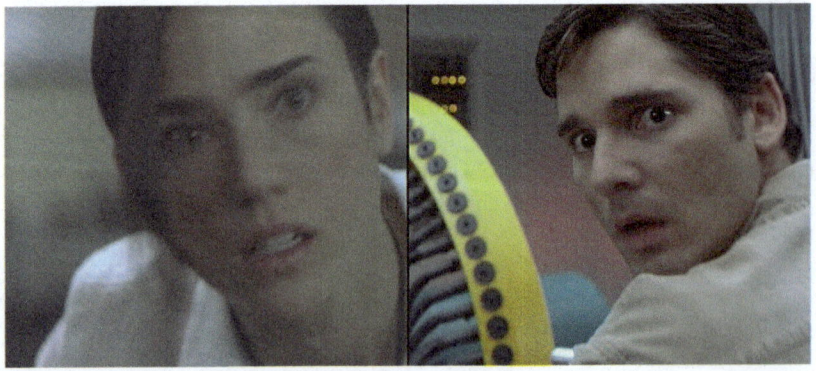

Abb. 4.2 Exemplarische Verwendung des Splitscreens in Ang Lee's *Hulk* (USA, 2003) (DVD, Marvel Entertainment).

Nebeneinanders *von Film* aufbricht. Dadurch wird es dem Film allerdings möglich, zur selben Zeit die Entwicklung multipler Plot-Linien auf einmal zu zeigen oder eine Konversation zwischen zwei in der Diegese räumlich voneinander getrennten Figuren gleichzeitig auf einem *Screen* darzustellen.

Ähnliches ist in der Comicverfilmung *Watchmen* (2009) (aber auch in weiteren Comicadaptionen) von Zack Snyder zu beobachten. Nicht nur, dass sich der Film sehr stark an der Vorlage orientiert, u. a. dadurch, dass Snyder die Graphic Novel von Alan Moore und Dave Gibbons als Storyboard für den Film nutzte und somit den Comic teilweise Bild für Bild umsetzte, sondern ebenfalls durch Snyders Vorliebe für das Stilmittel der extremen Zeitlupe. Dies wird bereits in der einleitenden Sequenz deutlich, in der der ‚Comedian' – ein Mitglied der titelgebenden *Watchmen* – brutal verprügelt und anschließend aus dem Fenster seines Apartments geworfen wird. Im Moment, als das Glas des Fensters zersplittert, verlangsamt sich das filmische Bild – das in seiner Inszenierung im Übrigen mit dem entsprechenden Panel im Comic nahezu identisch ist – bis zum Stillstand und nähert sich nicht nur auf ästhetischer, sondern vor allem auf struktureller und spatio-temporaler Ebene dem Medium Comic an.

Die filmische Adaption von Frank Millers *Sin City* (2005) durch Robert Rodrigez gilt in diesem Zusammengang „als unübertroffen ‚authentische' Adaption einer grafischen Vorlage", da hier ebenfalls versucht wird, die grafische Vorlage detailgetreu in das Medium Film zu übersetzen (vgl. Sina 2014: o. S.) (Abb. 4.3). Nicht nur, dass der Film hauptsächlich vor einem *Green Screen* gedreht wurde, um in der Postproduktion die Inszenierung einzelner Einstellungen nach den jeweiligen Comicpanels gewährleisten zu können; insgesamt konnte dadurch auch der kalkulierte Einsatz monochromer Farbeffekte als „formal-ästhetisches Charakteristikum der *Sin City*-Comics" (ebd.) auf den Film übertragen werden. Darüber hinaus wird im Film die Nähe zum statischen Bild des Comics dadurch unterstrichen,

Abb. 4.3 Gegenüberstellung eines Frames aus dem *Sin City*-Film (links) (USA, 2005) (DVD, Buena Vista International Film) und dem *Sin City*-Comic (rechts) (Frank Miller's Sin City Volume 4: That Yellow Bastard, USA, 2010) (Comic, Dark Horse Books).

dass die Figurenbewegung reduziert wird, wodurch „sich innerhalb der filmischen Inszenierung immer wieder Szenen ausmachen" lassen, „in denen einzelne Bewegungsabläufe wie in Zeitlupe dargestellt werden" (ebd.).

4.2.3 Film und Videospiel

Wie bereits gesagt, erschöpfen sich auch intermediale Verfahren zwischen Film und Videospiel nicht in der Videospieladaption durch den Film – beispielhaft seien hier lediglich *Double Dragon* (1984), *Final Fantasy* (2001), *Assassin's Creed* (2016) oder *Tomb Raider* (2018) erwähnt –, sondern es sind auch hier die Imitation formal-ästhetischer und die Übernahme struktureller Elemente zu beobachten. Ein gängiges Motiv, das vor allem auf der narrativen Ebene wirksam wird, ist das *(Re-)Spawnen*, also der (Wieder-)Einstieg der eigenen Spielfigur. Über dieses Motiv strukturiert beispielsweise der Film *Boss Level* (2021) seinen gesamten Plot und er ist zudem mit diversen Level-Gegnern geradezu gespickt, bis der Hauptdarsteller Roy Pulver, der in einer Zeitschleife festhängt, zum Endgegner in das titelgebende Boss Level vordringt. Auch die Figur Guy aus dem Film *Free Guy* (2021) ist mit der Fähigkeit des *(Re-)Spawnens* ausgestattet; darüber hinaus bezieht sich der Film, der sich rund um das Leben eines ‚Non-Player-Characters' (NPC) dreht, vor allem auf der ästhetischen Ebene auf das Videospiel. Besonders auffällig wird dies, nachdem Guy durch einen Zufall an eine Brille gerät, die einem Avatar gehört hat, diese aufsetzt und plötzlich mit einem ‚Head Up Display' (HUD) ausgestattet ist, das ihm nicht nur seinen eigenen Status (= Lebensenergie) anzeigt, sondern auch Medipacks und Munitionskisten in der an *Fortnite* (2017) erinnernden ‚Spielewelt' sichtbar macht.

Benjamin Beil und Stephan Günzel haben in ihren Studien *First Person Perspectives: Point of View und figurenzentrierte Erzählformen im Film und im Computerspiel* (2010) und *Egoshooter: Das Raumbild des Computerspiels* (2012) die Erste-Person-Perspektive als zentrales Element vor allem des Genres ‚Egoshooter' sowie zahlreiche aus dem Medium Film entnommene, remediatisierte Elemente herausgearbeitet. Ein Film, der sich als Adaption dezidiert durch eben jenes Element auf sein Ursprungsmedium bezieht, ist *Doom – Der Film* (2005), in dem ein einige Minuten andauernder Wechsel in die Erste-Person-Perspektive des *Space Marines* John ‚Reaper' Grimm vorgenommen wird (Abb. 4.4). In eben jener Sequenz können die Zuschauenden schließlich ‚Reaper' dabei beobachten, wie er sich gleichsam in Doom-Manier durch die Marsstation kämpft und attackierende Mutanten abwehrt.

Abschließend kann zudem auf die Episode *Bandersnatch* (2018) aus der Anthologie-Serie *Black Mirror* der Streaming-Platform Netflix verwiesen werden,

4.2 Medien *und* Medien

Abb. 4.4 *Doom – Der Film* (USA/UK/CZ/DE, 2005) (DVD, Universal) imitiert die Erste-Person-Perspektive des Spiels *Doom* (USA, 1993) (CD, id Software).

deren Plot sich nicht, wie in linearen Medien üblich, in vorgeschriebener Reihenfolge entfaltet und als geschlossenes System anzusehen ist, sondern als sogenanntes *branching path narrative* aufgebaut ist (Abb. 4.5). Eine solche verzweigte Erzählstruktur wird in Videospielen wie *The Walking Dead – The Telltale Game* (2012) verwendet und erlaubt es den Spielenden, an bedeutsamen Entscheidungspunkten mehr oder weniger signifikante Änderungen in der Erzählung zu bewirken und somit das *Plotting* der *story* interaktiv mitzubestimmen (vgl. Lebowitz und Klug 2011: 185–187). Hier ist es dem digitalen Dispositiv des Streamings zuzuschreiben, dass eine Öffnung der Erzählung von Serien möglich wird und diese in intermediale, interaktive Erfahrungen zwischen linearen und nicht-linearen medialen Formen transformiert werden können.

4.2.4 Film und Computer

Prozesse der Intermedialität scheinen ein immanentes Element der konvergenten Entwicklung von Medien zu sein. So verwundert es nicht, dass sich das durchaus spannungsvolle Verhältnis zwischen Film und Computer, wie es vor der

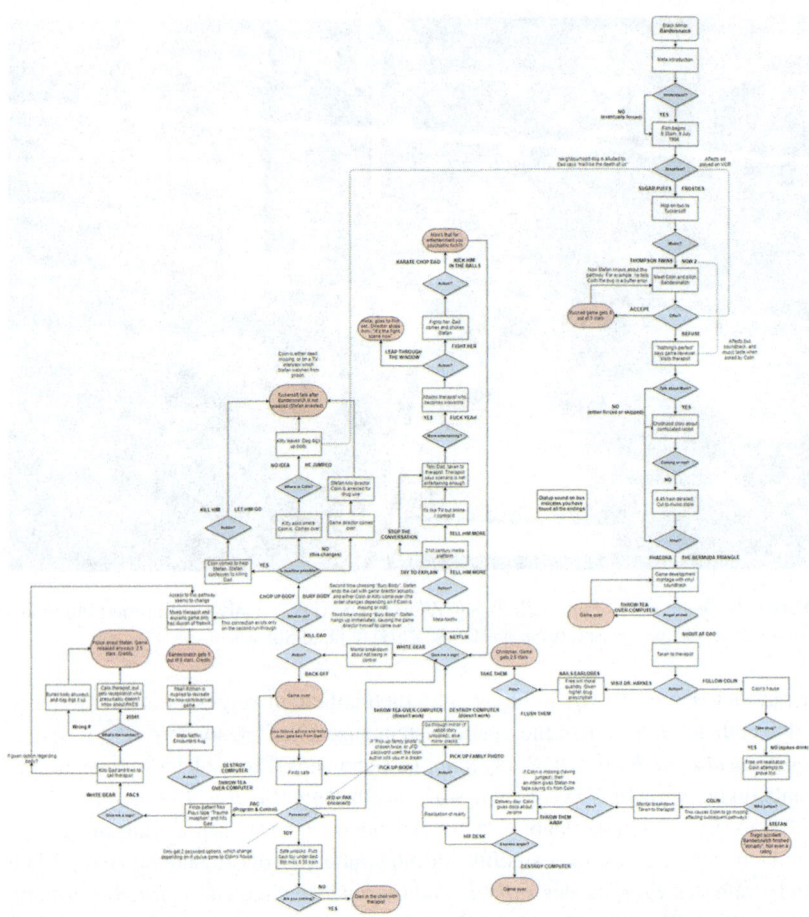

Abb. 4.5 Schematische Darstellung der *branching path*-Struktur von *Bandersnatch* (UK, 2018) (Netflix). (Quelle: Gad 2019: o. S.)

Digitalisierung auszumachen war und das sich vor allem im Bereich der ‚Computer Generated Images' (CGI) artikuliert, innerhalb moderner Produktionsprozesse wie der ‚Virtual Production' (VP) aufgelöst zu sein scheint. ‚Hochwertige' digitale Effekte gibt es bereits in rein analog gedrehten Filmen wie *Jurassic Park* oder der *Herr der Ringe*-Trilogie, in denen das Filmmaterial nachträglich in der Post-Produktion mit computergenerierten Sequenzen und Objekten angereichert wur-

4.2 Medien *und* Medien

den, „die sich für den Zuschauer bruchlos, und somit nicht als digitale Simulation erkennbar, in die filmische Darstellung einfügen" (Rajewsky 2008: 58). Der grundlegend konvergente und intermediale Prozess der ‚Virtual Production' dagegen kombiniert immersive Technologien mit CGI und Echtzeittechnologien, beispielsweise mit Game-Engines wie *Unreal* oder *Unity*, die zur Entwicklung interaktiver Anwendungen verwendet werden, bereits in der eigentlichen (Pre-)Produktion: „The term virtual production or virtual filmmaking basically refers to the application of real-time techniques within the scope of filmmaking" (Green et al. 2014: 304). Dies ermöglicht eine Koppelung von physischer und virtueller Welt mithilfe von innovativen Interaktionsschnittstellen und Displays und so können beispielsweise in der virtuellen Produktion die in Echtzeit computergenerierten Bilder über eine LED-Wall am physischen Set dargestellt und über die Bewegung einer realen Kamera perspektivisch verändert werden, um die Illusion einer Bewegungsparalaxe zu erzeugen, wie sie bei einem Dreh innerhalb einer realen Umgebung zu beobachten wäre (Abb. 4.6). Diese innovative intermediale Form der Produktion, in der Film- und Echtzeittechnologien – jenseits bloßer ‚Special Effects' – miteinander kombiniert werden, finden sich etwa in den Serien *The Mandalorian*, *Westworld* oder *His Dark Materials*; sie wurden aber ebenfalls in Filmen wie *The Junglebook* oder *The Lion King* verwendet.

Während man es bei den Erstgenannten mit der Remediatisierung digitaler Technologie durch den analogen Film zu tun hat, kann man im Fall der ‚Virtual Production' von einer gegenseitigen Remediatisierung analoger und digitaler – oder besser mechanischer und digitaler – Technologien sprechen, etwa wenn die reale Kamera verwendet wird, um die virtuelle Kamera zu steuern und ihr dadurch eine realistische Anmutung zukommen zu lassen. Zwar sind auf den Ebenen der (Pre-)Produktion und Post-Produktion deutlich intermediale Relationen zu erkennen; allerdings können diese – im Idealfall – nicht als intermediale Verfahren bezeichnet werden, „obwohl es sich aus einer rein verfahrenstechnischen Sicht um eine Form der Medienkombination handeln müsste" (Rajewsky 2008: 58). Schließlich ist es für eine Identifizierung intermedialer Verfahren unabdingbar, dass „innerhalb des jeweiligen Medienprodukts [eine] wahrnehmbare Differenz zwischen den direkt oder indirekt involvierten Medien und damit einhergehend eine Markiertheit des jeweiligen Verfahrens selbst" (ebd.) stattfindet, was innerhalb funktionierender CGI oder VP nicht der Fall sein sollte.

Wahrnehmbar ist diese Differenz in Filmen, in denen versucht wird, das Medium des Computers zu imitieren, was sich im Extremfall deutlich auf die Ästhetik und Narration des Films auswirkt, da hier beispielsweise das zentrale Element filmischer Medialität – die Montage – teilweise ersetzt wird durch die Funktionalität der grafischen Benutzeroberfläche des Computers: Splitsreens, Windows und Layer

Abb. 4.6 Einsatz der LED-Wall in der Produktion der Disney+-Serie *The Mandalorian* (USA, 2019–, Disney+, Lucasfilm). (Quelle Landsiedel 2021: o. S.)

von Applikationen. Eine solche Form der Remediatisierung findet unter anderem im Thriller *Searching* oder im Horrorfilm *Unknown User* statt. Beide Filme nutzen die Repräsentation von Kommunikationsapplikationen wie Skype, FaceTime oder iMessages und Plattformen wie Facebook, Instagram, YouTube sowie Streamingsituationen, um die Handlung voranzutreiben (Abb. 4.7). Filmische Mittel wie Schnitt oder Kamerabewegungen werden spärlich eingesetzt, z. B. um temporale Ellipsen zu überbrücken oder ausgewählte Teile des Computerbildschirms zu zeigen. Die intermediale Differenz von Computer und Film wird vor allem dadurch deutlich, dass die Rezipierenden in keinem Moment selbst aktiv werden können, sondern lediglich Interaktionen beobachten können. Zudem nimmt sich hier, wie bereits erwähnt, das Medium Film zurück und adaptiert stattdessen Elemente des Mediums Computer, um die eigene Funktionalität dennoch aufrechterhalten und sogar erweitern zu können, indem es beispielsweise die Möglichkeit der Überlagerung von und des Wechselns zwischen Fenstern nutzt, um Montage und Schnitt über computationale Verfahren zu imitieren.

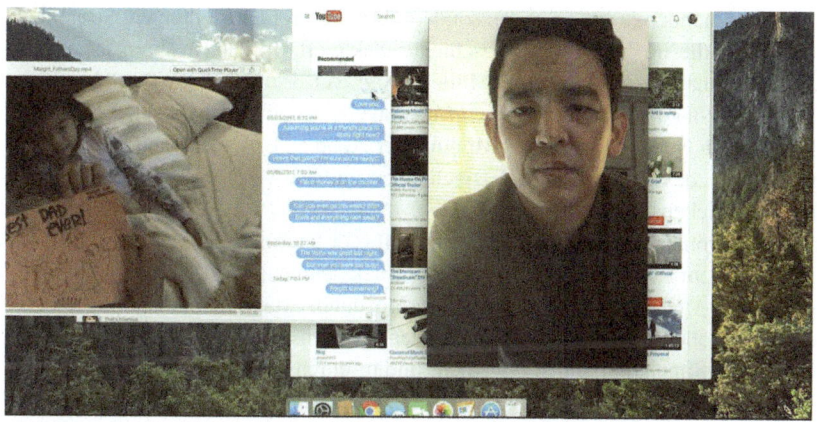

Abb. 4.7 Imitation des Mediums Computer durch den Film *Searching* (USA, 2018) (Amazon Prime, Sony Pictures Motion Pictures Group).

4.3 Medien *und* Literatur

In seiner Studie über Intermedialität als poetologisches und medientheoretisches Konzept (vgl. Ruf 2011) führt Jürgen E. Müller aus, wie sich seit dem frühen 19. Jahrhundert der (romantische) Begriff des ‚Intermediums' von einem zunächst narratologischen Phänomen hin zur gängigsten Losung des gegenwärtigen medientheoretischen Diskurses entwickeln konnte, wobei dieser unter den apparativen und medialen Bedingungen des 20. Jahrhunderts zusätzliche Semantiken und Ladungen erfahren habe (vgl. Müller 2009: 31). Nach Müller zielte zunächst der Terminus auf Eigenschaften und narrative Funktionen der Allegorie, die sich als *intermedium* zwischen Person und Personifikation schiebe und das literarische Zwischen-Spiel zwischen dem Allgemeinen und dem Besonderen erlaubte (vgl. auch Higgins 1984: 23). Wurde in den Poetologien und Ästhetiken der Romantik noch das Vermengen und Überlagern verschiedener Künste und Medien als eines der zentralen und neuen ästhetischen Verfahren propagiert, meine heute die Bezeichnung ‚Intermedialität' ein „Abrücken von traditionellen Vorstellungen isolierter Medien-Monaden oder Medien-Sorten" (Müller 2009: 31). Eine solche theoretische Zuschreibung geht davon aus, dass insbesondere „Medientexte" (Deleuze 1991: 41) in wechselnden medialen Relationen stehen und dass sich ihre Funktion aus den historischen Veränderungen dieser Relationen entwickeln, was allerdings nicht bedeute, dass Medien in einem Verhältnis wechselseitiger Nachahmung zueinander zu fassen seien, sondern dass sie Problemstellungen, Strategien, Maximen, die im Laufe ihrer Geschichte diskutiert wurden, in ihren jeweiligen Zusammenhang einpassen (vgl. Müller 2009: 31). Ein mediales Produkt werde dann „*inter*-medial, wenn es das *multi*-mediale Nebeneinander medialer Zitate und Elemente in ein konzeptionelles Miteinander" (ebd.: 31 f.; vgl. auch Clüver 1996) überführe, „dessen (ästhetische) Brechungen und Verwerfungen neue Dimensionen des Erlebens und Erfahrens eröffnen" (Müller 2009: 31 f.).

Diese Optik einer Eingrenzung des Begriffs der Intermedialität aufnehmend lässt sich vor allem auch jene ‚Literatur' in den Blick nehmen, die sich dann durch Spiegelung von Medien in literarischer Dimension, durch extensive Medienreflexion und experimentelle Erweiterung des literarischen Mediums mittels Integration oder dann doch auch Simulation anderer Medien, mithin durch Medienwechsel auszeichnet. Volker Wehdeking hat etwa dargestellt, wie sehr das „intermediale Erfolgsphänomen junger deutscher Autor(inn)en, zum Teil sogar Debütanten der letzten Dekade" zu den „gegenwärtigen Trends zum ‚Bildhunger' der Literatur" gehört (Wehdeking 2007: 17 f.; vgl. auch Wehdeking 2008). Für diese ‚intermediale Literatur' gilt im Besonderen, was wiederum Müller für die romantische Kunst und Ästhetik des 19. Jahrhunderts im Allgemeinen stark zu machen vermag: Derartige literarische Kunstwerke „gewinnen durch Vermengung und Überlagerung medialer Strukturen, durch das ‚Sich-zwischen-verschiedene-Medien-Stellen' neue Wirkungsdimensionen"; die „konzeptuelle Fusion unterschiedlicher Medien" wird hier als „ästhetisches Wirkungspotenzial" eingesetzt und das mit vielfältigen „programmatisch-ästhetischen Implikationen" beim Überschreiten medialer Grenzen bzw. Verschmelzen unterschiedlicher Medien und Gattungen (Müller 2009: 34). Es handelt sich um eine Idee der Maximierung ästhetischer Wirkung auf die Rezipierenden durch mediale Grenzüberschreitungen und durch die Konstitution neuer medialer Formen.

4.3.1 Medien und Gegenwartslyyrik

Im Folgenden soll exemplarisch eine solche mediale Grenzüberschreitung sowie die Konstitution neuer medialer Formen in der deutschsprachigen Gegenwartsliteratur näher demonstriert werden, und das gerade nicht, wie oft geltend gemacht worden ist, am Beispiel erzählerischer Werke, in denen Medien in der *histoire* thematisiert oder im *discours* imitiert werden, sondern exemplarisch im Hinblick auf zwei herausragende Werkteile der deutschsprachigen Lyrik der Gegenwart. Diskutiert werden soll, in welcher Weise insbesondere **Durs Grünbein** und **Thomas Kling** in ihren Gedichten ein bestimmtes Medium nicht nur thematisieren, sondern umfassend poetisch *einsetzen*, hier vor allem in Hinsicht auf dessen Funktion als Erinnerungsträger.

4.3 Medien *und* Literatur

▶ **Thomas Kling** (1957–2005) Bedeutender deutscher Dichter der Gegenwart, der in seinem vornehmlich lyrischen Werk mit avantgardistischen Schreibverfahren experimentierte. Ein besonderes Augenmerk liegt dabei auf der Kompositionsform der jeweiligen Texte, die immer wieder auch deren Verhältnismäßigkeit zum Komplex der ‚Medien' verhandeln. Dies wird vor allem auf der Ebene der sprachlichen Äußerung deutlich, so dass auch der lautliche Gehalt des einzelnen Gedichts bzw. das ‚Sprachspiel' in den Vordergrund rückt. Das ist auch der Grund, warum hier die Performativität in der Zusammenschau von Wortklang und Wortmelodie eine wichtige Rolle bei Kling einnehmen. Bis zu seinem frühen Tod lebte er auf dem Gelände der Raketenstation Hombroich bei Neuss in Nordrhein-Westfalen.

▶ **Durs Grünbein** (*1962) Ebenfalls bedeutender deutscher Dichter der Gegenwart, der in seinem vornehmlich lyrischen Werk zentrale Bezüge zur antiken Mythologie bzw. zur Geschichtlichkeit selbst herstellt. Sowohl auf stilistischer wie auch intellkektueller Ebene gelingt es Grünbein dabei, die jeweilige Gegenwart poetisch zu durchdringen und in Beziehung zu setzen zum Zeitlichen schlechthin. Das Wissen, das dazu in den lyrischen Text, eingeht und in jenem gleichsam eingewebt wird, ist geprägt von Belesenheit, Kennerschaft und historischer Schärfe. In diesem literarischen Werk steht ‚Bildung' schelchthin sowie die zu dieser führende Kanonisierung von Wissensbeständen mit den Mitteln der Poesie im Zentrum. Ein Dreh- und Angelpunkt seines Werks bildet die Reflexion von Grünbeins Heimatstadt Dresden.

Ausgegangen werden kann von zwei Beobachtungen: Erstens werden in Thomas Klings Wien-Zyklus aus dem Band *geschmacksverstärker* (1989) vom Sprecher Erinnerungsspuren mittels aufgefundener Gegenstände, genauer: mit Hilfe von Fotografien zurück verfolgt. Auf stilistischer Ebene verdichten sich diese Spuren durch entsprechende Schreibweisen, durch eine Art fotografisches Schreiben, durch optische und akustische Überblendungen, Erzählsequenzen, scharfe Schnitte, rasche Schnittfolgen, Verzerrungen, Rasterungen – dass Thomas Klings „psychotische Polaroid"-Gedichte (Kling 1989: 63) schließlich auf Rolf-Dieter Brinkmanns poetische Schnappschusstechnik verweisen (vgl. Brinkmann 1994, 1988, 2005a, b), ist bereits des Öfteren heraus gestellt worden (vgl. Korte 2004: 183). Diese Konstellation potenziert sich, wenn sich im Band *brennstabm* (2004) Foto- und Textsequenzen abwechseln, ergänzen und aufeinander Bezug nehmen, wenn derart aufgesplitterte Erinnerung (Gedächtnisfetzen, Vergangenheitsfragmente, Assoziationen) buchstäblich Polaroids von Geschichtlichkeit repräsentieren.

Zweitens kommt in Durs Grünbeins Lyrik dem Verhältnis von Erinnerung und Medien ebenfalls eine prekäre Rolle zu: Geschichte zirkuliert hier gleichsam in

Mythenresten, Verwüstungen und temporären Zuständen (vgl. Grünbein 2001). Grünbein denkt poetische Memoria als Konstellation von Gedächtnisorten, an denen Vergangenheit und Gegenwart in Dialog treten und neue Erinnerungsbilder evozieren (vgl. Braun 2006) – so beispielsweise im *Gedicht über Dresden* aus dem Band *Schädelbasislektion* (1991). Jenseits herkömmlicher Archive (vgl. Assmann 2006: 383) entdeckt das Gedicht dabei das Medium Fotografie als Erinnerungsträger bzw. in dieser Weise als Gedächtnisort des Vergessenen und Verlorenen; letztlich erscheint das Gedicht selbst als Fotografie, *schöpferisch* und *konstruktiv* zugleich.

Zur Verdeutlichung einer solchen Auseinandersetzung zwischen fotografischer *Konstruktion* und **Schöpfung** im Sinne Benjamins können weitere intermedialitätstheoretische Überlegungen rekapituliert werden.

> **Fotografische Schöpfung (Benjamin 1977: 62)**
> „Das Schöpferische am Fotografieren ist dessen Überantwortung an die Mode. ‚Die Welt ist schön' – genau das ist ihre Devise. In ihr entlarvt sich die Haltung einer Fotografie, die jede Konservenbüchse ins All montieren, aber nicht einen der menschlichen Zusammenhänge fassen kann, in den sie auftritt, und die damit noch in ihren traumverlorensten Sujets mehr ein Vorläufer von deren Verkäuflichkeit als von deren Erkenntnis ist. Weil aber das wahre Gesicht dieses fotografischen Schöpfertums die Reklame oder die Assoziation ist, darum ist ihr rechtmäßiger Gegenpart die Entlarvung oder die Konstruktion."

4.3.2 Zur Theorie der Fotografie

Warum ist das Medium der Fotografie, wie die beiden geschilderten Beobachtungen zur Gegenwartslyrik von Kling und Grünbein nahe legen, derart relevant für eine wie auch immer ausgestaltete Erinnerungs-Arbeit von Literatur, zumal von lyrischen Texten? Zur Beantwortung dieser Frage lässt sich erneut an einen Gedanken anschließen, den Müller im Zusammenhang seiner Überlegungen zur Intermedialität der Romantik aufwirft, bedeute diese doch nicht „allein Interaktion zwischen traditionellen Künsten": „Medien und Apparaturen dienen auch als *konzeptuelle* Vor-Bilder und Metaphern für literarische, historische und mythische Prozesse", für die sich der „Übergang von historischer Erinnerung zur Mythenbildung" gleichsam als „sich überlagernde Schatten-Spiele und Schlagschatten einer riesigen *camera obscura*" im Sinne Carlyles vollziehe, „die von einer tiefen Schicht der Vergangenheit in die Gegenwart projiziert werden" – eine Metapher, die nicht allein eine „weitere, spezifische Instrumentalisierung und Anfüllung des allbekannten platonischen Höhlengleichnisses, sondern vor allem die zunehmende Relevanz alter und neuer medialer Dispositive für die (und deren Interaktion mit den) Konstruktionen sozialer Wirklichkeit" indiziere (Müller 2009: 34).

> **Camera Obscura**
> Eine *camera obscura* (lat. camera = ‚Kammer'; obscura = ‚dunkel') ist eine dunkle Schachtel bzw. ein dunkler Raum mit einem Loch in einer Wand. Steht nun draußen vor dem Loch ein ausreichend beleuchteter Gegenstand fällt dessen Licht durch das Loch in die dunkle Kammer und projiziert das Bild des Gegenstandes seitenverkehrt und auf dem Kopf stehend an die dem Loch gegenüber liegende Wand. Somit bildet die *camera obscura* das Ur- oder Grundprinzip der Fotografie und Malerei – nämlich die Linearperspektive – ab. Bekannt ist dieses Prinzip bereits seit dem 4. Jahrhundert v. Chr. und wurde von Aristoteles (384–322 v. Chr.) in der apokryphen Schrift *Problemata Physica* zum ersten Mal beschrieben.

Mit Joachim Paech lässt sich dieses Prinzip der ***camera obscura*** näher bestimmen. Bemerkenswert sei, dass jenes als strukturales Vorbild für die apparative Seite der Fotografie als Aufzeichnungsmedium diene, deren „materiale Abbildungsschicht ‚Film'" in einer „operativen Verbindung durch etwas mit der Fotografie ganz neu Entstandenes" hergestellt werde: „den mechanischen Verschluß des Objektivs" (Paech 2009: 19). Medientheorien der Fotografie pflegen daher von einer „ontologischen Differenz" auszugehen, welche die „fotografische Re-Präsentation auf eine vor-fotografische Präsenz festlegt" (ebd.), von der es bei Roland Barthes heißt, dass sie einmal da gewesen sein muss, in ihrer fotografischen Re-Präsentation jedoch abwesend und nur noch als *Spur des Verschwindens* jener Vergangenheit anwesend ist (vgl. Barthes 1985: 97):

> Die Differenz ist also gar keine des ontologischen Status oder der vorfotografischen Referenz, sondern ist diese „Spur" des Verschwindens, die das Ab-Bild von seinem Vor-Bild trennt. Die einzelne Fotografie ist ein Gegenstand z. B. aus Papier und unter figurativen Gesichtspunkten ein „Bild". Das Medium der Fotografie erscheint als „die Form der Differenz", die die Zeit des Verschwindens als Spur der vorfotografischen Präsenz in der fotografischen Re-Präsentation hinterlassen hat. Die Fotografie ist eine „Zeitmaschine", deren apparative Verschlußdauer das Paradox der (ontologisch) unmöglichen Gleichzeitigkeit von Gegenwart und Vergangenheit im fotografischen Mo-

ment verzeitlicht (ent-paradoxiert) und die in der Re-Präsentation des fotografischen Abbilds als unmögliche Vergegenwärtigung des Vergangenen wiederholbar wird. (Paech 2009: 20)

Dieser „Unterschied zwischen apparativer (Verschluss-)Geschwindigkeit und vorfotografischer Bewegung" führt, „je nach Relation, zum (scharfen) Bild des Erstarrens oder zu Unschärfen und Verwischungen bis zum Bild (der Figuration) des Verschwindens, wenn nur noch die sichtbare Spur der Bewegung selbst ‚festgehalten' werden kann"; der Unterschied, den die Beobachtung des fotografischen Blicks festhalte, sei die „Unterscheidung von Dasein und Dagewesenheit, aber nicht zwischen Bild und wesentlich abwesender Referenz vorfotografischer Realität, sondern im Bild selber als Prozeß der fotografischen Einbildung eines ‚Zeit-Spalts'", denn die referenzielle Beziehung werde „im fotografischen Blick als Schock erfahren, wie wenn das Leben selbst im Zeit-Spalt der Gegenwart seine künftige Vergangenheit, den Tod erblickt":

> Das „Medium der Fotografie" ist auch diese technisch-apparativ bedingte und perzeptiv intendierte „Form der Zeit-Differenz", die vom fotografischen Bild „formuliert" oder symbolisiert wird. Das „Medium selbst" ist unsichtbar, wenn die Sichtbarkeit der Form, in der die Spur des Dagewesenen verschwindet und ein anderes „Dasein" der Fotografie hinterläßt, in der fotografischen Beobachtung (dem „fotografischen Blick") wiederum beobachtbar wird. Die Formen des fotografischen Bildes (als Objekt und figurative Darstellung) ebenso wie die des technisch-apparativen Komplexes verweisen auf das unsichtbare Medium, das sie „andererseits" formulieren. (Paech 2009: 20)

Es erscheint angebracht, von der Fotografie als *Depot* zu sprechen, das mithin als (Bild-)Datenbank fungiert. Die Fototheorie (vgl. Kemp 1980) bezeichnet die Fotografie denn auch oft als metonymisches Verfahren, wobei die Metonymie dem Konzept des Archivs, oder besser noch des *Katalogs* gleicht. Dass Fotografie und Denkmal, dass Fotografie und Archiv ohne einander nicht zu denken sind oder aber, dass sie sich gegenseitig erklären, gehört zur trivialen Doxa der Fotografie (vgl. Wolf 2002: 352). Hinzu gefügt werden kann, das „Denkmälerarchiv der Fotografie" (Dolezal 1908/09: 61) um den Begriff des *Atlas* im Sinne Aby Warburgs zu erweitern, denn dessen Versuch, erkennbare Formen eines kollektiven Gedächtnisses in einem *Mnemosyne-Atlas* zu sammeln, umfasst schließlich über sechzig Tafeln mit mehr als tausend Fotografien, die dazu dienen sollen, ein Gedächtnismodell zu erstellen, in dem das westeuropäisch-humanistische Denken in seinen Ursprünge erkennbar ist und deren latente Kontinuitäten bis in die Gegenwart nachgespürt werden können, Kontinuitäten, die sich räumlich über den gesamten europäisch-humanistischen Kulturkreis und zeitlich über die gesamte europäische

Geschichte von der Antike bis zur Gegenwart erstrecken. Wiewohl sich das kollektive soziale Gedächtnis dabei, laut Warburg, durch die verschiedenen Schichten kultureller Überlieferung zurückverfolgen lasse (wobei er bekanntlich den Schwerpunkt auf die Transformation von Dynamogrammen legt, die von der Antike bis zur Renaissancemalerei wiedergegeben werden, den wiederkehrenden Motiven der Gestik und des körperlichen Ausdrucks, für die er den berühmten Begriff der ‚**Pathosformeln**‘ benutzt), konzentriert sich sein eigener Versuch zur Konstruktion eines kollektiven historischen Gedächtnisses besonders auf die unentwirrbare Verknüpfung des Mnemischen mit dem Traumatischen: In der Region der orgiastischen Massenergriffenheit sei das Prägewerk zu suchen, das dem Gedächtnis die Ausdrucksformen des maximalen inneren Ergriffenseins in solcher Intensität einhämmere, dass diese Engramme leidenschaftlicher Erfahrung als gedächtnisbewahrtes Erbgut überleben.

> **Pathosformeln**
> Der Kulturwissenschaftler Aby Warburg prägt mit diesem Begriff die Ansicht, dass in kunstgeschichtlichen Zeugnissen bestimmte Gesten bzw. Gestiken formelhaft dargestellt sind, die universell gültige Gefühle ausdrücken. Darunter zählen vor allem auf Bildern/Gemälden demonstrierte Mimiken und Gebärden bzw. Formen, die diese ‚großen‘ bzw. ‚starken‘ Gefühle symbolisieren. Darunter zu verstehen sind insbesondere Affekte, die kulturell und künstlerisch *verarbeitet* werden: beispielsweise durch die Darstellung von Tanz, Kampf oder Traurigkeit.

Mit seiner Sammlung fotografischer Reproduktionen eines breiten Spektrums von Darstellungspraktiken will Warburgs *Atlas* aber auch ein materialistisches Projekt zur Konstruktion des sozialen Gedächtnisses konstruieren. Die extreme zeitliche und räumliche Heterogenität des Sujets des *Atlas* steht in einem paradoxen Kontrast zur Homogenität ihrer gleichzeitigen Präsenz im Raum der Fotografie. Diese ist nicht nur ein herausragendes technisches Medium des Gedächtnisses, sondern weist darauf hin, dass auch die Bilder ein Gedächtnis haben:

> Fotografien bilden ein eigenes Bildgedächtnis aus, das sich auf Fotografien bezieht und Bilder in Bildern in Erinnerung ruft. Dieses Gedächtnis kann mitunter [...] die Gedächtnisfunktion der Fotografie als solche zum Gegenstand haben. Das Gedächtnis der Bilder zeigt sich am deutlichsten in den Bildern des Gedächtnisses. Und in den Bildern erscheinen plötzlich wiederum Bilder, die auf Bilder verweisen. (Stiegler 2006: 103)

Der Komplex von Fotografie und Gedächtnis wird dabei auch durch einen Bezug zur Geschichte konstituiert, in dem zugleich die bereits erwähnte Todesthematik eingeschrieben ist – eine These, die etwa vier der bekanntesten jüngeren Medientheorien der Fotografie bestätigen, d. h. diejenigen von Vilém Flusser, Siegfried Kracauer, Roland Barthes und Susan Sontag. Zusammengefasst ergeben sich folgende Bestimmungen: Die Fotografie stellt, nach Flusser, eine Zäsur der Geschichte dar, die mit ihr in eine neue Phase eintritt, und Fotografie sei hierbei „ein Bild, welches die Geschichte festhält, ihr Vorgehen staut, und dadurch erlaubt, sie abrufbar und widerrufbar zum machen" (Flusser 1989: 13). Gleichzeitig ist sie (nach Kracauer) „ein Zeichen der Todesfurcht": „Die Erinnerung an den Tod, der in jedem Gedächtnisbild mitgedacht ist, möchten die Fotografien durch ihre Häufung verbannen" (Kracauer 1973: 109). Der Tod ist, mit Barthes gesprochen, in jeder Fotografie als „unabweisbares Zeichen" enthalten: „Jeder Akt der Lektüre eines Fotos [...], jeder Akt des Einfangens und Lesens eines Fotos ist implizit und in verdrängter Form ein Kontakt mit dem, was nicht mehr ist, das heißt mit dem Tod" (Barthes 1985: 108, 83). Daher muss jede Fotografie, wie Susan Sontag schreibt, als eine Art *memento mori* gelten: „Fotografieren bedeutet teilnehmen an der Sterblichkeit, Verletzlichkeit und Wandelbarkeit anderer Menschen (oder Dinge). Eben dadurch, dass sie einen Moment herausgreifen und erstarren lassen, bezeugen alle Fotografien das unerbittliche Verfließen der Zeit" (Sontag 1978: 21).

▶ **Susan Sontag** (1933–2004) US-amerikanische Autorin, die sich insbesondere in ihrem essayistischen Werk mit den Phänomenen der Gegenwart intensiv auseinander setzt – vor allem auch mit dem Medium der Fotografie. Dabei stehen für Sontag die Bezugnahmen und wechselseitigen Abhängigkeiten zu sozialen Gefügen im Zentrum ihrer Überlegungen, gerade was die so genannte ‚Bilderflut' und deren Auswirkungen auf das menschliche Miteinander bedeutet. Hervorgehoben werden kann auch ihr filmisches Schaffen als Regisseurin und Verfasserin von Drehbüchern. Wichtige Werke: *Against Interpretation* (1966); *On Photography* (1977); *Illness as Metaphor* (1978); *Regarding the Pain of Others* (2003).

4.3.3 Intermediale Lektüre 1

Im lyrischen Werk von Thomas Kling finden sich zahlreiche Belegstellen, die den skizzierten Komplex von Fotografie und Erinnerung für eine intermediale Literatur einsichtig machen. Wenn sich bei Kling „Prozesse des Erinnerns" (Korte 2004: 127) als sprachliche Prozesse entfalten, wenn Sprache zum Erinnerungsraum wird und nicht länger nur als Aufschreibmedium dient, gilt die Wahrnehmung des lyrischen

4.3 Medien *und* Literatur

Ichs aus der Gegenwart den Erinnerungsspuren der Vergangenheit (vgl. Leeder 2005), sind diese häufig an das Medium der Fotografie angebunden. Klings Umgang mit historischen Fundstücken, der ins Auge fällt (vgl. Winkels 2005: 30), betrifft gerade die Geschichte, die sich für ihn an einzelnen Gegenständen (vor allem an Fotografien) konkretisiert und detailgenau in den Blick genommen wird – Hubert Winkels spricht von einer „sich verpuppenden Ikone der Transmedialität" (ebd.: 64). Gleichzeitig ist dieser Blick „nicht der eines distanzierten, forschenden Historikers, sondern der eines aufs höchste verwunderten, vom aufgefundenen Gegenstand magisch angezogenen Sprechers" (Korte 2004: 130). Das heißt: „Klings Interesse an Geschichte ist der Enthusiasmus am recherchierten Material, dem er eine Stimme gibt" und das mediale Fundstück, an dem Erinnerung anhaftet und das diese sowohl bewahrt wie transformiert, ist mithin ein „Wahrnehmungsmedium" schlechthin (und nicht allein eine historische Quelle) (ebd.). Dies kann zunächst mit einem Beispiel aus dem bereits erwähnten Gedichtband *brennstabm* verdeutlicht werden.

Dort finden sich unter dem Titel *Aufnahme Mai 1914* sechs Schiffsfotografien (vgl. Kling 1994: 124, 126, 128, 132 f.), die eine andere, nicht im genanntem Band enthaltene Fotografie kommentieren: eine Aufnahme, die Georg Trakl im Mai 1914 zeigt (vgl. Weichselbaum 1994: 162–164): Trakl sitzt dem Fotografen direkt gegenüber, hat die Hände gefaltet und seine Arme auf die Lehnen eines Sessels gestützt, wobei Körperhaltung und Gesichtsausdruck „merkwürdig starr und abwesend" (Korte 2004: 130) erscheinen. Kling versieht dieses fotografische Vorbild mit impulsiven Zuschreibungen, die dem fotografischen Heranzoomen respektive Nah- und Detailfotografien gleichen; diese lauten ewta „der sizzta cool/+ is am plazzn" oder „gefaltet, beherrscht; di beherrschtn hände" oder „gefaltet. in leicht vorgebeugter spannun" oder „was für ringe unter befallenen augn" (Kling 1994: 121, 123, 125, 127). Kling, der, wie er selbst sagt, ein Bild- und Wortuntersucher ist (vgl. Kling 2001: 89 f.), zeigt hier, wie sehr seine poetische Arbeit vom Interesse an Fragen visueller Repräsentation, Wahrnehmung und Medialität geprägt ist (vgl. Duttlinger 2005: 103). Sein Dichten hat er mit der Tätigkeit eines „Restaurators" verglichen, „der verschiedene Beleuchtungsverfahren bereitstellt, um die übereinanderliegenden Malgründe auseinanderzudividieren", und außerdem einen Prozess der „Doppelbelichtung" genannt (Kling 2001: 223, 216). In diesem Zusammenhang ist bei Kling insbesondere von der Lust daran die Rede, „mit Rückblenden, Vorblenden, Loops und Zooms zu arbeiten", von der Lust „am Einsatz von Effektgeräten und Schneidetischen", also von explizit medialen Verfahrens- und Bearbeitungsweisen. Daraus lässt sich schließen, wie sehr „photography becomes a metaphor for the complex processes of perception and composition which underlie Kling's work" (ebd.: 216, 107). Seine „Sprachpolaroids" (ebd.: 216) bzw. „the perspective of the camera allows Kling to present his subject-matter from unusual, at times disorienting, angles and perspectives and to explore the historical layers contained within language as material" (Duttlinger 2005: 104).

So ließen sich die Bildkommentare von *Aufnahme Mai 1914* als Indiz für eine Erfahrung lesen, die sich mit Rosalind Krauss als *diskursiven Raum der Fotografie* beschrieben findet:

> Der ästhetische Diskurs, der sich im neunzehnten Jahrhundert entwickelte, organisierte sich in zunehmenden Maße um das, was man den Ausstellungsraum nennen kann. Ob öffentliches Museum, offizieller Salon, Weltausstellung oder private Sammlung, der Ausstellungsraum wurde durch die kontinuierliche Oberfläche der Wand konstituiert – einer Wand, die in zunehmendem Maße allein für die Darbietung von Kunst strukturiert war. [...] Die Wand kann daher als etwas angesehen werden, das selbst zu einer Repräsentation wird von dem, was man Ausstellbarkeit nennen kann [...]. (Krauss 1998: 41 f.)

Hier wird explizit deutlich, dass der dokumentarischen Komponente der Fotografie eine ästhetische Komponente an die Seite gestellt wird, die für eine Beschreibung der medialen Implikationen von Klings Schreibprojekt von Bedeutung ist. Will man dies medienkulturwissenschaftlich näher bestimmen, fällt auf, dass Kling die wohlgemerkt nicht abgebildete, *unsichtbare* Fotografie Georg Trakls, der bekanntermaßen am Krieg regelrecht zerbrechen wird (vgl. Korte 2004: 130), nicht nur in Verbindung mit Bildern militärischer Kriegs-Operationen bringt, sondern die Anmutung eines Fotografie-Katalogs, eines Bild-*Atlas* à la Aby Warburg konstituiert – im Übrigen auch in schreibtechnischer Hinsicht: „While Trakl's individual case is thus set against the backdrop of a wider, collective catastrophe, the arrangement of texts and images also points to the discrepancies between personal experience and historical accounts, between ‚close-ups' of individual fates and panoramic ‚longshots' of military operations" (Duttlinger 2005: 107).

Die Kriegs-Fotografien, die *unsichtbare* Trakl-Fotografie und die Kling'schen Vers-Kommentare dienen als *Wand* eines intermedialen Ausstellungsraumes. Kling tritt dadurch als Autor auf, für den das Interesse an der medialen Struktur und medialen Sprache der aufgefundenen Vergangenheits- respektive Gedächtnis-Spuren im Mittelpunkt steht (vgl. Korte 2000: 103), das „die Richtung und den Fortgang der lyrischen Arbeit steuert und so die Tektonik des gesamten Erinnerungs- und Sprachraums" (Korte 2004: 131); er übernimmt als Dichter die Funktion eines Fotografen, der *Geschichte* im kleinen Detail und großen Panorama darbietet, was an einen Vergleich Benjamins erinnert:

> Die Überlieferung der bürgerlichen Gesellschaft läßt sich mit einer Kamera vergleichen. Der bürgerliche Gelehrte schaut hinein wie der Laie tut, der sich an den bunten Bildern im Sucher erfreut. Der materialistische Dialektiker operiert mit ihr. Seine

4.3 Medien *und* Literatur

Sache ist, festzustellen. Er mag einen größeren oder kleineren Ausschnitt aufsuchen, eine grellere politische oder eine gedämpftere geschichtliche Belichtung wählen – am Ende läßt er den Schnappverschluß spielen und drückt ab. (Benjamin 1974: 1165)

Klings Zyklus *Der Erste Weltkrieg* gibt weitere Hinweise, wie sich dieser an historischem Material, an Bild- und Textmedien, im Wesentlichen an Fotografien poetisch „abarbeitet" (Korte 2004: 131). Auf diese Weise wird ein Perspektivenwechsel zur Gegenwart aufrufbar, der die Brücke schlägt etwa zur telemedialen Kriegsberichterstattung und zugleich auf die Medialität des historischen Spurenmaterials zurückführt. An anderer Stelle ist von ‚spritzenden brocken' der Erinnerung die Rede, die – ausgehend vom fotografischen Ursprung – im Gedicht aktiviert werden und eine Art mnemotisches Trauma im Warburgischen Verständnis hervorrufen.

Auf der die Erinnerung speichernde Foto-*Platte* des Gedächtnisses wurde gleichsam im Gedicht ein Bild *belichtet*, das als Medium die fortdauernde und endlose Wiederholungsschlaufe traumatischer Memoria symbolisiert – so genannte *Fotos aus dem Felde* wurden schließlich während und nach dem Ersten Weltkrieg, in dem zum ersten Mal Fotografie als Propaganda-Mittel eingesetzt worden ist (vgl. Hüppauf 1994), denn auch als Erinnerungszeichen aufbewahrt. Entsprechende intermediale Verse stehen programmatisch für die imaginative Arbeit des Gedicht-*Sprechers*, wenn er Nachrichten wie eben Fotografien studiert und deren Herstellungsprozess rekonstruiert; dass diese Tätigkeit Erinnerungsarbeit ist, gelangt im Mnemosyne-Motiv zur vollen Kenntlichkeit. Es handelt sich dann um fragwürdig gewordene, *gepixelte* Erinnerungen, die museal aufbewahrt zu werden scheinen, um disparate, memorale Archivarbeit.

An Passagen aus Klings bereits erwähnten Band *geschmacksverstärker* (1989) kann sich ferner nochnals kurz zeigen, wie hier mediale Verfahren als poetische Schreib*weisen* eingesetzt werden können, um Erinnerungsarbeit zum Vorschein zu bringen, die den Authentizitätsanspruch von Gegenwärtigkeit verbürgt. Solche Verfahren des Medialisierens sind insbesondere dort zu finden, wo Klings lyrischer Sprecher die Referentialität dessen, wie er lyrisch spricht, mit Medien bzw. expliziter: mit fotografischen Effekten benennt, kurzschließt. Dies geschieht auf dem Weg der unmittelbaren Beschreibung von fotografisch *eingefangener* Augenblicklichkeit – als, wie es bei Kling heißt, „deutschsprachige polaroiz" (Kling 1989: 107). Kling demonstriert eine fotografische Sicht*weise* von vergangenem Erlebten im lyrischen *Sprechen*, indem er einerseits direkte Rede, andererseits Elippsen und Partizipien verwendet und dabei konsequent den Vergleich mit Referenzmedien sucht. Klings lyrischer Sprecher *fotografiert* derart schreibend und dann auch aussprechend das, was er sieht, was er *fotografierend* wahrnimmt; jener nähert sich den wahrgenommenen Erscheinungen *wie* Medien, weil dadurch die Wahrnehmung dessen, was er durch diese schildert als etwas erscheint, was immer wieder – rückblickend, erinnernd – generiert werden muss. Interessant ist, dass er durch diese Technik die Erinnerung regelrecht durchleuchtet, und zwar buchstäblich im Sinne von fotografischer Durchleuchtung. Dieser artikulierten, medial versuchten und sprachlich inszenierten Annäherung an die Wirklichkeit von Dingen und Menschen entspricht auf verfahrenstechnischer Ebene das fotografische Spiel mit Licht, Belichtung und Abbildung, was immer auch auf die Unwirklichkeit des Belichteten und Abgebildeten hinweist; es wird also zugleich der medial verbürgte Anspruch auf Referentialität unterlaufen und aufrechterhalten; es bleibt die unsichere Referenz an etwas Da-Gewesenes; die Bilder, die auf mehrfache Weise in den Text eingelassen sind (bild-haft wie bild-technisch), erzeugen einen *durch* Medien motivierten, sprachlichen Polaroid-Effekt.

4.3.4 Intermediale Lektüre 2

Für Durs Grünbein, den *poeta doctus* (vgl. Barner 1981) der deutschen Gegenwartslyrik, ist das Spannungsverhältnis von Erinnerung und Vergessen ebenfalls ein mediales Problem des individuellen wie kollektiven Gedächtnisse. Hier erscheint Dichtung als „Erfahrungskunst", die es „nicht nur mit individueller, sondern auch mit kollektiver Erfahrung, nicht nur mit biografischer, sondern auch mit kultureller Erinnerung zu tun hat" (Essen 2007: 82). Gleichzeitig, und gerade das hat Grünbein mit Kling gemeinsam, profiliert erstgenannter seine Überlegungen zum individuellen wie auch zum kollektiven Gedächtnis vor dem Hintergrund des allgemeinen Vergessens. Anders gesagt: Erinnerung und Vergessen vollziehen sich bei Grünbein als eine Art Trümmer-Arbeit, als „Durchstöberung" zurück gebliebener Gedächtnis-„Brocken", die ihm nirgends deutlicher Kontur gewinnen als im zerstörten Dresden:

> Hier am nördlichen Stadtrand hatte man seine Trümmer zu einem riesigen Tafelberg aufgetürmt, die gestürzten Kirchenportale über die leeren Balkone, die Emporen zerbombter Theater über Rümpfe brandgeschwärzter Statuen. Und als hätte der glorreiche Schutt alles spätere nach sich gezogen, war seither sämtlicher Müll aus den Wohnhäusern hierher geschafft worden, abgelagert auf dem Ruinenkehrricht einer untergegangenen Stadt. (Grünbein 1996: 38 f.)

Unter den Schichten lange aufgetürmten urbanen *Mülls* kann Grünbein „erstmals die Geschichte mit Händen greifen" (Braun 2006: 80), darunter Fotografien längst Verstorbener, „Massen zersplitterter Bilder" (Grünbein 1994: 15). Grünbeins Texte changieren zwischen der visuellen Wahrnehmung des lyrischen Ichs und deren sprachlicher Erzeugung, konzentrieren sich in einer solchen Lektüre auf die Unentscheidbarkeit eines Vexierbildes. Mit dem Blick des lyrischen Ichs realisiert sich zugleich ein Blick auf den Text, der nicht nur auf mediale Überlieferung rekurriert, sondern selbst als solche fungiert. „Die Texte werden zu einem Stimmen-Ensemble, komponiert aus Wahrnehmungsresten, Anspielungen, Reflexions-, Bild- und Erinnerungssequenzen, die einander überlagern und in Endlosschleifen wiederkehren" (Korte 2004: 112), zu einem Ineinander von Vergangenheit, Gegenwart und Zukunft, eine, wie Grünbein sagen würde, „Omnitemporalität" (Grünbein 2001: 18), die wiederum Dresden *phantomhaft* versinnbildlicht: Einst ist die Stadt ihm ein „Ort, gemästet mit Erinnerung" (Grünbein 1991: 112), dann „sind es die Zeitformen, unmerklich, die sich [dort] als erste verwirren. Plusquamperfekt und Futur schieben sich verkehrt ineinander, mit dem Präsens gleitet die Gegenwart an restaurierten Fassaden ab" (Grünbein 1996: 150). Grünbein erweitert den Gedächtnisort Dresden zum poetischen Gedächtnisraum.

Wenn auch bei Grünbein der Komplex von Fotografie und Erinnerung nicht derart explizit auf den Punkt gebracht wird wie bei Kling, so findet sich in seinen Gedichten dennoch ein Modell der mnemotischen Vernetzung, das die mediale Rückbindung an ein vergangenes Ganzes problematisiert, indem es seinen erinnerungstheoretischen Gehalt aus der Zirkulation memoraler Medien gewinnt, wobei die Möglichkeit einer mythisch-zeitenthobenen Verbindung zum Vergangenen nie ganz abreißt. Begrifflich fassbar wird diese Beobachtung, die sich mit Grünbein wiederum als „Wachstum der Archive" bezeichnen lässt, in der Figur der Überlieferung:

> Niemals zuvor hat die Menschheit so viel Kraft aufgewendet in ihren Institutionen, das Erinnern festzuhalten. Das sind alles Warnsignale vor dem endgültigen Abschied. Die Archive wachsen im Maß ihrer Unbeherrschbarkeit. Je weniger sich die Menschheit im jeweiligen einzelnen Agenten tatsächlich noch erinnert, desto gewaltiger wird das Archiv, das sie anlegt und durch das wir uns auch schon nicht mehr hindurchfinden. Wir dürfen jubeln über das Wachstum der Archive und klagen über den Verlust der Erinnerung in jedem einzelnen. Wir müssen uns keine Sorgen machen über das Überlieferte, aber alle Sorgen machen über die Verankerung des Überlieferten in jedem einzelnen. (Frühwald und Grünbein 2003: 297)

Mit dem Terminus ‚Archiv' bezeichnet Grünbein ein auf dem Prüfstand stehendes Verfahren des Spurenerhalts aus den Relikten des Vergangenen. Ziel dieser Archivierung bleibt die momenthafte symbolische *Aufbewahrung*, der es gelingt, die Reste des Vergänglichen als Zeichen von etwas Unvergänglichem zu verstehen. Die Kraft dieser Aufbewahrung komplettiert die Lücken, die die einzelnen Spuren erzeugen. Es handelt sich um „sensible Wurzeln", um eine „Verästelung" (Grünbein 1995: 21 f.), die die Überbrückung des lückenhaft Erinnerten realisieren. Im Zyklus *Die Leeren Zeichen*, der im Band *Von der üblen Seite* (1994) abgedruckt ist, denkt der lyrische Sprecher entsprechend darüber nach, wen Vergangenheit „hintergeht": „ein *slang*/Aus Anekdotem, Interieurs […]"; geschildert wird eine Erinnerungs-Szene, bei der die „Luft" „günstig für Vergeblichkeit" war – zurück bleibt tatsächlich eine Lücke (Grünbein 1994: 151–153).

Der Versuch des Sprechers, gleichwohl die Geschichte zu rekonstruieren, konstruiert das Vergangene am Leitfaden eines naturwissenschaftlichen Wissens, das Grünbein bereits auch an Georg Büchner fasziniert. „Unter der Schrift arbeitet der Nerv", schreibt Grünbein, „hinter dem Mienenspiel walten die Affekte, und nur dort, im Körper der umhergestoßenen, andere umherstoßenden Protagonisten, lassem sich die Antriebskräfte lokalosieren, nach denen Geschichte und Geschichten plausibel erscheinen" (Grünbein 1995: 16). Die „Nervenbahnen" (Grünbein 1994: 154) des *natürlichen* Gedächtnisses sind bei Grünbein zerschnitten. Kontakt zum Memorierten kann ebenfalls nur noch mehr *wie* mit Medien erzeugt werden. Die Rede ist mithin von „Sprache", die „sich an Knochen bricht wie Echolot" (ebd.: 155). Die Szene, die sich auf einem „Polizeirevier" entfaltet, konfrontiert die Rückbesinnung an das Vorgefallene dabei mit entgegen gesetzten Zeugnissen der Mediengeschichte: „ein Akten-Trakt", „Schreibmaschinen", „Stichelnde Bilder aus der Stummfilmzeit" (ebd.: 158 f.). Nimmt man die lyrische Inszenierung als Ganzes in den Blick, so handelt es sich um die Verhandlung der Disparität von Memorial-Arbeit, deren Grund in der Erscheinung *als* Medium angelegt zu sein scheint. Schließlich präsentiert der Sprecher selbst die Reflexion einer solchen Deutung, die in Spannung tritt mit dem zuvor Geschilderten:

> Das reine Abbild ist ein Bild-im-Bild
> Durch eine Hintertür gesehn, Kopie
> Nach einem Plan, genannt *Die Wirklichkeit*.
> Im Schnittpunkt idealer Linien leblos
> Gehört hier jedes Ding an seinen Platz,
> Beherrscht von Spiegeln, die sich selbst
> Streng tautologisch *widerspiegeln* …
> Ein Nichts für alles, hohles Theorem.
> Nach einer Stunde war ich voll im Bild. (Ebd.: 163)

Die Reflexion, die mit einer medientheoretischen Bestimmung beginnt („das reine Abbild ist ein Bild-im-Bild"), legt nahe, dass es unabhängig von Erinnerung als Nach-Erleben, als *Kopie* gar keine Wirklichkeit geben könne. Es entsteht der Eindruck, als ob der Zugang zur Vergangenheit nur eine unendliche Schleife bedeutet, ein In-den-Spiegel-Blicken und Nur-Spiegel-Sehen – eine Illusion. Dieser illusionsbildende Akt erfährt durch die medialen Verweise eine Aufladung. Die Medientechniken, die dem Text eingeschrieben sind, umrahmen dessen Thema und lassen jenes als mediengeschichtliches erscheinen, wodurch die Reflexion eine zusätzliche Richtung erfährt. Die „Linien" der „*Wirklichkeit*" konfrontieren mit der In-Frage-Stellung derselben, mit dem Hinweis auf eine Täuschungsleistung, die sich als ästhetisches Äquivalent zum oben genannten naturwissenschaftlichen Korrelat liest: Es entsteht ein ästhetische Kalkül. In einer vergleichbarten Weise wie Thomas Kling setzt Grünbein somit auf medialer und poetischer Ebene Mittel ein, die memorial konnotiert sind.

Die disparaten, medialen Facetten, die sowohl Thomas Kling als auch Durs Grünbein in ihrer Lyrik mit dem Topos der Erinnerung miteinander vernetzen, folgen dabei insgesamt dem Prinzip des Foto-*Atlas* (Kling) bzw. des Trümmer-*Archivs* (Grünbein). Dabei runden sich ihre intermedialen poetischen Werke nur bedingt zu einem symbolischen Ganzen, aber die einzelnen Themen und ihre Vernetzung untereinander oszillieren zwischen allegorischer Verschiebung und symbolischer Verdichtung. Folgt man der zentralen poetologischen Metapher des Fotografierens, ergibt sich gleichsam eine Vielzahl von belichteten Abzügen dieser Erinnerung in einem Foto-*Album* der Geschichte, die nichts anderes als deren eigene strukturelle Unabschließbarkeit vorführen. Thematisch wird diese Dichtung für eine Erinnerungspoetik im Zeichen der Fotografie also dort, wo die Faszination für die medialen Korrespondenzen zwischen den Zeiten und den Dingen den Anschein erweckt, die rationale Bemächtigung der Vergangenheit könne allein dadurch außer Kraft gesetzt werden, dass ein lyrisches Ich seinen Blick auf die instrumentelle Zurichtung des Vergangenen richtet. Dadurch lösen Kling und Grünbein die Dinge aus ihrer historischen Verschüttung und fördern das Verdrängte und Vergessene zu Tage, um dieses zugleich – gewissermaßen *grobkörnig* – in Frage zu stellen. Die zeitliche Verschränkung organisiert sich über die Verschränkung von Literatur *und* Fotografie. Dieser Gestus der Intermedialität fordert allerdings eine Beschriftung, „welche die Fotografie der Literarisierung aller Lebensverhältnisse einbegreift, und ohne die alle fotografische Konstruktion im Ungefähren stecken bleiben muß" (Benjamin 1977: 64).

4.4 Medien *und* Kunst

Gotthold Ephraim Lessings Schrift *Laokoon oder über die Grenzen der Mahlerey und Poesie* (1766) schildert eindrücklich einen Wettstreit der Künste – den Paragone –, dessen Funktion in der Betonung der jeweiligen Spezifik der Künste und ihrer Medien liegt. Die Perspektive der Intermedialitätsforschung ist allerdings nicht allein auf die Trennlinien zwischen den Künsten gerichtet, sondern oft auf die Phänomene ihrer gegenseitigen Vermischung und Simulation. In den folgenden Abschnitten soll eben jene Perspektive eingenommen werden, um Remediatisierungstendenzen in ausgewählten Beispielen aufzudecken. Dies geschieht anhand kursorischer „Studien an den Grenzen der Künste und Medien" (Keazor et al. 2011) zum Verhältnis von Malerei und Fotografie sowie von Film und Theater.

4.4.1 Malerei und Fotografie

Mimetische Malerei, Illusionsmalerei, Realismus, Neuer Realismus, Radikaler Realismus, Fotorealismus, Super-Realismus, Ultra-Realismus, Hyper-Realismus, Naturalismus – innerhalb dieser Traditionslinie, entnommen aus der kompetitiven Interrelation von Malerei und Fotografie, lassen sich intermediale Verfahren identifizieren, deren vorrangige Funktion es zu sein scheint, die physikalischen Eigenschaften der Realität – Spiegelungen, Licht, Schatten, Stein, Metall, Glanz, Haut, Wasser, Holz – so realistisch bzw. objektiv wie möglich abzubilden. Als vorbildlicher Künstler eines solchen Realismus gilt Michelangelo Merisi da Caravaggio, dessen Werke sich durch ihre perspektivische Komposition und ihre besondere Materialität auszeichnen. Exemplarisch kann das Gemälde *Der ungläubige Thomas* (1603) genannt werden, das die Betrachtenden nicht nur durch dessen räumliche Komposition miteinbezieht, sondern auch aufgrund der realistischen Darstellung der ikonischen Seitenwunde Christi, in die der zweifelnde Apostel seinen Finger zu legen versucht. Man hat geradezu den Eindruck, als könne man selbst die offene Wunde fühlen.

Während in der Malerei der Malstil von Künstler:innen ein zentrales Element der Bewertung von Kunstfertigkeit ist, tritt dieses Element bei der Fotografie in den Hintergrund. Als einer von deren Vorteilen gegenüber der Malerei gilt die optisch-technologisch Möglichkeit, Wirklichkeit realistisch abzubilden, indem sie, mit Roland Barthes gesprochen, „das Wirkliche in seinem unerschöpflichen Ausdruck" (Barthes 1985: 12) reproduziert. Der Stil des Fotorealismus kann schließlich als eine Reaktion der Malerei auf die Fotografie verstanden werden. Derart aufgefasst als ein Medium der Wiedergabe von Realität beansprucht die Fotografie Authentizität und Glaubwürdigkeit, weshalb auch fotorealistische Bilder authentisch und glaubwürdig wirken (können).

Es muss allerdings darauf hingewiesen werden, dass das *eigentliche* Subjekt des Fotorealismus die Fotografie ist, nicht die Wirklichkeit – so steht im Zentrum dieser Medienreflexion die Imitation fotografischer Qualität „mit den der Malerei ei-

4.4 Medien *und* Kunst

genen Instrumenten und Mitteln," ohne dabei auf „Elemente und Strukturen der Fotografie" zurückzugreifen (Rajewsky 2008: 52). Dieses reflexive Moment wird vor allem darin deutlich, dass fotorealistische Bilder die Störungen der fotografischen Vorlage – wie etwa Kratzer, Farbverzerrungen, Abschürfungen oder Risse – in das Abbild überträgt. Schaut man sich zudem Bilder wie *Pontiac with Tree Trunc* (1973) und *Pioneer Pontiac* (1972/73) von John Salt, *Shiva Blue* (1972/73) von Audrey Flack, *Meeting* (2012) von Roberto Bernardi oder *All Floor* (1969) von Sylvia Mangold an, fällt auf, dass hier die Materialität der dargestellten Gegenstände, die physikalischen Eigenschaften der abgebildeten Realität in den Vordergrund drängen.

4.4.2 Film und Theater

Live-Übertragungen oder Verfilmungen von Theaterstücken sind seit der Frühzeit des Films und Fernsehens bekannt und sowohl aus den Kinos als auch den Wohnzimmern nicht mehr wegzudenken – verwiesen sei auf Baz Lurmanns *William Shakespeares Romeo + Julia* (1996), auf Kenneth Branaghs *Hamlet* (1996) oder auf die Übertragungen des Ohnsorg-Theaters. Intermediale Verfahren zwischen Theater und Film lassen sich vor allem dann ausmachen, wenn das Theaterstück nicht ‚einfach' abgefilmt wird, sondern wenn Kamera und Montage als Kernelemente des Filmischen dieses Medium als eine spezifische Aufführung inszenieren, wodurch – im Gegensatz zu einer Theateraufführung – der Blick der Rezipierenden durch die Kamera gelenkt und die Zuschauenden gleichsam mitten in das Geschehen auf der Bühne transportiert werden. Dieses intermediale Verhältnis wird beispielsweise in den *filmischen Theaterstücken* bzw. *theatralischen Filmen* (vgl. Kurpanek 2009: o. S.) *Dogville* (DK 2003) und *Manderley* (DK 2004) des dänischen Regisseurs Lars von Trier auf eine besondere Art und Weise thematisiert und reflektiert. Während von Trier die Handlung in *Manderley* auf einer weißen Bühne mit schwarzen Kreidestrichen inszeniert, kehrt er bei *Dogville* diese Farbgebung um und nutzt eine schwarze Bühne mit weißen Kreidestrichen, um die Diegese (Gebäude, Straße, Grünflächen usw.) mit wenigen zusätzlichen Requisiten zu inszenieren (Abb. 4.8).

Laut Carsten Kurpanek sind beide Filme, aber insbesondere *Dogville*, als „literatur-, theater- und filmhistorische Hybride" (ebd.) anzusehen, die durch die *Mise en Scène*, den Einsatz einer Erzählerstimme, eine Geräuschkulisse aus dem Off, das Schauspiel sowie die Interaktion zwischen den Figuren fehlende Requisiten, Wände, Türen und selbst den Dorfhund in der Imagination der Rezipierenden evozieren (vgl. Rajewsky 2008: 52). Unter Verwendung dieser Elemente deutet Dog-

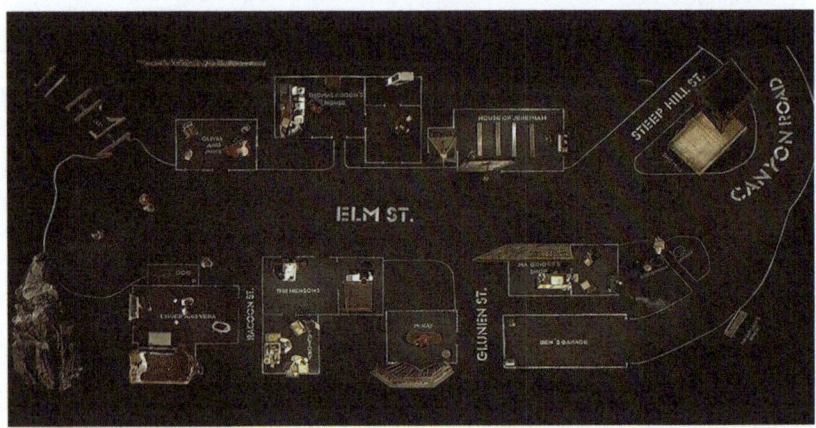

Abb. 4.8 Die Eröffnungseinstellung von *Dogville* (DK 2003) (Amazon Prime, Concorde Filmverleih) zeigt das Bühnensetting des Theater/Film-Hybriden. (Quelle: Dogville)

ville seine „verschiedensten Ursprünge" an und „erwartet vom Zuschauer, dass dieser die konstitutive Leistung aus seiner Erfahrung als Rezipient heraus selbst erbringt" (Kurpanek 2009: o. S.). Von Trier mischt in diesen beiden Filmen eigensinnig Elemente des Filmischen und des Theatralen, indem er zwar deutlich darauf verweist, dass es sich um eine Theaterkulisse handelt, jedoch nicht aus dem Theaterzuschauerraum heraus filmt, sondern von Innen:

> Der Einsatz der Handkamera, wechselnde Einstellungsgrößen und -Perspektiven fragmentieren den Bühnenraum und konstituieren so einen filmischen Raum. Um die Illusion einer ‚echten' Welt entstehen zu lassen, verlässt sich von Trier auch auf audio-visuelle ‚Klischees' des Kinos. Wenn der Erzähler zum Beispiel von einer stürmischen, regnerischen Nacht erzählt, so ergänzen Regen- und Windgeräusche aus dem Off das bisher unvollständige Bild. In Momenten wie diesen mutiert DOGVILLE tatsächlich zu einem Film. (Ebd.)

4.5 Medien *und* Design

Der Begriff der ‚Medienkultur' verweist durch den darin enthaltenen Begriff der ‚Kultur' auf eine Prozessperspektive des Menschen (vgl. Scheler 1995), der hierdurch als zwecksetzendes und handelndes Wesen in einer anthropologischen Perspektive gekennzeichnet wird. Die Handlung des Menschen (vgl. Gehlen 2004)

4.5 Medien *und* Design

lässt sich zunächst als Strukturprinzip der Problemerkennung und Problemlösung auffassen, wobei auf einer grundsätzlichen Ebene die Gestaltung von Werkzeugen oder Funktions-Objekten zu nennen ist, deren Entwicklung sich historisch stets in Abhängigkeit von verfügbaren Materialien der jeweiligen Lebenswelt ereignet hat (Steinkeil der Steinzeit, Bronzepfeile der Bronzezeit, Stahlherstellung der Industrialisierung etc.). Mit der zunehmenden kulturellen Transformation der Lebenswelt, vornehmlich durch die Etablierung der Wissenschaften und Akademien in der Renaissance, verlagerte sich dasjenige, was in diesem Kontext ‚Design' genannt wird, von den Bezügen rein materieller handwerklicher Vorgaben und Funktionserfüllungen von Objekten hin zu den gedanklich-reflexiven Abstraktionen in Entwürfen und Skizzen (vgl. Mareis 2014). Mit dem Begriff des ‚disegno' (= Entwurf oder Skizze) wurde dem gestalterischen Ausdruck eine zentrale mediale Eigenständigkeit verliehen – in starkem Kontrast zu den anonymen Handwerksleistungen des Mittelalters – und es entstand der Typus des *selbstständigen Gestalters*, zeitgleich mit der Etablierung einer eigenständigen Kultur der Gestaltung. Ein Effekt dieser Dynamik bestand beispielsweise darin, dass Werke nun auch an prominent einsehbaren Bereichen signiert wurden, um explizit auf die individuelle Autorschaft zu verweisen.

Die kulturgeschichtliche Funktion der Gestaltung ereignete sich in sehr ausgeprägtem Maß im Kontext der Herstellung und Verwendung von Medien, so dass Medien gleichzeitig einen zentralen Effekt gestalterischer Leistung(en) zum Ausdruck bringen wie auch den spezifischen Transport von Kommunikaten oder konkreten Botschaften markieren (vgl. Friedman 2002). Die Design-Felder, die oftmals nicht trennscharf mit der freien Kunst oder Architektur in Beziehung stehen, sind demnach gleichzeitig mediale Übergangsfelder, wobei sich kulturgeschichtlich bedeutsam die unterschiedlichen Transfers von sprachlicher in typografische Kommunikation (Tontafeln, Schriftrollen, Folianten, Druckerzeugnisse, Bücher, Comics, Magazine, Zeitungen etc.), von visueller Wahrnehmung in bildhafte Repräsentation (Schraffuren, Ornamente, Skizzen, Illustrationen, Druckverfahren, Gemälde, Panoramen, Dias, Fotografien, Film, VR, AR etc.), von räumlich-funktionaler Wahrnehmung in gestaltete Objekte (Möbel, Kleidung, Schmuck, Apparate etc.), von Problemlösungen in instrumentelle Werkzeugherstellung (Handwerksartefakte, Besteck, Behälter, Fahrzeuge etc.) oder von raumbasierenden Lösungen der Ortsgestaltung innerhalb der Architektur (Gebäude, Brücken, Skulpturen, Parkanlagen, Sportstätten etc.) differenzieren lassen.

4.5.1 Design und Wissenschaft

Design lässt sich als prozessuale Dynamik der strategischen Formgebung auffassen, die sich in allen lebensweltlichen Bereichen der Kultur zeigt. Damit sind (auch medienkulturwissenschaftlich) die theoretischen Perspektiven des Designs durchaus als äußerst heterogen zu beschreiben. Als omnipräsente Komponente der menschlichen Lebenswirklichkeit lässt sich Gestaltung als Infrastruktur oder Handlungsparadigma von Kultur kennzeichnen, was eine singuläre Theoriebestimmung erschwert:

> Der Herstellungs- und Wirkungsbereich von Design, der in diesem Zusammenhang behandelt wird, umfasst dabei keineswegs nur industriell erzeugte Konsumgüter. Vielmehr sind sämtliche artifiziellen und bisweilen auch ‚natürlichen' Artefakte, mit denen wir uns umgeben, die wir benutzen, umnutzen, aufbewahren oder entsorgen, auf die eine oder andere Weise geplant, entworfen und gestaltet – und somit potenzieller Gegenstand von Theorien des Designs. (Mareis 2014: 9 f.)

Sich um eine theoretische Bestimmung des Feldes der Gestaltung bemühend entwirft Christopher Frayling bereits 1993 eine bis heute gängige modellhafte Schematisierung über drei Ebenen, die immer wieder um weitere Akzente verändert oder angepasst worden ist (vgl. Jonas 2004; Ludvigsen 2006). Frayling differenziert „Research into art and design, Research through art and design" und abschließend „Research for art and design" (Frayling 1993: 5). Der ‚into'-Ansatz versteht sich als interdisziplinärer Bezug, indem Forschungsrichtungen außerhalb des Designs Analysen und Ergebnisse über die Strukturen innerhalb von Designprozessen generieren. Hier lassen sich kunst- und designhistorische Ansätze, ästhetische Theorien sowie wahrnehmungstheoretische, soziologische, philosophische oder kulturwissenschaftlich geprägte Disziplinen verorten. Der ‚through'-Ansatz bezieht sich auf eine Wissensproduktion durch gestalterische Handlungen, wobei den Entwurfsphasen, den unterschiedlichen Entwicklungsprozessen verschiedener Designdisziplinen (z. B. Kommunikationsdesign, Mediendesign, Illustration, Produkt- und Industriedesign etc.) und der sukzessiven Erstellung von Skizzen/Scribbels, Dummys, Modellen und Prototypen ein zentraler Stellenwert zukommt. Mit dem ‚for'-Ansatz sind dann Disziplinen gemeint, die ihrerseits eigenständige Forschungsergebnisse verfügbar machen, die allerdings direkt Einfluss nehmen auf konkrete gestalterische Umsetzungen und Konzepte. Die Informatik, Computergrafik und Technikforschung stellen beispielsweise die Grundbedingungen für ein technisches Mediendesign bereit, die Papierforschung leistet Grundlegendes für die Dynamiken der print-basierten Gestaltung im Editorial Design und die Nutzungsforschung leistet Erkenntnisse für Sicherheit, Ergonomie und Nachhaltigkeit von Ressourcen im Allgemeinen und Artefakten im Besonderen (vgl. Jonas 2004: 5).

4.5 Medien *und* Design

> **Design (Mareis 2014: 37)**
> „Mit dem Wort ‚Design' wird insgesamt ein sehr weites Handlungs- und Diskursfeld aufgespannt. Dieses umfasst vom Entwurf industrieller Massenwaren über individuell gestaltete Unikate hin zu generalistischen Planungs- und Problemlösungsverfahren ein immenses Spektrum an Diskursen, Methoden, Tätigkeiten und Artefakten."

Design als prozessuale Gestaltung aufgefasst manifestiert im ‚through'-Ansatz verschiedene Ebenen des Erkenntnisgewinns, die unterschiedliche Ausprägungen und auch Wechselwirkungen untereinander aufweisen können. In generativer und illustrativer Perspektive ist Design erzeugend, also auf einen konkreten oder intellektuellen Output ausgerichtet, der selbst durch eine mediale Handlungsstrategie oder eine kommunikative Interaktion zur Darstellung gebracht wird (die aktuellen Nachrichten in einer Tageszeitung vermitteln, eine effektive App für digitales Bezahlen entwickeln, eine Awareness-Kampagne zur ökologischen Nachhaltigkeit umsetzen etc.). Da Designprozesse demnach ebenfalls Regelungszustände zum Ausdruck bringen, indem sie etwas Gegebenes durch planerische Gestaltung in eine neue und lösungsorientierte Form bringen, ist Design antizipativ. Darüber hinaus zeigt sich Gestaltung strategisch als ein Aspekt von Problemlösungsprozeduren und (kontext-)abhängig von zivilgesellschaftlichen, ökonomischen, ethischen und politischen Entwicklungen. Bei sinnvoller Nutzenorientierung sind die jeweiligen Design-Outputs auch medienkulturell in hohem Maß integrativ und werden gleichermaßen zu Elementen der Konsumkultur wie auch der globalen Informationsinfrastruktur und -ökonomie (Zeitungs- und Verlagswesen, Radio, TV, Kino und Social Media als Massenmedien, Internet als Vernetzungstechnologie, Mobile Media als hyperlokale Informationsinterfaces etc.) (vgl. Jonas 2004).

4.5.2 Design, Kunst und Funktion

Die Abgrenzung von **Kunst** und Design ist komplex, da beide Konstrukte mit dem gestalterischen Handlungsmoment in Beziehung stehen. Der gestalterische Akzent der Kunst kulminiert im Begriff des ‚Kunstwerks', als ein Artefakt mit besonderer „Aura", „Einzigkeit" und einem „Eingebettetsein in den Zusammenhang der Tradition", oftmals im Kontext einer „Ritualfunktion" (Benjamin 2010: 16, 21). Der Rezeption wird demnach oftmals ein ästhetisches Urteil zugesprochen, und zwar im Kontext eines „Kultwerts" (Arabatzis 2018: 3), wobei sich durch das Kunstwerk die „Idee der Schönheit" (ebd.) oder die Idee der „Erhabenheit" (Grabbe 2020: 96) realisieren muss (vgl. Aguado 1994).

> **Kunst (Arabatzis 2018: 1 f.)**
> „Kunst ist also alles, was nicht ‚von selbst' gewachsen, sondern absichtsvoll gemacht, gesetzt und poietisch hervorgebracht worden ist – wobei freilich dieses ‚von selbst' gewachsen auch nur von demjenigen gesagt werden kann, der bereits auf ein Etwas in der Welt reflektiert. Auch hier haben die Griechen die Grundworte eingeführt: neben der poiēsis auch die aisthesis (Wahrnehmung), die technē (Technik, einschließlich den körperlichen Techniken) und schließlich die hedonē (Lust). Kunst ist Technik und Kunst ist Poesie, und da sie auch rezipiert, sinnlich-sensitiv empfunden und gehört wird, ist sie auch Wahrnehmung (aisthesis) und bereitet dabei Lust (hedonē)."

Nun zeigen Design-Avantgarden ebenfalls, dass gestaltete Objekte, die jenseits eines Kultwerts und Rituals durch industrielle Vervielfältigung hergestellt werden, auch unter gewissen Bedingungen mit einem ästhetischen Urteil als schön oder erhaben kategorisiert werden können (z. B. das postmodern gestaltete Bücherregal ‚Carlton' von Ettore Sottsass, 1981). In diesen Fällen sind es Materialität und Funktionalismus, die eine besondere Grenzfunktion von Kunst und Design markieren.

Das Designobjekt ist eben nicht durch eine „innovative Singularität" (Bense 1971: 77) wie das Kunstobjekt gekennzeichnet, sondern durch einen bewusst akzentuierten, materiell-basierten und eine Vervielfältigung ermöglichenden Herstellungsprozess. Aufgrund dieser materiellen Trägerschaft ist das Designobjekt wesentlich stärker in eine definierte Umwelt – als Handlungsfeld integriert –, als es das Kunstobjekt sein kann, und verweist zudem auf das Verhältnis von Positivraum und Negativraum (der Hammer als Werkzeug indiziert das Problem, einen Nagel ohne Hammer einzuschlagen; die Zeitung als Nachrichtenorgan indiziert das Problem des Informationsmangels ohne Zeitung etc.):

> Gerade die relativ enge Umwelt- oder Umkörperbezogenheit, Anpassung und Abhängigkeit der Designobjekte hängt natürlich mit der Tatsache zusammen, daß zu ihrem (Gestaltungs- und Konstruktions-)Repertoire nicht nur (materiale) Elemente, sondern auch (mechanische) Funktionen gehören. Ihrer Koexistenz im Designobjekt werden schließlich dessen technische Funktionen verdankt, die wiederum seine Pragmatik ermöglichen. (ebd.: 78)

4.5 Medien *und* Design

Design stiftet – als historische Disziplin verstanden – je unterschiedliche Zusammenhänge von Form und Funktion, so dass Sullivans klassisches Paradigma (vgl. Sullivan 1896), dass es sich um eine Gesetzmäßigkeit handelt, wenn die Form der Funktion folgt, durch weitere Entwicklungen unterschiedliche Akzente erhält. Design orientiert sich dann zunehmend an Sachlichkeit, Zweckmäßigkeit und Nützlichkeit bis hin zur Kritik von Historismus und des Ornaments (vgl. Loos 2019), wobei die vermeintlichen gestalterischen Evidenzen des Funktionalismus durch (Re)ästhetisierungs-Praktiken und Experimente moderner Gestaltung kritisiert und herausgefordert worden sind (vgl. Mareis 2014: 64 ff.). In den Diskursen zur Funktionalismus-Kritik wird daher das Schöne als ästhetischer Wert neu kalibriert und der Funktion gegenüber als gleichwertig und ebenbürtig gekennzeichnet, vor allem etwa im Kontext der **HFG Ulm** (vgl. Bill 2010). Eine Steigerung erfährt diese Tendenz durch gestalterische Positionen der Postmoderne, die sich darum bemühen, die Zeichenhaftigkeit und deren Wirkung von Artefakten selbst herauszuarbeiten, wie es beim so genannten **Offenbacher Ansatz** der Fall ist.

HfG Ulm (Mareis 2014: 115)

„Im deutschsprachigen Raum versuchte namentlich die Hochschule für Gestaltung (HFG) Ulm semiotisch-strukturalistische Ansätze für die Designausbildung fruchtbar zu machen. Viele der bis heute gebräuchlichen semiotisch fundierten Ansätze wie die Produktsprache, Produktsemantik oder Designrhetorik haben ihre Wurzeln in der Beschäftigung der HFG Ulm mit semiotisch-strukturalistischen Ansätzen und Methoden. Neben der Semiotik wurden im Designunterricht auch Kybernetik, Informationstheorie, Kombinatorik, Topologie, Entscheidungstheorie oder Ergonomie behandelt."

Offenbacher Ansatz der Produktsprache (Kracke 2021: 13)

„Der Offenbacher Ansatz richtete den Blick vom Gegenstand auf die Mensch-Objekt-Beziehung, in der semantische und symbolische Dimensionen eine Rolle spielen. Designobjekte wurden nicht mehr nur als Funktionsträger verstanden, sondern als Informations- bzw. Bedeutungsträger. Der Offenbacher Ansatz und die dazu entwickelten Methoden einer praxisorientierten Reflexion über Design haben in der nationalen wie internationalen Designszene höchste Reputation erlangt."

Gleichzeitig liegen seit den 1960er- und 1970er-Jahren zahlreiche Ansätze vor, um das Prinzip des Funktionalismus vollständig zu überlagern, indem die symbolisch-ästhetische Formensprache die Funktion gezielt überdecken soll und hierdurch Sullivans Funktionsprinzip bewusst in ‚"form follows emotion' oder ‚form follows fun'" (Mareis 2014: 94) umgewandelt worden ist. Vor allem die letzten Jahrzehnte zeigen eine bewusste gestalterische Akzentuierung der Bedeutung von Artefakten und ihren besonderen Produktsprache, des Storytellings (vgl. Ruf 2019) oder generell der semantischen und zeichenhaften Referenz von Gestaltung, die einen direkten Einfluss nimmt auf die kulturellen Diskurse der Lebenswelt. So überrascht es nicht, das Design über die Funktion und Bedeutung von Artefakten hinaus auf die Gestaltung der technisierten Lebenswelt blickt, um durch Ansätze im *Civic Design*, *Speculative Design* oder *Universal Design* die Gestaltung als sozio-kulturelle (Medien-)Praxis und analytische (Medien-)Methodologie zu konsolidieren.

> **Zusammenfassung**
> Wie gezeigt werden konnte, ist das Verhältnis zwischen Medien und anderen Bezugsdisziplinen ein komplexes Geflecht von Verweisen, welches ganz zentral nicht nur die Rezeption von Medien, Kunstwerken oder Designobjekten prägt, sondern bereits in der Praxis der Medienkonzeption und -produktion, im Design, aber auch im Künstlerischen als konstitutiv anzusehen ist. All diesen Disziplinen ist gemeinsam, dass sie Ausdrucksformen unterschiedlicher Technologien, Apparate, Verfahren und Diskurse sind, was eine reflexive Auseinandersetzung von Theorie *und* Praxis erfordert: „Intermediales Gestalten ist also immer ein doppelter Prozess: in den Medien selbst als Transfer der Gestaltungskraft von einer Schicht zur anderen und als Mitte zwischen Produktions- und Wissenskultur." (Werner 2010: 87). Allgemeiner betrachtet bietet die Forschung zur Intermedialität und Remediatisierung die Grundlage für die Erkenntnis, wie neue Medien überhaupt entstehen können und welche Rolle die übrigen Medien innerhalb des Medienökosystems diesbezüglich spielen. So kann gezeigt werden, dass kein Medium für sich existiert, da immer ein Bezug auf andere Medien oder Künste oder Disziplinen besteht – sei es auf epistemologischer, ästhetischer, narrativer oder technologischer Ebene. Innerhalb der Medienkulturwissenschaft ist die Analyse derjenigen menschlichen Handlungen dabei eine zentrale Größe, die kulturelle Objekte und Formationen mit gesellschaftlicher und individueller Prägung hervorbringen. Es steht grundsätzlich die anthropologische Frage nach

den theoretischen und empirischen Bedingungen der Möglichkeit von Wirklichkeitskonstruktion des Menschen am Anfang, um die Beantwortung letztlich in die verschiedensten gestalterischen Felder zu überführen, seien es Kunst, Design oder Massenmedien. Zwar kennzeichnen sich Kunst und Design gleichermaßen aufgrund der Aspekte der kreativen Produktion, der ästhetischen Rezeption und auch der spezifischen Distribution, dennoch lassen epistemische Differenzierungen eine Strukturierung der gestalterischen Felder zu: Einzigkeit vs. Reproduzierbarkeit, Kulturwert vs. Tauschwert, A-Funktionalität vs. Funktionalität oder Ideen-Wert vs. Gebrauchs-Wert. Design zeigt sich generell als spezifisches Objekt, kreativer Prozess, Materialität, individuelle Rezeptionsperspektive, Funktionalität und kulturelle Bestimmungsgröße für eine anthropologische Kategorie der Handlung, womit sich die Bestimmung des Designs nur sinnvoll in interdependenter Abhängigkeit von den Dynamiken der Medienkultur realisieren lässt.

Literatur

Aguado, María Isabel Peña: *Ästhetik des Erhabenen. Burke, Kant, Adorno, Lyotard.* Wien 1994.
Arabatzis, Stavros: *Kunsttheorie. Eine ideengeschichtliche Erkundung.* Wiesbaden 2018.
Assmann, Aleida: *Erinnerungsräume. Formen und Wandlungen des kulturellen Gedächtnisses.* München ³2006.
Barner, Wilfried: „Poeta doctus. Über die Renaissance eines Dichterideals in der deutschen Literatur des 20. Jahrhunderts". In: Brummack, Jürgen et al. (Hg.): *Literaturwissenschaft und Geistesgeschichte. Festschrift für Richard Brinkmann.* Tübingen 1981, S. 725–752.
Barthes, Roland: *Die helle Kammer* [1980]. Frankfurt a.M. 1985.
Benjamin, Walter: *Das Kunstwerk im Zeitalter seiner technischen Reproduzierbarkeit* [1935]. Berlin 2010.
Bense, Max: *Zeichen und Design. Semiotische Ästhetik.* Baden-Baden 1971.
Bill, Max: „Schönheit aus Funktion und als Funktion". In: Edelmann, Klaus Thomas / Terstiege, Gerrit (Hg.): *Gestaltung denken. Grundlagentexte zu Design und Architektur.* Basel 2010, S. 29–35.
Braun, Michael: „,Barockwrack an der Elbe'. Gedächtnisorte in Durs Grünbeins Dresden-Gedichten". In: *Der Deutschunterricht* 2 (2006), S. 79–86.
Benjamin, Walter: „Kleine Geschichte der Photographie". In: Benjamin, Walter: *Das Kunstwerk im Zeitalter seiner technischen Reproduzierbarkeit. Drei Studien zur Kunstsoziologie.* Frankfurt a.M. 1977, S. 45–64.
Benjamin, Walter: *Gesammelte Schriften.* Hg. v. Rolf Tiedemann u. Hermann Schweppenhäuser. Bd. 1. Frankfurt a.M. 1974.

Brinkmann, Rolf Dieter: *Wörter Sex Schnitte. Originalaufnahmen 1973.* Erding 2005a.
Brinkmann, Rolf Dieter: *Westwärts 1&2. Gedichte. Mit Fotos und Anmerkungen des Autors.* Erweitere Neuausg. Reinbek bei Hamburg 2005b.
Brinkmann, Rolf Dieter.: *Künstliches Licht. Lyrik und Prosa.* Ditzingen 1994.
Brinkmann, Rolf Dieter: *Schnitte.* Reinbek bei Hamburg 1988.
Clüver, Claus: *Interart Studies. An Introduction.* Bloomington 1996.
Dass, Joyeeta: „How To Get VHS Effect/ Retro Filter In TikTok?". Online: https://otakukart.com/how-to-get-vhs-effect-retro-filter-in-tiktok/. Veröffentlicht: 21.04.2021.
Deleuze, Gilles: *Das Zeit-Bild. Kino 1.* Frankfurt a.M. 1991.
Dolezal, Edual: „Die Photographie und Photogrammetrie im Dienste der Denkmalpflege und das Denkmälerarchiv". In: *Internationales Archiv für Photogrammetrie* 1 (1908/09), S. 45–70.
Duttlinger, Carolin: „‚Grobkörnige Mnemosyne': Picturing the First World War in the Poetry of Thomas Kling". In: *Oxford German Studies* 1 (2005), S. 103–119.
Essen, Gesa von: „‚So viele Zeiten zur selben Zeit'. Geschichte und Gedächtnis in Grünbeis *Das erste Jahr".* In: Bremer, Kai / Lampart, Fabian/ Wesche, Jörg (Hg.): *Schreiben am Schnittpunkt. Poesie und Wissen bei Durs Grünbein.* Freiburg i.Br./Berlin/Wien 2007, S. 79–102.
Flusser, Vilém: „Im Stausee der Bilder. Fotografie und Geschichte". In: Boström, Jörg (Hg.): *Dokument und Erfindung. Fotografien aus der Bundesrepublik Deutschland. 1945 bis heute.* Berlin 1989, S. 13–17.
Flusser, Vilém: *Kommunikologie.* Mannheim 1996.
Frayling, Christopher: *Research in Art and Design.* London 1993.
Friedman, Ken: „Theory Construction in Design Research: Criteria, Approaches, and Methods". In: Shackleton, John / Durling, David (Hg.): *Common Ground. Proceedings of the 2002 Design Research Society International Conference,* 2002, 05–07 September. London 2002, S. 388–414.
Frühwald, Wolfgang / Grünbein, Durs: „‚Verlorene Liebe, Wissenschaft …' Ein Gespräch über Wissenschaft, Sprache und Dichtung in unserer Zeit". In: *Forschung & Lehre* 6 (2003), S. 294–298.
Gad, Joshua: „Branching Narratives: Black Mirror: Bandersnatch". In: *Medium,* 8. Januar 2019, https://medium.com/nyc-design/branching-narratives-black-mirror-bandersnatch-ed1b5dfde941.
Gehlen, Arnold: *Der Mensch. Seine Natur und seine Stellung in der Welt.* Wiebelsheim 2004.
Grabbe, Lars C.: „Dualistische Designästhetik. Aisthetische Herausforderung an der Schnittstelle von Wahrnehmung und Zeichenhaftigkeit". In: Ruf, Oliver / Neuhaus, Stefan (Hg.): *Designästhetik. Theorie und soziale Praxis.* Bielefeld 2020, S. 95–108.
Green, Tim et al.: „Upcoming Trends and Technologies". In: Dunlop, Renee (Hg.): *Production Pipeline Fundamentals for Film and Games.* Hoboken 2014, S. 300–312.
Grünbein, Durs: *Das erste Jahr. Berliner Aufzeichnungen.* Frankfurt a.M. 2001.
Grünbein, Durs: *Galilei vermißt Dantes Hölle und bleibt an den Maßen hängen. Aufsätze 1989–1995.* Frankfurt a.M. 1996.
Grünbein, Durs: „Den Körper zerbrechen." In: Grünbein, Durs: *Rede zur Entgegennahme des Georg-Büchner-Preises 1995. Sonderdruck.* Frankfurt a.M. 1995, S. 7–23.
Grünbein, Durs: *Von der üblen Seite. Gedichte 1985–1991.* Frankfurt a.M. 1994.
Grünbein, Durs: *Schädelbasislektion. Gedicht*e. Frankfurt a.M. 1991.

Gunkel, Katja: *Der Instagram-Effekt. Wie ikonische Kommunikation in den Social Media unsere visuelle Kultur prägt.* Bielefeld 2018.
Hartmann, Frank: „Medienphilosophische Theorien". In: Weber, Stefan (Hg.): *Theorien der Medien. Von der Kulturkritik bis zum Konstruktivismus.* Konstanz 2003, S. 294–323.
Hediger, Vinzenz: „Virtualität und Film". In: Kasprowicz, Dawid / Rieger, Stefan (Hg.): *Handbuch Virtualität.* Wiesbaden 2020, S. 1–22.
Hickethier, Knut: *Einführung in die Medienwissenschaft.* Stuttgart 2003.
Higgins, Dick: *The Poetics and Theory of the Intermedia.* Carbondale, Edwardsville 1984.
Hüppauf, Bernd: „Kriegsfotografie". In: Michalka, Wolfgang (Hg.): *Der Erste Weltkrieg. Wirkung, Wahrnehmung, Analyse.* München 1994, S. 875–909.
Jonas, Wolfgang: „Forschung durch Design". Auf: *ResearchGate.* Zugegriffen am 04.05.2021. https://www.researchgate.net/publication/235700680_Forschung_durch_Design. 2004, 1–10.
Kemp, Wolfgang (Hg.): *Theorie der Fotografie.* München 1980.
Kittler, Friedrich A.: *Aufschreibesysteme 1800 · 1900.* München ³1995.
Kling, Thomas: *Botenstoffe.* Köln 2001,
Kling, Thomas: *brennstabm.* Frankfurt a.M. 1994.
Kling, Thomas: *geschmacksverstärker.* Frankfurt a.M. 1989.
Korte, Hermann: *Zurückgekehrt in den Raum der Gedichte. Deutschsprachige Lyrik der 1990er Jahre. Mit einer Auswahlbibliographie.* Münster 2004.
Korte, Hermann: „,Bildbeil', ,Restnachrichten' und ,CNN Verdun'. Thomas Klings Erster Weltkrieg". In: *Text + Kritik* 147 (2000), S. 99–115.
Kracauer, Siegfried: *Geschichte – vor den letzten Dingen.* Frankfurt a.M. 1973.
Kracke, Bernd: „Vorwort". In: Schwer, Thilo / Vöckler, Kai (Hg.): *Der Offenbacher Ansatz. Zur Theorie der Produktsprache.* Bielefeld 2021, S. 13 f.
Krauss, Rosalind: *Das Photographische. Eine Theorie der Abstände.* München 1998.
Kristeva, Julia: „Wort, Dialog und Roman bei Bachtin". In: Ihwe, Jens (Hg.): *Literaturwissenschaft und Linguistik. Ergebnisse und Perspektiven.* Bd. 3. Königstein 1972, S. 345–375.
Kurpanek, Carsten: „Filmisches Theater, theatralischer Film? Betrachtungen zu Lars von Triers DOGVILLE". In: *Screenshot – Texte zum Film* 9 (2009). Online: https://screenshot-online.blogspot.com/2009/09/lars-von-trier-dogville.html.
Landsiedel, Timo: „Der Gamechanger. Virtual Production bei der Serie ,The Mandalorian'". In: *Film & TV Kamera* 6.2021. Online: https://www.filmundtvkamera.de/technik/der-gamechanger/.
Lebowitz, Josiah / Klug, Chris: *Interactive Storytelling for Video Games. A Player-centered Approach to Creating Memorable Characters and Stories.* London 2011.
Leeder, Karen: „,spritzende brocken: der erinnerung / versteht sich': Thomas Kling's Poetry of Memory". In: *Forum for Modern Language Studies* 2 (2005), S. 174–186.
Loos, Adolf: *Ornament und Verbrechen. Die Schriften zur Architektur und Gestaltung.* Hg. v. Oliver Ruf. Stuttgart 2019.
Ludvigsen, Martin: *Designing for Social Interaction: Physical, Co-located Social Computing*, PhD. Aarhus 2006.
Maras, Steven / Sutton, David: „Medium Specificity Re-visited". In: *Convergence* 6.2 (2000), S. 98–113.
Mareis, Claudia: *Theorien des Designs zur Einführung.* Hamburg 2014.

Müller, Jürgen E.: „Intermedialität als poetologisches und medientheoretisches Konzept. Einige Reflexionen zu dessen Geschichte." In: Helbig, Jörg (Hg.): *Intermedialität. Theorie und Praxis eines interdisziplinären Forschungsgebietes*. Neuaufl. London 2009, S. 31–40.

Müller, Jürgen E.: *Intermedialität. Formen moderner kultureller Kommunikation*. Münster 1996.

Paech, Joachim: „Intermedialität. Mediales Differenzial und transformative Figurationen". In: Helbig, Jörg (Hg.): *Intermedialität. Theorie und Praxis eines interdisziplinären Forschungsgebietes*. Neuaufl. London 2009, S. 14–30.

Paech, Joachim: „Intermedialität als Methode und Verfahren". In: Müller, Jürgen E. (Hg.): *Media Encounters and Media Theories*. Münster 2008, S. 57–75.

Paech, Joachim / Schröter, Jens: „Intermedialität analog/digital – ein Vorwort". In: Paech, Johachim / Schröter, Jens (Hg.): *Intermedialität analog/digital. Theorien – Methoden – Analysen*. München 2008, S. 15–30.

Rajewsky, Irina O.: „Intermedialität und remediation. Überlegungen zu einigen Problemfeldern der jüngeren Intermedialitätsforschung". In: Paech, Joachim / Schröter, Jens (Hg.): *Intermedialität analog/digital. Theorien – Methoden – Analysen*. München 2008, S. 47–61.

Rajewsky, Irina O.: *Intermedialität*. Tübingen/Basel 2002.

Rajewsky, Irina O.: „Medienbegriffe – reine diskursive Strategien? These zum ‚relativen Konstruktcharakte' medialer Grenzziehungen". In: Fischer-Lichte, Erika / Hasselmann, Kristiane / Rautzenberg, Markus (Hg.): *Ausweitung der Kunstzone. Interart Studies – Neue Perspektiven der Kunstwissenschaft*. Bielefeld 2015, S. 33–48.

Robert, Jörg: *Einführung in die Intermedialität*. Darmstadt 2014.

Richter, Sebastian: *Digitaler Realismus. Zwischen Computeranimation und Live-Action. Die neue Bildästhetik in Spielfilmen*. Bielefeld 2008.

Rodowick, David N.: *The Virtual Life of Film*. Cambridge 2007.

Ruf, Oliver: „,auf gezackten (zackigen) / photographien ... grobkörnige Mnemosyne.' Polaroid-Effekte und Medien-Reflexionen in der Lyrik der Gegenwart (Durs Grünbein – Thomas Kling)". In: *literatur für leser* 4 (2011), S. 203–218.

Ruf, Oliver: *Storytelling für Designer*. Stuttgart 2019.

Scheler, Max: *Die Stellung des Menschen im Kosmos*. Bonn 1995.

Schrey, Dominik: „Retrofotografie. Die Wiederverzauberung der digitalen Welt". In: *MEDIENwissenschaft. Rezensionen* 1 (2015), S. 9–26.

Schröter, Jens: „Intermedialität. Facetten und Probleme eines aktuellen medienwissenschaftlichen Begriffes". In: *montage AV. Zeitschrift für Theorie und Geschichte audiovisueller Kommunikation* 7.2 (1998), S. 129–154.

Schröter, Jens: „Narration und Bildlichkeit in MONSTERS, Inc". In: *Film-Konzepte* 33.1 (2014), S. 29–42.

Sina, Véronique: „Sin City: Von Comic und Film zum Comicfilm". In: *Daumenkino*. Online: http://dkritik.de/schwerpunkt/sin-city-von-comic-und-film-zum-comicfilm/. Veröffentlicht: 28.09.2014.

Sina, Véronique: „Vom Comic zum Film – Mediale Grenzüberschreitungen und die Konstruktion von Gender in Comicverfilmungen". In: Klung, Katharina / Trenka, Susie / Tuch, Geesa Marie (Hg.): *Film- und Fernsichten*. Marburg 2013, S. 143–153.

Sontag, Susan: *Über Fotografie*. München 1978.

Stiegler, Bernd: *Bilder der Photographie. Ein Album photographischer Metaphern.* Frankfurt a.M. 2006.
Sullivan, Louis H.: „The tall office building artistically considered". In: *Lippincott's Magazine* 57 (1896), S. 403–409.
Wehdeking, Volker (Hg.): *Medienkonstellationen. Literatur und Film im Kontext von Moderne und Postmoderne.* Marburg 2008.
Wehdeking, Volker: *Generationenwechsel. Intermedialität in der deutschen Gegenwartsliteratur.* Berlin 2007.
Weichselbaum, Hans: *Georg Trakl. Eine Biographie mit Bildern, Texten und Dokumenten.* Salzburg 1994.
Werner, Hans-Ulrich: „Intermediales Gestalten – Workflows zwischen Produktion und Reflexion". In: *Beiträge aus Forschung & Technik* 2010. Online: https://opus.hs-offenburg.de/frontdoor/deliver/index/docId/59/file/Intermediales_Gestalten.pdf.
Winkels, Hubert: *Die Stimmen der Ordnung. Über Thomas Kling.* Köln 2005.
Wirth, Uwe: „Intermedialität". In: Anz, Thomas (Hg.): *Handbuch Literaturwissenschaft.* Bd. 1: *Gegenstände und Grundbegriffe.* Stuttgart/Weimar 2007, S. 254–264
Wolf, Herta: „Das Denkmälerarchiv Fotografie". In: Wolf, Herta (Hg.): *Paradigma Fotografie. Fotokritik am Ende des fotografischen Zeitalters.* Bd. 1. Frankfurt a.M. 2002, S. 349–375.
Wolf, Werner: „Intermedialität". In: Nünning, Ansgar (Hg.): *Metzler Lexikon Literatur- und Kulturtheorie. Ansätze – Personen – Grundbegriffe.* Stuttgart/Weimar 2013, S. 344–346.
Wolf, Werner: „Intermedialität: Konzept, literaturwissenschaftliche Relevanz, Typologie intermedialer Formen" [2014]. In: Bernhard, Walter (Hg.): *Selected essays on intermediality by Werner Wolf (1992–2014). Theory and typology, literature-music relations, transmedial narratology, miscellaneous transmedial phenomena.* Leiden/Boston 2018, S. 173–210.

Weiterführende Literatur

Beil, Benjamin: *First Person Perspectives: Point of View und figurenzentrierte Erzählformen im Film und im Computerspiel.* Münster 2010. Exemplarische Analyse der Remediatisierung der Erzählform der Ersten-Person-Perspektive.
Bernhard, Walter (Hg.): *Selected essays on intermediality by Werner Wolf (1992–2014). Theory and typology, literature-music relations, transmedial narratology, miscellaneous transmedial phenomena.* Leiden/Boston 2018. Sammlung einschlägiger Essays des Intermedialitätstheoretikers Werner Wolf.
Bolter, Jay David / Grusin, Richard: *Remediation. Understanding New Media.* Cambridge, London 2000. Konturierung dieses Phänomens im Kontext eines international anschlussfähigen medientheoretischen Rahmens.
Borries, Friedrich von: *Weltentwerfen. Eine politische Designtheorie.* Berlin 2016. Essay zur Theorie der Gestaltung aus designpraktischer Sicht.
Brandes, Uta / Erlhoff, Michael / Schemmann, Nadine: *Designtheorie und Designforschung.* Stuttgart 2009. Eine der ersten deutschsprachigen Einführungen ins Thema.

Butzer, Günter / Zapf, Hubert (Hg.): *Theorien der Literatur. Bd. VII: Literatur und die anderen Künste.* Tübingen 2018. Grundlagenwerk, das mit einem literaturtheoretischen Zugang eine Vielzahl von Medien-Beziehungen diskutiert: von mittelalterlichen Naturdeutungen bis hin zu HipHop und Comic.

Eicher, Thomas / Bleckmann, Ulf (Hg.): *Intermedialität. Vom Bild zum Text.* Bielefeld 1994. Eine der ersten einschlägigen Arbeiten zum Thema.

Feige, Daniel M. / Arnold, Florian / Rautzenberg, Markus (Hg.): *Philosophie des Designs.* Bielefeld: 2020. Sammelband, der philosophische Anschlüsse an das Phänomen des Designs versucht und interdisziplinär fundiert.

Geiger, Annette: *Andersmöglichsein. Zur Ästhetik des Designs.* Bielefeld 2018. Monographie, die ästhetische Implikationen der Gestaltung diskutiert.

Gethmann, Daniel / Hauser, Susanne (Hg.): *Kulturtechnik Entwerfen. Praktiken, Konzepte und Medien in Architektur und Design Science.* Bielefeld 2015. Versammelt Aufsätze, die das Entwerfen als zentrale Handlung gestalterischen Denkens etablieren.

Grabbe, Lars C. / Rupert-Kruse, Patrick / Schmitz, Norbert M. (Hg.): *Immersion – Design – Art: Revisited. Transmediale Formprinzipien neuzeitlicher Kunst und Technologie.* Marburg 2018. Sammelwerk, das Intermedialität und Transmedialität gestaltungstheoretisch verhandelt.

Helbig, Jörg (Hg.): *Intermedialität. Theorie und Praxis eines interdisziplinären Forschungsgebietes.* Berlin 1998. Klassiker der Intermedialitätstheorie.

Keazor, Henry / Liptay, Fabienne / Marschall, Susanne: *FilmKunst – Studien an den Grenzen der Künste und Medien.* Marburg 2011. Bietet eine Vielzahl beispielhafter Analysen des Verhältnisses zwischen Medien und Künsten.

Meyer, Ur / Simanowski, Roberto / Zeller, Christoph (Hg.): *Transmedialität. Zur Ästhetik paraliterarischer Verfahren.* Göttingen 2006. Sammelband, der das Thema der Intermedialität auf die Grenzüberschreitung der Künste ausweitet.

Paech, Joachim / Schröter, Jens (Hg.): *Intermedialität analog/digital. Theorien – Methoden – Analysen.* Paderborn 2008. Umfangreicher wie umfassender Band, der mit einer großen Spannweite und auf hohem theoretischen Niveau argumentiert.

Rajewsky, Irina O.: *Intermedialität.* Tübingen/Basel 2002. Einführungsbuch, das ‚Intermedialität' in deren Erscheinungsreichtum verständlich erklärt.

Robert, Jörg: *Einführung in die Intermedialität.* Darmstadt 2014. Weiteres Einführungsbuch, das Begriffe, historische Perspektiven, die Theoriegeschichte und Einzelkomplexe überblicksartig behandelt.

Schröter, Jens: „Intermedialität. Facetten und Probleme eines aktuellen medienwissenschaftlichen Begriffes". In: *montage AV. Zeitschrift für Theorie und Geschichte audiovisueller Kommunikation* 7.2 (1998), S. 129–154. Der Aufsatz bietet eine Analyse intermedialer Verfahren jenseits einer Typologisierung.

Schweppenhäuser, Gerhard: *Designtheorie.* Wiesbaden 2016. Kleines Grundlagenwerk, welches ‚Designtheorie' als Forschungsgebiet grundsätzlich präsentiert.

Medientheorie – Medienästhetik 5

> **Zusammenfassung**
>
> Ausgehend von einem post-modernen medienkulturwissenschaftlichen Verständnis bietet es sich an, dass die Felder der Medialität und Ästhetik noch einmal ausführlicher als zwei zentrale und eigenständige Theoriekategorien der Medienkulturwissenschaft vorgestellt werden, vor allem wenn Medialität in einem medientechnischen und technologischen Sinn und Ästhetik im Kontext einer gestalterischen Form- und Werkwahrnehmung ausgelegt wird. Die daraus ableitbaren und von vielen Medienkulturwissenschaftler:innen formulierten Medientheorien und Medienästhetiken lassen sich mit dem Wissen um die technische und technologische Bedingtheit der Medien sowie deren gestalterischer Formwahrnehmung formal und inhaltlich miteinander in Beziehung setzen. Wesen und Kern der Medien erhellen sich also im Licht entsprechender techno-analytischer und ästhetischer Bedingungen. Sie laufen, wie unterschiedliche Schulen der Medienkulturwissenschaft betonen, auf ein bestimmtes Verständnis der Medien hinaus, das die Produktion, Distribution, die kulturellen und rekursiven Einflussdynamiken und die spezifisch sensorische Wahrnehmung des Menschen – sowie die darauf bezogenen Möglichkeiten und Voraussetzungen von Technologien – notwendig zusammen denkt.

5.1 Medientheorie und Wissenschaft

Die spezifische Wissenschaftlichkeit des Medienbegriffs und seiner Systematisierung ist durch ein heterogenes Bezugsfeld intra- und interdisziplinärer Zugänge gekennzeichnet. Hier zeigt sich vor allem der Begriff der ‚Medienkulturwissenschaft' zumindest in einer traditionellen Perspektive als ein übergeordneter und zeitweise stabiler Leitbegriff, von dem ausgehend eine Binnendifferenzierung über die Bereiche der Medientheorie, Medienanalyse, Medienästhetik und Mediengeschichte (vgl. Schanze 2002b: 260) hergestellt werden kann. Mit diesen vier Bereichen liegen dann produktive ‚Querschnitt-Areale' vor, um die Strukturen, Grenzen und Schnittmengen zu markieren, denn es „fordert die unaufhörlich beschworene turbulente ‚Dynamik' der Medienwissenschaft geradezu ein vorübergehendes Innehalten mit Anspruch auf mittelfristige Haltbarkeit, eine Präsentation der heterogenen und zerklüfteten Textur der Disziplin" (Schröter 2014: 6). Das Areal der Medientheorie wird begrifflich oftmals als ein Sammelfeld aufgefasst, in dem verschiedene Positionen zum Medienbegriff aufgenommen werden, die an konkrete Personen gebunden oder mit mehr oder weniger eigenständigen akademisch-disziplinären Strömungen in Beziehung gesetzt werden: Medientheorie fungiert demnach wiederum als ein Sammelbegriff

> für alle Bemühungen, die Identität, die Funktionen, den Status etc. von Medien in der Gesellschaft und für den Einzelnen zu reflektieren und zu erhellen. Auch Teilgebiete der Medienwissenschaft; im Besonderen (wissenschaftliches) Konstrukt zur Beschreibung, Erklärung und Kritik sowie (anwendungsbezogen) zur Gestaltung von Kommunikations- und Rezeptionsmitteln einschließlich der Bedingungen ihrer Nutzung (z. B. in Produktion, Distribution, Rezeption, bzgl. technischer, kognitiver, sozialer und kultureller Voraussetzungen, Effekte oder Folgen). (Rusch 2002b: 252)

Ein zentrales Kennzeichen für Medientheorien ist die Modellbildung, die mediale Strukturen und mediale Wirkungen erfasst – technisch, semantisch sowie pragmatisch – und dann logisch-deskriptiv aufbereitet. Da medientheoretische Modelle spezifische Attribut-Klassen definieren müssen (vgl. Stachowiak 1973), um strukturelle Wirkungsaussagen formulieren zu können, sind die disziplinären Vorgehensweisen äußerst variantenreich:

(1.) Zunächst lassen sich auf das Einzelmedium bezogene Ansätze kennzeichnen, die beispielhaft Modelle für Schriftfunktion, Bildkommunikation, Radio, Film, TV, Musik, mobile oder beispielsweise computerbasierte Netzwerkmedien offerieren.
(2.) Weitere Positionen verorten dann häufig einzelmediale Variablen innerhalb spezifisch kultureller oder gesellschaftlicher Systeme. Es finden sich Ansätze, die beispielsweise wiederum die Erfindung der Schrift auf die Etablierung einer Schrift- und Wissenskultur beziehen, technische Nachrichtenmedien im Kontext journalistischer Wissensdistribution und -aneignung thematisieren

5.1 Medientheorie und Wissenschaft

oder computerbasierte Kommunikationsstrategien innerhalb der Ausbildung von hyperlokalen Netzwerkkulturen in den Blick nehmen.

(3.) Sich in der Schnittmenge von Einzelmedien und Mediensystemen befindend, lassen sich ebenfalls personenbezogene ‚*Mediums*-Theorien' ausmachen, die oftmals viel stärker mit einer historischen Persönlichkeit in Beziehung stehen, statt mit einer vollends etablierten wissenschaftlichen Disziplin oder Schule. So etablierten sich hier teilweise polarisierende oder sich stark widersprechende Perspektiven, deren konfliktreiches Potenzial bis heute an vielen Hochschulen produktiv diskutiert wird. Zu denken wäre an dieser Stelle an die negative Kennzeichnung von Medien als ‚Phantomen' (Günther Anders), von den positiven Aspekten eines ‚Kunstwerks im Zeitalter der technischen Reproduktion' (Walter Benjamin) oder der Diagnose eines ‚elektronischen und instantanen Musters der Kultur', verkörpert durch den Siegeszug der TV-Apparate (vgl. McLuhan 1962).

(4.) Letztlich deutet sich in diesen verschiedenen Ansätzen und Perspektiven zeitgleich auch ein ästhetisches Moment an – und dies im Kontext der einzelmedialen Produktivität von syntaktischen, semantischen und pragmatischen Medienbedingungen. Demnach indizieren beispielsweise Bilder generell neben ihrer visuellen Funktionalität ebenfalls eine spezifisch ästhetische Bildkompetenz als Bildverstehen, fotografische Medien verweisen ihrerseits auf eine kausale Beziehung und eigenständige Physikalität von Motiv und Darstellung und interaktive Medientechnologien generieren verkörperte und mentale Handlungsfelder, im Kontext kybernetischer Feedbackschleifen und geregelter Funktionsprozeduren.

Medientheoretische Modelle changieren grundsätzlich zwischen einem Fokus auf medienspezifischen Materialitäten einerseits und kulturwissenschaftlichen bzw. gesellschaftlichen Problembereichen andererseits, so dass sich der Themenradius kontinuierlich erweitert. Für eine erweiterte Recherche wären hier beispielhaft „Techniktheorien, ökonomische Theorien, kritische Medientheorien, Zeichentheorien, Cultural Studies Theorien, konstruktivistische Medientheorien, Systemtheorien der Medien, feministische Medientheorien, psychoanalytische Medientheorien, poststrukturalistische Medientheorien und medienphilosophische Theorien" (Stiegler 2015: 18) zu nennen.

‚Medien' und ‚Kultur' beziehen sich dabei stets aufeinander, denn Medien zeigen sich als Ensembles von Fertigkeiten, die in einem apparativen Dispositiv konfiguriert sind. Diese dispositive Logik fällt mit der gestalterischen Handlungsfähigkeit, als einer kulturellen Prozessdynamik, unmittelbar zusammen und kennzeichnet einerseits die technologischen Entwicklungsstadien einer Gesellschaft, wie auch die subjektiven Parameter der historischen Lebenswelt. Medientheoretisch ist dieses Verhältnis zentral, weil nicht nur Medien generell etwas über Gesellschaften und kulturelle Prozesse aussagen (oder umgekehrt), sondern Medien in ihrer Häufigkeit und Komplexität dem Diktum technischer Vervielfältigung und Verfügbarkeit folgen. Medien kann demnach ein Aspekt der sich historisch beschleunigenden Innovation wie auch der sich raumgebundenen Dominanz innerhalb moderner Kulturen zugesprochen werden (vgl. Innis 1950), wobei das Verhältnis aus Raumeinfluss und technischer Innovation zu einem zentralen Theoriekonstrukt innerhalb der technisch orientierten *Mediums*-Theorien geworden ist. Hier zeigt sich vor allem die gedankliche Leitlinie der Medienökologie als zentral, die sich weniger der Eigenschaft von Medien als kommunikativen Transportern von Informationen widmet, als vielmehr deren strukturelle Transformation gesellschaftlicher Systeme in den Blick nimmt: „A medium is a technology within which a culture grows; that is to say, it gives form to a culture's politics, social organization, and habitual ways of thinking" (Postman 2000: 10). Ein Medium wird demnach weniger als kommunikatives Werkzeug erfasst, sondern vielmehr als soziales Konfigurationssystem, das sich dann analytisch von einem singulären Objekt hin zu einer komplexen Medienumwelt weiterentwickelt. Eine weitere Akzentverschiebung betrifft die Verschiebung vom spezifischen Inhalt zur materiellen Form, da sich vor allem die technische Form und Anwesenheit medialer Konstellationen und deren Wirkung auf die Gesellschaft medienökologisch von zentraler Wichtigkeit zeigt. So erklärt sich auch der Ausspruch **Marshall McLuhans**, der die mediale Form selbst als Botschaft klassifiziert.

McLuhans Ansatz (Strate 2008: 130)
„McLuhan's goal was the liberation of the human mind and spirit from its subjugation to symbol systems, media, and technologies. This can only begin with a call to pay attention to the medium, because it is the medium that has the greatest impact on human affairs, not the specific messages we send or receive. It is the symbolic form that is most significant, not the content. It is the technology that matters the most, its nature and its structure, and not our intentions. It is the materials that we work with, and the methods we use to work with them, that have the most to do with the final outcome of our labors."

Für die Medienkulturwissenschaft zentral sind mithin die unterschiedlichen Wirkungsgrade, die durch Medien innerhalb einer Kultur direkten Einfluss auf die soziale Interaktion oder die Psyche von Individuen nehmen: Es geht demnach beispielsweise nicht um die einzelnen Darstellungsinhalte eines Bildes, sondern um die generelle Dynamik einer Bildkultur für gesellschaftliche Kommunikation (z. B. Heiligendarstellungen im theologischen Kontext, der *American Dream* vermittelt durch das Hollywood-Kino oder die Fotografie als Konstrukt der Objektivierung vergangener Fakten im Sinne einer industriellen Erinnerungskultur); es geht auch nicht um die inhaltliche Aussage eines individuellen Texts, sondern um den generellen Einfluss der Schriftkultur auf die Bildungssituation im historischen Wandel (z. B. die Übersetzung der Bibel aus dem Latein in die Landessprache, die Archivierung von Wissen durch Etablierung einer komplexen Buchkultur oder die Etablierung eines verbindlichen Kommunikationssystems durch Schrift oder das Alphabet); auch geht es nicht um das Internet als primäre Ansammlung unterschiedlicher Websites, sondern vielmehr um den Einfluss der digitalen Online- und Netzwerkkommunikation auf die instantane Distribution und Rezeption von Informationen (z. B. hyperlokale Ortung durch Smartphones, die Email als digitales Briefsystem oder die netzwerkbasierte Vergesellschaftung im Kontext von *social media*). Innerhalb dieser komplexen Medienumwelten werden die Nutzer:innen oder Rezipient:innen der Medien dann selbst zum dynamischen Inhalt:

> McLuhan explained that another reason why the medium is the message is because the user is the content. What he meant was that audiences and readers must interpret the messages that they receive, process the sensory data that they take in, make meaning out of their environments, the artifacts that exist in them, and the events that occur within them. (Strate 2008: 132)

5.2 Medienästhetik und Wissenschaft

Die ästhetischen Ansätze innerhalb der Medienkulturwissenschaft sind äußerst heterogen und thematisieren mit je unterschiedlichen Akzenten die gestalterische Form von Artefakten sowie deren spezifische Herstellung, die spezifischen Formwahrnehmungen und die gesellschaftliche Verwendung und Distribution. Die zentrale Ausgangsbedingung ästhetischer Überlegungen bildet demnach die gegenständliche Wahrnehmung im historischen Kontext einer medienvermittelten Sinnesadressierung und sich daran anschließender ästhetischer Urteilsbildungen sowie deren kulturellen Wandlungen.

Medienästhetik adressiert zunächst die durch Medien erzeugten Wahrnehmungserlebnisse in einem materiellen Sinn, wobei diese teils technischen Bestimmungen unterschiedliche mediale Handlungsfelder involvieren, sei es in der bildenden oder darstellenden Kunst, dem Design oder im Kontext von instrumentellen Verwendungen von technischen Objekten und Werkzeugen: „Im Unterschied zu den geschichtsphilosophisch inspirierten Ästhetiken, die sich vor allem auf den literarischen Text beziehen, analysiert Medienästhetik die audiovisuellen Medien als Ausdruck einer spezifischen, durch ihre Technik definierten und nur ihr eigenen Form der Wahrnehmung." (Schnell 2002: 208)

> **Medienästhetikgeschichte (Matzker 2008: 39)**
> „Eine Geschichte der Ästhetik benennt die historischen Bezüge der theoretischen Auseinandersetzung mit menschlicher Sinneswahrnehmung: Sinneswahrnehmung als die Wahrnehmung des dem Menschen unmittelbar Gegebenen oder des von ihm mittelbar Geschaffenen. Auch eine Geschichte medialer Ästhetik befasst sich mit Überlegungen zur Wahrnehmung, nun aber in dem besonderen Sinn der Wiedergabe, Assoziation und Verarbeitung von Wahrnehmungsleistungen. Eine Geschichte medialer Ästhetik ist so gesehen eine Geschichte ästhetischer Verständigung. Sie vermittelt zwischen künstlerischen Welten und ästhetischer Theorie in einem historischen Verlauf."

Medienästhetik fragt folglich nach der Bedingung der Möglichkeit einer spezifischen Wahrnehmung auf Basis einer ‚medialen Materialität' und verbindet hierdurch die Wahrnehmung als ‚Aisthesis' mit einer kreativen und technologischen Vergegenständlichung oder Objektivierung als ‚Poiesis' (vgl. Bidlo 2019: 208 f.). Neben die ästhetische Praxis der Herstellung medialer Artefakte tritt dann eine rezeptionstheoretische Perspektive, die sich mit medialen Ästhetisierungsstrategien und gleichzeitig auch ästhetischen Urteilen befasst. Diese Urteilsästhetiken beziehen sich in geradezu klassisch-historischer Perspektive auf die Fragen nach der Schönheit und Erhabenheit, in gewissem Sinne auch auf die kontemplativ zu entschlüsselnden Ideale im Werk, dessen ‚Aura' oder die sogenannte ‚Gute Form', wobei diese traditionelle Perspektive unter dem Diktum technischer Reproduzierbarkeit um die Analyse der Strukturen technisierter ästhetischer Praktiken erweitert wurde (vgl. Schneider 2017: 180). Konkret befasst sich die heutige Medienästhetik auch mit Fragen des Analogen und Digitalen, mit Robotik, Algorithmen und KI, thematisiert hybride technologische Formationen der *Crossover-* und *Mashup Culture*, setzt rezeptionstheoretische Akzente im Kontext von Immersion, Involvement, Telepräsenz und Interaktivität und widmet sich den Formen der technisierten ‚Poiesis' zwischen *Electronic Art, Meme Culture, Social Media,* den verschiedenen Technologien von VR über AR bis Mixed Reality und Holografie:

5.2 Medienästhetik und Wissenschaft

Die Vermittlung von künstlerischen (nicht künstlichen) Welten und ästhetischen Theorien ist historisch gesehen angewiesen auf die Betrachtung der Veränderung von Kulturtechniken wie der sich mit bestimmten Kulturtechniken verbindenden künstlerischen Ansichten und Einsichten. Zugleich geben die aus dem Wandel der Kunsttraditionen erfahrbar werdenden Charakterveränderungen der ästhetischen Information bzw. Kommunikation Aufschluss über Wirkungen und Ursachen ästhetischer Theoriebildung wie über den jeweiligen Zeitgeist. Die sich wandelnden Erkenntnisse der Ästhetik in Auseinandersetzung mit Kunst und Wahrnehmung wie die geschichtlichen Veränderungen der Künste selbst sind nicht unabhängig von den sozialen und sozialpsychologischen Prozessen zu sehen, in denen sie entstehen. (Matzker 2008: 217)

5.2.1 Ästhetik und Wahrnehmung

Der Begriff der ‚Ästhetik' bezieht sich unmittelbar auf Wahrnehmungen und lässt sich bereits konzise bei Aristoteles (384–322 v. Chr.) auffinden. Hier wird das griechische ‚Aisthesis' (αἴσθησις) als Sinneswahrnehmung, Empfindung, Anschauung oder Sinn fundiert (vgl. Gemoll und Vretska 2006: 21). *Die Ästhetik* wird dann zwischen 1750 und 1758 durch den Alexander Gottlieb Baumgarten als eine ‚Wissenschaft und Kunst' deklariert. Ziel war es, ein „reflektierendes gedankliches System" (Schneider 2017: 23) als *episteme aisthetike* (επιστεμε αισθητικε) zu entwickeln, das „ein Wissen vom Sinnenhaften anstrebte" (Welsch 2003: 9).

Ab diesem Zeitpunkt wurde Ästhetik als eine ‚Theorie der Kunst' oder eine „philosophische Wissenschaft" (Schneider 2017: 23) aufgefasst, die „Wahrnehmungen aller Art, sinnenhaften ebenso wie geistigen, alltäglichen wie sublimen, lebensweltlichen wie künstlerischen" (Welsch 2003: 9 f.) integriert. Eine sinnesorientierte Ästhetik adressiert die spezifischen Empfindungen des rezipierenden Subjekts im Kontext gestalterischer Formationen, wobei neben den konkreten Form- und Inhaltsstrukturen vor allem frei angelegte kognitive Parameter eine entscheidende Bedeutung erlangen: „Sie befaßt sich also mit den subrationalen psychischen Potenzen, mit Wahrnehmung (sinnlichen Empfindungen), Fantasie (Einbildung) und Erinnerung, schließlich auch mit dem Begehrungsvermögen." (Schneider 2017: 23)

In dieser Perspektive verbindet eine ästhetische Theorie sensorische Parameter mit imaginativen Prozessen, um Aussagen über Urteilsfindungen oder konkrete Gedankenstrukturen treffen zu können. An dieser Stelle wird aus der Imagination eine Schnittstelleninstanz, die zwischen Sinneswahrnehmungen und Vernunft vermitteln kann: „Nach Aristoteles übersetzt die ‚phantasia' die Sinneswahrnehmung (‚αἴσθημα', ‚aísthēma') in ein Vorstellungsbild (phantasma)" (Kaufmann 2007:

92). Das Vorstellungsbild wird dann durch kognitive Paramater (νοεσις) zum konkreten Gedanken(-bild), wobei sich dann die ästhetische Beziehung von *aisthema*, *phantasma* und *noema* vollständig in der Entwicklung einer personalen Identität realisiert: „Der neue Gedanke Alexander Gottlieb Baumgartens besteht darin, dass die Fantasie (als bildhaftes Vorstellungsvermögen) es dem Subjekt erlaubt, seine eigene Identität und die der Welt zu konstruieren und sich in der Zeit als ein solches, selbst entworfenes und identisches Subjekt zu erleben." (Huber 2004: 181) Für **Baumgarten** zeigt sich Fantasie dann zudem als Konstitutionsprinzip des temporalen Bewusstseins von Vergangenheit, Gegenwart und Zukunft, da sie die entscheidende Aufgabe „bei der Konstruktion der Vergangenheit der Welt und des eigenen Selbst, der Konstruktion der Schnittstelle von Gegenwart und Vergangenheit, sowie bei der Antizipation des Zukünftigen" (ebd.: 183) übernimmt.

> **Baumgartens Ästhetik (Schneider 2017: 23)**
> „Die Ästhetik wird also als Wissenschaft (‚scientia') bezeichnet, zugleich aber auch als ‚ars', wobei hier noch der alte Wortgebrauch zu unterstellen ist. Aber sie ist nicht nur selbst eine ‚Kunst', sondern auch ein diese reflektierendes gedankliches System, eine Theorie der ‚Freien Künste'."

Diese traditionelle Perspektive der Ästhetik findet sich heute in kaum ungebrochener Aktualität in den zahlreichen Diskursen der Medienästhetik und Medientheorie wieder. Denn in diesen geht es explizit um die technologischen Formationen von Medien und deren spezifischer Sinnesadressierung, wobei hier ebenfalls rezeptionstheoretisch nach der medialen Evokation imaginativer Prozesse gefragt wird, samt deren unterschiedlichen Interdependenzen mit resultierenden ästhetischen Urteilsbildungen oder Effekten auf die ästhetisch-emotionale Bewertung von Medieninhalten. Ästhetik kennzeichnet sich demnach ebenfalls als Klassifikationssystem sensorischer Medienaktivierung, z. B. durch die systematische Erfassung der körperlichen Reizadressierung im Kino als Modus einer „embodied vision" (Sobchack 1992: 70), die polysensorische Reizadressierung von digitalen Mediensystemen als Ausprägung einer „Digital Synesthesia" (Gsöllpointner 2015) oder hinsichtlich einer ‚Phänosemiotischen Zeichenrelation' von Medien mit Fokus auf die vollständige Relation aus Wahrnehmung, Technologie und Zeichendynamik (vgl. Grabbe 2021). Auf einer medientheoretischen ‚Metaebene' ist ebenso relevant, wie ästhetische Medienökologien die individuellen Wahrnehmungen oder Ansichten in kulturellen Milieus beeinflussen oder sich subjektive Perspektiven ausschließlich über ästhetisierte Medienpraktiken formen, z. B. der Einfluss auf das Modeempfinden und den Geschmack durch Blogger:innen und Influencer:innen, die Verlagerung und damit auch Veränderung kinematografischer Erfahrungen in der Umgebung des heimischen Wohnzimmers durch Streaming-Dienste oder die mediale Reizintensivierung (*fear of missing out*) durch ‚Mobile Devices' wie das Smartphone.

5.2.2 Ästhetik und Zeichentheorie

Ästhetische Theorien stehen in einem engen Verhältnis zu Zeichentheorien (als eine Lehre der Semiotik der Sprache, der Schrift, des Bildes, der digitalen Mediensysteme etc.), da gestaltete Artefakte und mediale Konstellationen stets auf ihre individuellen Wirkungen und zeichenbasierten Effekte von Form und Inhalt verweisen. Konkret können beispielhaft Gemälde aus der Zeit der Renaissance als Zeichenformen aufgefasst werden, deren Motive als ähnlichkeitsbasierte Inhalte bezeichnet werden können. Fotografien sind dann ebenso wie dokumentarische Bewegtbildformate spezifische Zeichenformen, deren Inhalte eine kausale Referenz implizieren und fiktive Darstellungen von Superhelden in einem Comic sind dann im Vergleich Zeichenformen, die sich über symbolische und gelernte Konventionen verstehen lassen. Zeichen sind demnach spezifische materiale Konstrukte, die ein spezifisches ‚Etwas' repräsentieren und eine ästhetische Darstellungs- wie auch eine kognitive Gedankenebene implizieren: „A sign stands for something to the idea which it produces, or modifies. Or, it is a vehicle conveying into the mind something from without. That for which it stands is called its object; that which it conveys, its meaning; and the idea to which it gives rise, its interpretant" (Peirce 1931: CP 1.339).

Das Zeichen als theoretisches Konzept adressiert folglich die ästhetischen Bezugsebenen der Produktion wie auch der Rezeption, so dass dem Zeichen eine materiale Ausdrucksebene (Signifikant) wie auch eine inhaltliche Bedeutungsebene (Signifikat) zukommt (vgl. Eco 2002: 28 f.). Dieses Verhältnis umfasst die spezifischen gestalterischen Entscheidungen von Künstler:innen oder Medienstrateg:innen, die das materiale Repertoire auf einer **mikroästhetischen Ebene** gezielt selektieren (vgl. Ruf und Schaffers 2019), und beziehen dieses auf diejenigen Zeichenbildungsprozesse auf einer **makroästhetischen Ebene**, auf welcher sich das Mittel, der Objektbezug und der Interpretant eines Zeichens vollständig in der Rezeption konsolidiert.

> **Mikro- und Makroästhetik (Bense 1969: 42)**
> „Man kann nun einen ästhetischen Zustand oder ein künstlerisches Produkt auf zweierlei Weise betrachten, einmal als realisierte singuläre Gesamtheit, deren strukturelle oder konfigurative, gegenständliche und phänomenologische Gegebenheit unabhängig von den konstruktiven Schritten ihres Aufbaus wahrgenommen wird, und ein andermal im Gegensatz hierzu als aus Einzelzeichen konstituiertes Superzeichen, das als solches ein repertoireabhängiges und statistisches Gebilde ist. Im ersten Fall sprechen wir vom makroästhetischen, im zweiten Falle vom mikroästhetischen Aspekt des künstlerischen Produkts. Der mikroästhetische Aspekt bezieht also den ästhetischen Zustand stets auf sein Repertoire, der makroästhetische Aspekt nicht, sondern auf die Distribution als eine fertige Gesamtheit. Wir können auch von Selektions-Aspekt und von Superisations-Aspekt der ästhetischen Zustände sprechen; jener ist mikroästhetisch, dieser makroästhetisch orientiert."

Gleichermaßen für Ästhetik wie auch für Zeichentheorien ist es folglich überaus zentral, wie Kunstwerke, Designartefakte oder moderne Massenmedien auf Basis ästhetischer Handlungen das Verhältnis von Materialität und Zeichenbildung – also Selektion (Mittelrepertoire) und Superisation (symbolische Zeichenbildung) – bewusst strukturieren und hierdurch spezifisch ästhetische Rezeptionszustände hergestellt werden können, die zielführend, autonom, geordnet und oftmals bewusst auch regelgeleitet und damit logisch sind. Es muss jedoch berücksichtigt werden, dass die ästhetischen Handlungen explizit eigenständige Medien-, Werk- und Zeichenmilieus implizieren und damit auch die Pragmatik der Zeichenverwendung beeinflussen. Ein Designartefakt wird somit im Kontext der Superisation oftmals die Funktionserfüllung (eine konkrete Anwendung ermöglichen) fokussieren, während Massenmedien die quantitative Verbreitung von Informationen ermöglichen müssen (etwa bei der Herstellung einer zivilen Öffentlichkeit) und letztlich die kreative und singuläre Intention eines Kunstschaffenden das Kunstwerk gezielt als ‚auratischen Erfahrungsraum' determiniert: „Die ästhetische Handlung dient nicht primär der Darstellung der Realität wie die Zeigehandlung, sie dient auch nicht der Bestätigung einer gesellschaftlichen Beziehung wie das Ritual, vielmehr ist ihr Zweck die Herstellung einer Realität, die sie dem Verstehenden als etwas zu Verstehendes präsentiert." (Trabant 1976: 99)

5.2.3 Ästhetik und Phänomenologie

Ästhetische Theoriemodelle, die sich einerseits auf die Prozesse des Wahrnehmens stützen und andererseits die spezifisch subjektive Erfahrung im Kontext der Gestaltung thematisieren, weisen eine ausgeprägte Nähe zu phänomenologischen Perspektiven auf. Ein zentrales Merkmal der phänomenologischen Ästhetik ist die Analyse der subjektiven Erfahrungswirklichkeit in der konkreten Auseinandersetzung mit gestalteten Artefakten, wobei dann die Erscheinungswirklichkeit der Werke mit der Erfahrungswirklichkeit des Rezipierenden miteinander in Beziehung gesetzt wird. Hier zeigt sich bereits ein wahrnehmungstheoretisch geprägter Ansatzpunkt der Phänomenologie, der sich explizit dem wahrnehmenden Leib widmet und gleichermaßen das subjektive Bewusstsein als Modus des Denkens thematisiert.

Das menschliche Bewusstsein hängt demnach von einer aisthetischen bzw. sensorischen Wahrnehmungserfahrung ab, bei der sich das wahrnehmende Bewusstsein intentional auf den Gegenstand der Wahrnehmung ausrichtet und hierdurch Denkakt und Denkurteil gewissermaßen vereinheitlicht zusammenlaufen: „In der Form ‚Ich habe Bewusstsein von etwas' sind Ich und Welt in der Einheit des Bewusstseins untrennbar aufeinander bezogen – ohne Welt kein Ich und ohne Ich keine Welt." (Kurt 2004: 143) Diese intentionale Gerichtetheit spielt vor allem mit dem Bezugspunkt zur Ästhetik eine tragende Rolle, weil phänomenologisch zu fragen ist, wie sich beispielsweise die Prozesse der Ästhetisierung eines Werks intentional ereignen, auf Basis sensorischer Adressierung und bewusster mentaler Aneignung. Ausgehend vom Leib geht es in einer phänomenologischen Ästhetik dann darum, „die transzendentale Bedeutung des Leibes für die Wahrnehmung darzustellen" (Wiesing 2003: 94) und gleichermaßen zu begründen, wie Prozesse der Ästhetisierung zu spezifisch noetischen Bewusstseinserlebnissen führen, die als konkret Vorgestelltes oder Geurteiltes (vgl. Rinofner-Kreidl 2000: 118) aus dem Werk im subjektiven Bewusstsein ein ästhetisches Objekt machen:

> Die phänomenologische Theorie leistet eine solche Analyse, indem sie bis auf die bewußtseinstheoretischen Ursachen der subjektiven Erfahrung zurückgeht. Das Ästhetische erweist sich dabei als das noematische Korrelat eines komplexen, teils perzeptiven, teils imaginativen Bewußtseinsvorgangs, dem als Einfühlungsbewegung auch körperliche Momente eigen sind. Das Kunstwerk hat für das Ästhetische die Funktion eines materiellen Substrats, es ist Analogon zum ästhetischen Objekt, ist gewissermaßen Vertreter des ästhetischen Objekts auf Erden. Die ästhetische Erfahrung aber, die es zu bestimmen galt, ist all das, was sich – wahrnehmend, imaginierend, beschwörend und genießend – auf dem Wege vom Kunstwerk zum ästhetischen Objekt ereignet. (Bensch 1994: 176)

5.3 Medien/Realität

Unsere Medienkultur wird seit dem *pictorial turn*, der mit der Erfindung der Fotografie zusammenfällt, durch immer neue – und vor allem visuelle – Reproduktionstechnologien geprägt. Vor allem durch Phänomene wie Digitalisierung, Vernetzung und Globalisierung in ihren Verkörperungen der sozialen Medien und der bestehenden Smartphone-Kultur kann von einer *Dominanz der Visualität* – einer Ära der technischen Bilder – gesprochen werden (vgl. Mitchell 1992: 91), die sich in der Etablierung visueller Praktiken durch u. a. Plattformen wie Instagram offenbart. Technisch erzeugte Bilder in multimodalen Kontexten (audiovisuell, untertitelt, bewegt) haben sich als Mittel der Massenkommunikation durchgesetzt und sind als Repräsentation zu verstehen, die uns eine Vorstellung davon vermitteln sollen, wie unsere Gesellschaft und Kultur strukturiert ist: „In other words, their main function is to produce meaning, to capture in some way ‚reality' in signs." (Orgad 2012: 17)

> **Pictorial Turn (Mitchell 1992: 89–94)**
> Das Konzept des *pictorial turn* wurde von William James Thomas Mitchell in dem gleichnamigen Aufsatz 1992 entwickelt, der schließlich innerhalb seines Buches *Picture Theory* (1994) veröffentlicht wurde. Mitchell versteht den *pictorial turn* als eine Erscheinung, die durch neue visuelle Reproduktionstechnologien sowie Praktiken der Bildproduktion hervorgerufen wird. Folglich ist eine solche ikonische Wende sowohl in der Entdeckung der Linearperspektive (ca. 1410) auszumachen als auch in der Erfindung der Fotografie (ca. 1826), während der gegenwärtige *pictorial turn* eng mit der digitalen Revolution verbunden ist. Nach Mitchell nimmt – aus einer medienhistorischen Perspektive betrachtet – die Dominanz der Bilder bzw. der Visualität zu, was zur Folge hat, dass das Soziale immer stärker durch die Visualität erst konstruiert wird.

Innerhalb der Erzeugung, Distribution und Rezeption von medialen Inhalten werden folglich spezifische Bedeutungen konstruiert und transportiert, wodurch uns die Medien mit einer breiten Palette an Repräsentationen versorgen, über die *Ordnungen intersubjektiven Sinns* erzeugt werden. Die durch Medien technischer Bilder erzeugte Realität weist somit eine Differenz zur materiellen Welt auf, aus der sich wiederum spezifische *subjekt- und kulturkonstituierende Effekte* ergeben, die im Folgenden exemplarisch anhand der Überlegungen von Vilém Flusser und Jean Baudrillard ausgeführt werden sollen.

5.3.1 Ins Universum der technischen Bilder

Für eine Betrachtung des Verhältnisses zwischen Medien und Welt sind in Flussers Gesamtwerk die Konzepte der Kommunikologie und der Technobilder bzw. der technischen Bilder relevant. Innerhalb seiner bereits anfangs erwähnten ‚Kommunikologie' geht Flusser davon aus, dass sich durch die fortschreitende Digitalisierung und Technologisierung die Grundstrukturen unseres Daseins verwandeln, da sich Mediensysteme oder Medienpraktiken als Mediationen zwischen Mensch und Welt geschoben haben und sich mit ihnen kontinuierlich unser Verhältnis zur Welt verändert. Dies ist allerdings keineswegs negativ, sondern als eine notwendige Praxis anzusehen, da ohne mediatisierende Formen wie Zeichensysteme keine Kommunikation möglich ist – schließlich existiert kein Sinn außerhalb der Sphäre des Symbolischen: „Am ‚Ursprung' des Menschen klafft ein Abgrund zwischen ihm und der Welt, und Symbole sind Instrumente, um diesen klaffenden Abgrund zu überbrücken – es sind Mediationen." (Flusser 1996b: 76) Diese Mediationen bzw. die Kodifikation bilden ein sinnstiftendes Gewebe aus Symbolen, das sich gleichsam über die Welt legt und sich mit ihr verbindet – die Art und Weise der Kodifikation bestimmt folglich, was und wie die Welt ist und bestimmt somit maßgeblich das menschliche Dasein: „Nicht nur gibt jeder Code der Welt eine ihm spezifische Bedeutung (kodifiziert sie auf seine Weise), sondern die Struktur des Codes strukturiert auch das Denken, Fühlen und Wollen." (Ebd.: 242) Dies verdeutlicht Flusser, indem er in *Ins Universum der technischen Bilder* (1985) die Menschheitsgeschichte als Kulturgeschichte der Medien entwickelt – einer Erzählung von der Entfremdung des Menschen von der Natur hin zu einer zunehmend abstrakter werdenden Medienkultur. Der Mensch entfernt sich demnach – beginnend auf der **Stufe** des konkreten Erlebens – aus der ihn direkt umgebenden Lebenswelt.

> **Das Stufenmodell der Abstraktion (Flusser 1985: 10 f.)**
> *Erste Stufe*: Das Tier und der ‚Naturmensch' […] sind in eine Lebenswelt gebadet, in eine vierdimensionale Raumzeit, welche das Tier und den ‚Naturmenschen' angeht. Es ist die Stufe des konkreten Erlebens.
> *Zweite Stufe*: Die uns vorangegangenen Menschenarten […] standen als Subjekte einem objektiven Umstand entgegen, einem dreidimensionalen, aus behandelbaren Objekten bestehenden Umstand. Es ist die Stufe des Fassens und Behandelns. Auf ihr stehen Gegenstände (zum Beispiel Steinmesser und geschnitzte Figuren).

> *Dritte Stufe*: Homo sapiens sapiens hat zwischen sich und den objektiven Umstand eine imaginäre, zweidimensionale Vermittlungszone geschoben, und er erfaßt und behandelt den Umstand dank dieser Vermittlung. Es ist die Stufe der Anschauungen und des Imaginierens. Auf ihr stehen die traditionellen Bilder (zum Beispiel die Höhlenmalereien).
> *Vierte Stufe*: Vor etwa viertausend Jahren wurde zwischen den Menschen und seine Bilder eine weitere Vermittlungszone, die der linearen Texte, eingeschoben, der der Mensch von nun an den Großteil seiner Anschauungen verdankt. Es ist die Stufe des Begreifens, des Erzählens, die historische Stufe. Auf ihr stehen die linearen Texte (zum Beispiel Homer und die Bibel).
> *Fünfte Stufe*: Die Texte haben sich jüngst als unzulänglich erwiesen. Sie erlauben keine weiteren Bildvermittlungen mehr, sie sind unanschaulich geworden. Und sie zerfallen zu Punktelementen, welche gerafft werden müssen. Es ist die Stufe des Kalkulierens und des Komputierens. Auf ihr stehen die technischen Bilder."

Mit diesem Modell will Flusser die grundlegende Differenz von traditionellen und technischen Bildern herausarbeiten, da diese als neuartige Medien angesehen werden können. Während traditionelle Bilder reale Sachverhalte abbilden – trotz der zu ihrer Dekodierung notwendigen Abstraktions- und Symbolisierungsleistungen –, sind technische bzw. digitale Bilder als Nachkömmlinge der abstrakten Begriffe des Schriftuniversums anzusehen, da diese von einem Apparat aus Punktelementen und Pixeln synthetisiert werden: „Demnach wäre der Unterschied zwischen traditionellen und technischen Bildern: die ersten sind Anschauungen von Gegenständen, die zweiten Komputationen von Begriffen." (Ebd.: 14) Medien sind diesbezüglich als apparative Voraussetzung für die Erzeugung technischer bzw. die Komputation codebasierter Bilder anzusehen, weshalb das Entziffern eines technischen Bildes das Herauslesen des beteiligten ‚Programms' bedeutet (vgl. ebd.: 53). Vor allem aber kehren die technischen Bilder die Bedeutungsvektoren um, da sie eben nicht – wie traditionelle Bilder – etwas darstellen, sondern projizieren: „Die alten Bilder sind Ab-bilder von etwas, die neuen sind Projektionen, Vor-bilder für etwas, das es nicht gibt, aber geben könnte. Die alten Bilder sind ‚Fiktionen', ‚Simulationen von', die neuen sind ‚Konkretisationen' von Möglichkeiten." (Flusser 1998: 25) Diese Überlegungen sind anschlussfähig an aktuelle Realitätstechnologien wie Holografie, 3D-Druck oder Virtual und Augmented Reality, durch die sich realistische (Quasi-)Objekte aus dem Computer nach digitalen Entwürfen in die Welt ‚projizieren' lassen. Die Umkehrung der Bedeutungsvektoren ebnet folglich

5.3 Medien/Realität

einen Weg aus der totalen Abstraktion zurück ins Konkrete, als „neue Praxis des Komputierens und Projizierens von Punktelementen zu Linien, Flächen, Körpern und uns angehenden Körpern" (Flusser 1998: 22). „Der digitale Code" – der komputierbare Untergrund der technischen Bilder – ist also letztendlich „die perfekte Methode, die Welt nach Herzenswunsch zu ändern" (Flusser 1992: 37).

5.3.2 Die Ordnung der Simulakren

▶ **Jean Baudrillard** (1929–2007) Jean Baudrillard wurde 1929 in Reims geboren. Neben seinem Studium der Germanistik an der Sorbonne in Paris war er von 1958 bis 1966 als Deutschlehrer an einer französischen Oberschule beschäftigt. Er promovierte 1966 mit einer von Henri Lefebvre betreuten Dissertation über *Das System der Dinge* (*Le Système des Objets*) und übernahm anschließend einen Lehrstuhl für Soziologie an der Universität Paris-Nanterre. Währenddessen schrieb er sein Hauptwerk *Der symbolische Tausch und der Tod* und entwickelte seine Simulationstheorie, die er schließlich mit der Textsammlung *Simulacres et Simulation* veröffentlichte. Im Jahr 1986 habilitierte er sich mit der Schrift *Das Andere selbst* (*L'Autre par lui-même*) an der Sorbonne und wurde schließlich wissenschaftlicher Direktor am *Institut de Recherche et d'Information Socio-Économique* (*IRIS*) an der Université de Paris-IX Dauphine. Am 6. März 2007 starb Baudrillard nach langjähriger Krankheit in Paris. Wichtige Werke: *Der symbolische Tausch und der Tod* (1967); *Kool Killer oder der Aufstand der Zeichen* (1978); *Agonie des Realen* (1978); *Simulacres et Simulation* (1982); *Transparenz des Bösen* (1992).

Jean Baudrillard führt den Ausdruck ‚Simulacrum' in dem 1976 erschienenen Buch *Der symbolische Tausch und der Tod* als ein kulturelles Muster ein, über welches das Verhältnis zwischen gesellschaftlichen Strukturen und Zeichenordnungen beschrieben werden kann. Simulakren weisen eine spezifische Beziehung zur materiellen Welt und bilden so bestimmte Modelle der Wirklichkeit innerhalb einer symbolischen Ordnung aus. Damit sind Simulakren als konstitutiv für gesellschaftliche Wirklichkeitsvorstellungen anzusehen, weshalb sie nicht als „bloße Zeichenspielereien" angesehen werden können, sondern „gesellschaftliche Verhältnisse und gesellschaftliche Macht" implizieren (Baudrillard 2005: 82). Baudrillard entwirft drei verschiedene *Ordnungen von Simulakren*, die er unter anderem in *Agonie des Realen* (1978) und *Simulacres et Simulation* (1981) weiter ausführt und in denen er eine strukturelle Evolution der Simulakren schildert, in welcher diese ihre Erscheinungsform, Funktion und theoretische Bedeutung verändert.

> **Die Ordnung der Simulakren (Baudrillard 2010: 6)**
> „Whereas representation tries to absorb simulation by interpreting it as false representation, simulation envelops the whole edifice of representation as itself a simulacrum.
> Such would be the successive phases of the image:
>
> [1] it is the reflection of a profound reality;
> [2] it masks and denatures a profound reality;
> [3a] it masks the *absence* of a profound reality;
> [3b] it has no relation to any reality whatsoever: it is its own pure simulacrum."

Die *Ordnung der Imitation* wird von Baudrillard zwischen Renaissance und der industriellen Revolution verortet und geht von einem abbildenden Verhältnis zwischen Welt und Zeichen aus. Dieses Verhältnis ist zunächst durch eine feste Zuordnung der Zeichen charakterisierbar, die diese in exklusive standardisierte Strukturen – wie beispielsweise das Zeremoniell – einbettet. Mit der Renaissance emanzipiert sich das Zeichen vom Zwang der Kasten- und Ständegesellschaft und „stürzt sich zunächst auf die *Imitation der Natur*" (Baudrillard 2005: 81 f.), die Repräsentation der erfahrbaren Welt durch identische Abbildungen, was Baudrillard beispielhaft am Stuck diskutiert, der alle Formen aufnimmt, alle Materialien imitiert und so „eine Art von all-gemeinem Äquivalent für alle anderen Materialen" (ebd.: 82) wird. Hier zeigt sich die komplexe Struktur der *Ordnung der Imitation*, da diese einerseits auf die Natur als dahinterliegende Realität verweist und andererseits im Akt der Täuschung ihre Bestrebung offenbart, „den Dingen ihre natürliche Beschaffenheit auszutreiben, um sie durch eine synthetische zu ersetzen" (ebd.). Wie sich hier bereits andeutet, rückt diese Form der semantischen Referenz in der Entwicklung der Simulakren in immer weitere Ferne.

Die *Ordnung der Produktion* wird durch die industrielle Revolution und die daraus resultierende Massenproduktion bestimmt, in welcher das „Naturgesetz des Wertes" vom „Marktgesetz des Wertes" abgelöst wird (ebd.: 79), da die hier produzierten Waren nicht mehr auf etwas verweisen, sondern lediglich auf sich selbt. Eine durchaus vergleichbare Diskussion dieses Sachverhalts findet sich unter veränderten Vorzeichen mit einer Perspektivierung der Kunst bei Walter Benjamin:

> [Die] technische Reproduzierbarkeit des Kunstwerks emanzipiert dieses zum ersten Mal in der Weltgeschichte von seinem parasitären Dasein am Ritual. Das reprodu-

5.3 Medien/Realität

zierte Kunstwerk wird in immer steigendem Maße die Reproduktion eines auf Reproduzierbarkeit angelegten Kunstwerks. Von der photographischen Platte z. B. ist eine Vielheit von Abzügen möglich; die Frage nach dem echten Abzug hat keinen Sinn. In dem Augenblick aber, da der Maßstab der Echtheit an der Kunstproduktion versagt, hat sich auch die gesamte soziale Funktion der Kunst umgewälzt. An die Stelle ihrer Fundierung aufs Ritual tritt ihre Fundierung auf eine andere Praxis: nämlich ihre Fundierung auf Politik. (Benjamin 2019: 11)

Die Simulakren der Ordnung der Produktion nach Baudrillard stellen eine Wirklichkeit ohne Referenz auf die Natur her und emulieren auf diese Weise „eine Realität ohne Bild, ohne Echo, ohne Schein" (Baudrillard 2005: 85):

Mit der industriellen Revolution zieht eine neue Generation von Zeichen und Gegenständen herauf. Zeichen ohne die Tradition einer Kaste, Zeichen, [...] die also nicht mehr *imitiert* werden müssen, wie sie von vornherein in gigantischem Ausmaß *produziert* werden. Bei ihnen stellt sich das Problem der Einzigartigkeit und des Ursprungs nicht mehr: die Technik ist ihr Ursprung und sie haben nur in der Dimension des industriellen Simulakrums einen Sinn. Ihre Voraussetzung ist die Serie, das heißt die Möglichkeit, zwei oder n identische Objekte zu produzieren. Zwischen ihnen besteht keint Verhältnis der Analogie oder Spiegelung, es herrscht die Äquivalenz, die Indifferenz. (Ebd.: 87)

Das Objekt der industriellen Serie ist mit jedem anderen Objekt der Serie identisch, die Ordnung der Produktion erzeugt „dank der Technik potenziell identische Wesen (Objekte/Zeichen)" (ebd.) und geht vollkommen in der bestehenden und bestimmenden *Logik der Re-Produzierbarkeit* auf. Demnach kann Realität definiert werden als „*das, wovon man eine äquavalente Reproduktion herstellen kann*" und ist somit zu etwas geworden, das mit technischen Mitteln hergetellt werden kann (ebd.: 116).

Die *Ordnung der Simulation* ersetzt schließlich die *Ära der Reproduktion*, indem eine Umkehrung von Ursache und Wirkung statfindet, und die Objekte und Zeichen nicht mehr mechnisch reproduziert werden, „sondern im *Hinblick auf ihre Reproduzierbarkeit selber konzipiert werden*" (ebd.: 89). Damit treten wir in das Zeitalter der Simulation ein, in welchem die „Genese der Simulakren" ihre vollendete Form im digitalen Code findet und das computergenerierte *Modell* als Simulakrum dieser neuen Ordnung angesehen werden kann: Aus ihm gehen alle Formen hervor – das Modell bildet den „Referenz-Signifikanten, auf den sich alles bezieht" (ebd.).

Die so erzeugte digitale Wirklichkeit hat ihren Ursprung folglich im Immateriellen der Simulation und existiert losgelöst von einer Logik der Referenzialität und ununterscheidbar von der Realität, welche nunmehr im „Hyperrealismus" untergeht, „in der der exakten Verdoppelung des Realen" (ebd.: 113). Im Hyperrealen der Simulation löst sich der Widerspruch zwischen Realität und Fiktion, zwischen irreal und real auf, da die Simulation eine „*halluzinierende*[] *Ähnlichkeit des Realen mit sich selbst* aufweist" (ebd.: 114). Ein solcher Widerspruch findet sich ebenfalls wiederum in Günther Anders' vielzitiertem Essay *Die Welt als Phantom und Matrize* (1956), in dem dieser dem Fernsehbild einerseits die „ontologische Zweideutigkeit" (Anders 1980: 131) eines *Phantoms* attestiert und es andererseits als Matrize bzw. Modell beschreibt, „*das seinerseits die Welt selbst zu sein vorgibt*", wodurch das Wirkliche letztendlich „*zum Abbild seiner Bilder wird*" (Anders 1980: 131, 164, 179). Jene Überagerung des Realen durch das Hyperreale, von der Baudrillard spricht, wird vor allem durch die Massenmedien forciert, deren Funktion als Vermittler:innen zwischen den Menschen und der Welt immer stärker in Zweifel gezogen wird.

5.4 Was heißt Medienanthropologie?

Die Medienanthropologie widmet sich dem Verhältnis zwischen der Materialität der Medien bzw. der Kommunikation und dem Menschen – seiner Wahrnehmung und Körperlichkeit –, da einerseits Medientechnologien als Produkte menschlicher Intentionalität anzusehen sind und diese andererseits gleichzeitig beeinflussen und modifizieren. Aus dieser Perspektive schalten sich Medien als Werkzeuge bzw. Instrumente vermittelnd in die reflexive Relation zwischen Mensch und Umwelt ein, wodurch die „Differenz von leiblich gebundener und medial-technischer Sinnestätigkeit" zum Fokus der Erkenntnis wird, den mit „der Technisierung der Sinne entsteht ein neuer Modus des Sinns und eine Modifikation der Sinnestätigkeit" (Karpenstein-Eßbach 2004: 68). Die Interpretation des Menschen als ein prothetisches Wesen, dass einen intentionalen Zusammenhang zwischen Leib und Medien herstellt, indem er seine Organe durch Werkzeuge und Technologien in einem Akt der „Selbstverbesserung" (Sass 1978: XXIII) erweitert oder verbessert, findet sich bereits bei Ernst Kapp in seiner Abhandlung *Grundlinien einer Philosophie der Technik* (1877):

> Der streng anthropologische Ansatz der Techniktheorie versteht Werkzeugerfindung und Werkzeuggebrauch als Beitrag zur Selbstverwirklichung des Menschen. Wie sehr Werkzeugmodellierung und Werkzeuggebrauch zur Kultivierung des Menschen beitragen, davon überzeugt die Sprache. Die Sprache ist Werkzeug und Produkt weltumspannender Information, Traditionsvermittlung und individueller Selbsterkenntnis. (Kapp 1978: XXX)

5.4 Was heißt Medienanthropologie?

Hier sind die Technik und in weiterer Folge die Medien als Mittel menschlicher Welterschließung als Moment der Befreiung vom tierischen Zustand anzusehen – ein Prozess, der bei Kap in der Denkfigur der „Organprojektion" – im Sinne von Entwurf, Plan, Skizze, Nachaußensetzen – gefasst wird: „In allen diesen Fällen ist Projicieren mehr oder weniger das Vor- oder Hervorwerfen, Hervorstellen, Hinausversetzen und Verlegen eines Innerlichen in das Aeussere" (ebd.: 30). Diese Akte der Werkzeugmodellierung reichen von *stofflichen Nachbildungen* – die *camera obscura* als opto-mechanisches Auge (vgl. ebd.: 81) – über abstrahierte Entwicklungen – die Klaviertaste als stark verfremdetes Äquivalent zum Finger (vgl. ed.: 105) – bis hin zu metaphorischen Projektionen – „Telegrafenkabel sind Nerven der Menschheit" (ebd.: 79).

Im Anschluss an Kapp entwickelt auch Sigmund Freud Technik als Werkzeug der menschlichen Selbstverwirklichung – ebenfalls verstanden als Emanzipation von der Natur; Freud erweitert dieses Verständnis jedoch, indem er ihr eine Rolle in Bezug auf die menschliche Selbsterkenntnis zuschreibt, welche nicht ohne Schwierigkeiten abläuft:

> Mit all seinen Werkzeugen vervollkommnet der Mensch seine Organe – die motorischen wie die sensorischen – oder räumt die Schranken für ihre Leistung weg. Die Motoren stellen ihm riesige Kräfte zur Verfügung, die er wie seine Muskeln in beliebige Richtungen schicken kann: das Schiff und das Flugzeug machen, daß weder Wasser noch Luft seine Fortbewegung hindern können. Mit der Brille korrigiert er die Mängel der Linse in seinem Auge, mit dem Fernrohr schaut er in entfernte Weiten, mit dem Mikroskop überwindet er die Grenzen der Sichtbarkeit, die durch den Bau seiner Netzhaut abgesteckt werden. [...] In der fotografischen Kamera hat er ein Instrument geschaffen, das die flüchtigen Scheineindrücke festhält, was ihm die Grammophonplatte für die ebenso vergänglichen Schalleindrücke leisten muß, beides im Grunde Materialisationen des ihm gegebenen Vermögens der Erinnerung, seines Gedächtnisses. Mit Hilfe des Telephons hört er aus Entfernungen, die selbst das Märchen als unerreichbar respektieren würde; die Schrift ist ursprünglich die Sprache des Abwesenden, das Wohnhaus ein Ersatz für den Mutterleib, die erste, wahrscheinlich noch immer ersehnte Behausung, in der man sicher war und sich so wohl fühlte. [...] Der Mensch ist sozusagen eine Art Prothesengott geworden, recht großartig, wenn er alle seine Hilfsorgane anlegt, aber sie sind nicht mit ihm verwachsen und machen ihm gelegentlich noch viel zu schaffen. [...] Ferne Zeiten werden neue, wahrscheinlich unvorstellbar große Fortschritte auf diesem Gebiete der Kultur mit sich bringen, die Gottähnlichkeit noch weiter steigern. Im Interesse unserer Untersuchungen wollen wir aber auch nicht daran vergessen, daß der heutige Mensch sich in seiner Gottähnlichkeit nicht glücklich fühlt. (Freud 1974 [1930]: 221 f.)

Analog zu den Überlegungen von Kapp und Freud hat wiederum Marshall McLuhan in seinem einflussreichen Werk *Understanding Media* mit dem Untertitel *The*

Extensions of Man (1964) eine Medienanthropologie entwickelt, die ebenfalls das problematische Verhältnis von Mensch und Medien behandelt. Sein Medienbegriff umfasst dabei alle Erweiterung des menschlichen Körpers bzw. seiner Sinne und bezieht sich grundsätzlich auf die materielle Strukturierung und Medialität der jeweiligen emergierenden Technologie, inklusive der damit einhergehenden Auswirkungen auf das Wahrnehmungssystem der Menschen. Folglich ist es nicht relevant, was in den und durch die Medien übertragen wird, sondern es ist die Art und Weise ihrer Übertragung, die im Fokus des Erkenntnisinteresses steht: „[The] medium is the message. This is merely to say that the personal and social consequences of any medium – that is, of any extension of ourselves – result from the new scale [or pace, or pattern] that is introduced into our affairs by each extension of ourselves, or by any new technology." (McLuhan 2011: 19)

Damit betont McLuhan, welchen immensen Einfluss die mediale bzw. technologische Rahmung auf unser Erkenntnis- und Kommunikationsvermögen hat – „the formative power in the media are the media themselves" (ebd.: 21) –, indem sie in erster Linie die Organisation des Wahrnehmungssystems umstrukturiert. Spezifische Medien adressieren demnach unterschiedliche Sinneskonstellationen des Menschen, indem sie beispielsweise einige Sinne fordern, während sie andere vernachlässigen: „As an intensification and extension of the visual function, the phonetic alphabet diminishes the role of the other senses of sound and touch and taste in any literate culture." (Ebd.: 84) Innerhalb dieses Prozesses der Erweiterung und der dadurch initiierten Verschiebung unserer Wahrnehmung kommt es zu einer Kopplung von Mensch und Medium, ein Einfügen des rezipierenden Subjekts in die Struktur des Mediums, einem Akt der ‚Unterwerfung' – und hier lassen sich medienethische Bedenken in McLuhans Werk identifizieren –, der den Menschen zum *Servomechanismus* seiner eigenen Extension werden lässt: „Men becomes [...] the sex organs of the machine world." (Ebd.: 68)

Wenn im Anschluss an McLuhan Wahrnehmung, Erkenntnis und Kommunikation medial gerahmt werden, wird das Verhältnis zwischen Menschen und Medien auf einer weiteren Ebene interessant, nämlich wenn es darum geht, Medien als Instrumente der Erkenntnis zu verstehen, da wir uns allein über medial induzierte Reflexionen detailliert erfassen können, was gleichsam als eine performative bzw. kontruktivistische Praxis anzusehen ist:

> Menschen werden gemacht, durch Messungen und Beobachtungen, durch Darstellungen und Durchleuchtungen, durch Klassifizierung und Regulierung, durch Vermittlung an die Welt, an andere Menschen, an sich selbst, an das, was nicht Mensch sein soll, an Ahnen und Götter, an Tiere, Kunstwerke und andere Dinge. Medien sind dabei die Werkzeuge solcher Verfertigung. (Engell und Siegert 2013: 6)

Aus dieser Perspektivierung der Medienanthropologie kann dem Menschen nicht nur ein biologischer, „sondern darüber hinaus oder gar an Stelle dessen einen technischen, einen semiotischen und einen artefaktischen Körper" (ebd.: 5) zugewiesen werden, der durch mediale Operationen und Instrumente erst erschaffen – da von der natürlich begrenzten Wahrnehmung (und somit Erkenntnisfähigkeit) entkoppelt – wird, etwa durch die Verwendung bildgebender Verfahren, biometrischer Daten, in der *Semiotisierung des Körpers* in sozialen Medien, Computerspielen und virtuellen Realitäten. Hierdurch ergeben sich zwei auf spezifische Weise in Beziehung stehende Körper aus „einen leiblichen, raum-zeitlich situierten physischen Körper" und einem „semiotische[n] Körper", der als „Datenkonfiguration" bzw. „symbolische Entität" beschreibbar ist und im Digitalen situiert ist (Krämer 2000: 194). Medien können folglich als aktive Elemente im Erkenntnisprozess angesehen werden und die Aufgabe der Medienanthropologie ist es demnach unter anderem die „die Mitwirkung des Nichtmenschlichen am Menschlichen dartun und insgesamt an die Stelle der Absetzung des Menschen vom Nichtmenschen deren unhintergehbare Grundverstrickung miteinander" (Engell und Siegert 2013: 7) zu setzen. Eine weiterführende Interpretation derartiger medienanthropologischer Reflexionen auf der Ebene von Medieninhalten findet sich insbesondere in der amerikanischen *media anthropology*, die sich eher als Medienethnologie beschreiben lässt und sich mit der „symbolic construction of reality and the fundamental importance of symbolic structures, myth, and ritual" (Coman und Rothenbuhler 2005: 1) innerhalb einer Mediengesellschaft beschäftigt. Schließlich zirkulieren diese grundlegenden symbolischen und narrativen Konzepte und Prozesse heute wie früher innerhalb medial vermittelter und forcierter Diskurse und sind somit als strukturbildend für die bestehende Medienkultur anzusehen.

5.5 Was ist Mediatisierung?

Das Konzept der Mediatisierung kann als terminologischer Container für medien- und vor allem kommunikationswissenschaftliche Beobachtungen der Durchdringung unserer Gesellschaft mit Medien angesehen werden, denen allesamt an der Beschreibung der komplexen Wirkungsverhältnisse gelegen ist (vgl. auch Meyen 2009; Birkner 2017). Den Kern der Mediatisierungsforschung ist es dabei, die Analyse der Zusammenhänge von Medien und gesellschaftlichen sowie sozialen Strukturen und Interaktionen zu erklären, und kann daher als relevantes Konzept für ein tieferes Verständnis der Dynamik zwischen **Medien, Gesellschaft und Kultur** angesehen werden (vgl. Hjarvard 2008: 106).

> **Medienkultur (Thomas 2008: 7)**
> „Der Begriff ‚Medienkultur' weist darauf hin, dass Medien in Alltagskulturen eine zentrale Rolle spielen: Generell unterstützen sie die soziale Organisation und Strukturierung des Alltags, stimmen ein auf verschiedene Phasen des Alltags, helfen einerseits, Belastungen und Konflikte zu bewältigen und die Beziehungen zwischen den Familienmitgliedern, Geschlechtern, gesellschaftlichen Gruppen zu regeln und werden zudem andererseits auch als Mittel der symbolischen Abgrenzung von ‚den anderen' eingesetzt, als Kampffeld um Rechte und Selbstständigkeit."

Mediatisierung bezieht sich also auf „den Prozess sozialen und kulturellen Wandels, der dadurch zustande kommt, dass immer mehr Menschen immer häufiger und differenzierter ihr soziales und kommunikatives Handeln auf immer mehr differenzierte Medien beziehen" (Krotz 2008: 53). Medien werden in diesem Kontext als „Inszenierungsmaschinen" (ebd.: 24) verstanden, durch die Interaktion und Kommunikation modifiziert, ausdifferenziert und weiterentwickelt werden – etwa zu neuen Interaktions- und Kommunikationsformen.

Im Informationszeitalter der Netzwerkgesellschaft sind Medien daher zwingend als Mittel und Verfahren zu verstehen, durch die Kultur erst artikuliert wird, da diese „unsere Wahrnehmung" bestimmen, „unsere Kommunikation" kanalisieren und wir „kulturelle Güter und ökonomische Waren mit Medien" produzieren – „ohne Medien gäbe es die gesellschaftliche Realität nicht, in der wir leben" (Münker und Roesler 2008: 7). Inwiefern und wie Medien sich gestaltend und modifizierend auf die Gesellschaft sowie im Allgemeinen als auch im Speziellen auswirken, wird über das Konzept der Mediatisierung, über das „das Wechselverhältnis von Medien und Kommunikation auf der einen Seite und Kultur und Gesellschaft auf der anderen" (Hepp 2013: 190) erfasst und beschrieben:

> Die Menschen in Kultur und Gesellschaft integrieren neue Medien für ihre und so – gesamtgesellschaftlich gesehen – für immer mehr Zwecke in ihr Alltagsleben und ihre sozialen Beziehungen wie auch für praktische Zwecke – sie benützen sie für die verschiedenen Arten des Kommunizierens und sie beziehen sich auf sie und ihre Inhalte. Dadurch wandeln sich ihre kommunikativen Formen und alles andere, was darauf beruht: Beziehungsnetze, Demokratie, Wirtschaft, Denken, Sozialisation und so weiter. (Krotz 2012: 46)

Friedrich Krotz konstatiert, dass unterschiedlicher Formen der Medientechnologien und -kommunikation innerhalb der Gesellschaft immer mehr an struktureller

5.5 Was ist Mediatisierung? 151

Bedeutung gewonnen haben, weshalb die „Geschichte der Menschheit" durchaus als eine „*Geschichte der Zunahme der Medien*" (Krotz 2010: 99) und damit der dynamischen Mediatisierung von Lebenswelt verstanden werden kann:

> Wir verstehen Mediatisierung […] dementsprechend als einen langandauernden, übergreifenden, in den verschiedenen Kulturen und historischen Phasen ungleichzeitigen und unterschiedlich sich entwickelnden Metaprozess eines Wandels von Medien, von deren Bedeutung sowie von den Chancen und Problemen, die sich daraus für die Menschen ergeben. Als Prozess von Prozessen begleitet Mediatisierung die Menschheit und wird sie auch weiter begleiten, und in ihrem Verlauf werden sich auch Kultur als Netz von Sinnbildungsprozessen sowie Gesellschaft, Alltag und Identität etc. verändern. (Krotz 2012: 38)

Dieser Metaprozess der Mediatisierung ist also nicht mit der Feststellung eines schlichten Medienwandels zu verwechseln, der die Entwicklung von Medien, wie sie in der Mediengeschichte beschrieben wird, beinhaltet, sondern beschäftigt sich vielmehr mit dem Wandel der menschlichen Kommunikation in Verbindung mit dem Medienwandel und damit verbunden mit den Veränderungen, die dieser Wandel im menschlichen Alltag mit sich bringt.

So werden nicht nur soziale Beziehungen zwischen Individuen (Mikroebene), sondern auch gesellschaftliche Organisation wie Parteien, Unternehmen und Institutionen (Mesoebene) sowie die gesamte Gesellschaft und Kultur (Makroebene) von der Mediatisierung geprägt (vgl. ebd.: 37). Dieser Prozess hat jedoch nicht erst mit den digitalen Medien begonnen, sondern existiert schon seit Jahrtausenden, da Mediatisierung dort beginnt, „wo die Menschen Zeichen benutzen, die über situative Wahrnehmbarkeit hinausgehen, um anderen etwas mitzuteilen" (ebd.). Schließlich beruht kommunikatives Handeln auf der symbolischen Dimension der Kommunikation, über die sich der Zugang zur Welt – die Zuweisung und Vererbung von Bedeutung – strukturiert. Insofern ist Kommunikation einerseits die Grundlage für die gesellschaftliche wie kulturelle Entwicklung, andererseits ist sie gleichsam als deren Ergebnis anzusehen, da sich beide Pole gegenseitig beeinflussen. Schließlich beruht Kultur auf Traditionen, Ritualen und Überlieferungen, die allein durch die Verwendung von Medien und Zeichen übermittelbar sind, welche wiederum den Kommunikationsprozess modifizieren und somit Handlungs- und Interaktionsformen verändern:

> As we engage the media, they engage us, as technological form and as sources of meaning. As we shape them, in contingent processes of production and consumption, they shape us, as sources of knowledge and – enabling and constraining – means of repression. The term I propose for such a totality of meanings and practices, frames and forms, social actions and sensory experiences and their technological infrastructure is culture. Media Culture. (Adolf 2013: 166)

Eine generelle Entwicklung der hier geschilderten Mediatisierung und deren zeitlicher Ablauf lässt sich selbstredend kaum beschreiben; versucht man allerdings Mediatisierungsprozesse in Bezug auf die Entwicklung der Massenmedien zu explizieren, können fünf Mediatisierungsschübe identifiziert werden (vgl. Meyen 2009: 25):

1. das Aufkommen der Massenpresse im letzten Viertel des 19. Jahrhunderts,
2. die Ausbreitung des Hörfunks und der Übergang von Stumm- zum Tonfilm in den späten 1920er- und frühen 1930er-Jahren,
3. die Ausbreitung des Fernsehens in den ersten Nachkriegsjahrzehnten,
4. die Kommerzialisierung des Rundfunks in den 1980er-Jahren und
5. die Digitalisierung sowie Ausbreitung des Internets ab Mitte der 1990er-Jahre.

Um nun systematisch beschreiben zu können, wie sich solche technologischen Entwicklungen – insbesondere die technologischen, semiotischen und ökonomischen Merkmale der Massenmedien – auf Individuen, Institutionen oder Gesellschaften auswirken, soll Mediatisierung in vier Teilprozesse des sozialen Wandels aufgegliedert werden, wie es Winfried Schulz (2004) vorgeschlagen hat (vgl. auch Meyen 2009: 27 f.):

- *Extension*: Medientechnologien – hier explizit als Kulturtechniken verstanden – erweitern die natürlichen Grenzen des menschlichen Kommunikationsvermögens, welches in seiner ursprünglichen Form in Bezug auf Raum, Zeit und Ausdrucksfähigkeit beschränkt ist. Die Medien dienen nun dazu, diese räumlichen und zeitlichen Distanzen zu überwinden und die gegebenen Schranken auszudehnen. Jede Neuentwicklung bedeutet in der Regel eine Erhöhung der Übertragungsgeschwindigkeit und eine Verbesserung der Qualität der Botschaft (vgl. ebd.: 88).
- *Substitution*: (Neue) Medien verdrängen zuvor nicht-mediatisierte soziale Aktivitäten (sowie ursprüngliche Formen der Kommunikation) oder verändern diese. Jüngste Beispiele dafür sind die vielen Video- und Computerspiele, die menschliche Spielkameraden ersetzen (z. B. Multi-Player-Spiele wie MMORPGs) oder auch das Online-Banking, das eine reale Interaktion mit einem Bankangestellten unnötig macht. Videotelefonie, Telefongespräche, Emails, Messenger oder soziale Netzwerke ersetzen Unterhaltungen, welche oftmals ebenso direkt stattfinden könnten (vgl. ebd.: 89).
- *Amalgamation*: Medienaktivitäten verschmelzen mit anderen (nonmedialen) Aktivitäten, wodurch eine Entgrenzung medialer und nonmedialer Aktivitäten stattfindet und sich die Nutzung von Medien immer mehr in unser alltägliches

Leben einflechtet. Wir hören beispielsweise Radio, während wir Autofahren, wir surfen in der Bahn über unser Smartphone im Internet, wir hören einen Podcast, während wir Spazieren gehen, oder wir tweeten mit anderen über unsere Lieblingsfernsehserien und -formate (vgl. ebd.)

- *Accomodation*: Allein die Tatsache, dass Medien existieren, verursacht sozialen Wandel, schließlich bieten sie eine Plattform für zahlreiche wirtschaftliche Aktivitäten. Daher ist es einleuchtend, dass sich wirtschaftliche Akteur:innen genau wie Akteur:innen in anderen gesellschaftlichen Bereichen (Politik, Sport, Unterhaltung) an die Logik der jeweiligen Medien anpassen müssen, wodurch deren Wahrnehmung, Verhalten, Kommunikation und Botschaften formatiert werden:

> In general terms, media logic consists of a form of communication; the process through which media present and transmit information. Elements of this form include the various media and the formats used by this media. Format consists, in part, of how material is organized, the style in which it is presented, the focus of emphasis on particular characteristics of behavior, and the grammar of media communication. Format becomes a framework or a perspective that is used to present as well as interpret phenomena. (Altheide und Snow 1979: 10)

Damit wird deutlich, auf welchen Ebenen sich (Teil-)Prozesse der Mediatisierung vollziehen und warum dieses Konzept so zentral geworden ist für ein detailliertes Verständnis dessen, was wir als *Medienkultur* bezeichnen.

5.6 Wozu Dispositivtheorie(n)?

Das medienkulturwissenschaftlich überaus relevante – wenn auch unscharfe – Konzept des Dispositivs wurde, um auf den Ausgang der vorliegenden Überlegungen zurückzukommen, von **Michel Foucault** übernommen, der diesen Begriff in *Dispositive der Macht* (1978) eingeführt hat, um Prozesse der Bedeutungszuschreibung und -konstruktion als Wechselspiel diskursiver und nicht-diskursiver Elementezu beschreiben. Demnach ist ein Dispositiv

> eine entschieden heterogene Gesamtheit, bestehend aus Diskursen, Institutionen, architektonischen Einrichtungen, reglementierenden Entscheidungen, Gesetzen, administrativen Maßnahmen, wissenschaftlichen Aussagen, philosophischen, moralischen und philanthropischen Lehrsätzen, kurz, Gesagtes ebenso wie Ungesagtes. Das sind die Elemente des Dispositivs. Das Dispositiv selbst ist das Netz, das man zwischen diesen Elementen herstellen kann. (Foucault 1978: 119 f.)

▶ **Michel Foucault** (1926–1984) Paul-Michel Foucault wurde am 15. Oktober 1926 als zweites Kind einer angesehenen Arztfamilie geboren in Poitiers geboren. Nach seiner Schulzeit begann er 1946 mit dem Studium der Philosophie und Psychologie an der *École normale supérieure* in Paris. Nach seinem Abschluss in Psychologie an der Sorbonne im Jahr wurde er 1951 Assistent an der Faculté des Lettres der Université de Lille. Nach einem Aufenthalt in Uppsala (Schweden) kehrte er 1960 nach Frankreich zurück wo er seine Dissertationsschrift *Folie et déraison; histoire de la folie à l'âge classique* (dt. Wahnsinn und Gesellschaft) fertig stellte und schließlich bis 1966 als Professeur de Faculté des Lettre und Directeur du Département de Philosophie an der Universität Clermont-Ferrand wirkte. Foucault starb schließlich am 15.6.1984 in Paris an Aids. Wichtige Werke: *Wahnsinn und Gesellschaft. Eine Geschichte des Wahns im Zeitalter der Vernunft* (1969); *Die Ordnung der Dinge: Eine Archäologie der Humanwissenschaften* (1971); *Archäologie des Wissens* (1973); *Überwachen und Strafen: Die Geburt des Gefängnisses* (1976); *Dispositive der Macht* (1978); *Analytik der Macht* (2005).

Da Dispositive ‚Macht' – verstanden als ein „koordiniertes Bündel von Beziehungen" – sowohl regulieren als auch produzieren, haben sie eine „vorwiegend strategische Funktion" (ebd.: 126, 120), die allerdings nicht allein als diskursive Formation zu verstehen ist, sondern sich zudem in einer konkreten räumlichen Anordnung als eines der Elemente des Dispositivs vollzieht, innerhalb welcher bspw. Wahrnehmungen, Wissen und Normen strukturiert werden. Als aisthetisch-epistemische Ordnungen und räumliche Anordnungen sind Dispositive allerdings nicht als statische Konstrukte, sondern als dynamische Strukturen anzusehen, die sich intentional ausrichten (lassen), um Machtbeziehungen zu koordinieren und zu re-konfigurieren (vgl. ebd.). Überträgt man diese Überlegungen auf einen medialen Kontext, ergibt sich ein Spannungsverhältnis zwischen dem Subjekt und der Technik innerhalb der Zuweisung einer Rezeptionsposition sowie spezifischer Rezeptionsmodalitäten durch die Architektur des Mediums:

> Das apparative Erscheinen ist an eine Anordnung des Sehens gebunden, die den Sehenden mit der (apparativ hergestellten) Sichtbarkeit koppelt. Insofern geht die Ordnung des Sehens (oder die dispositive Struktur) über die apparativen Herstellungen von Sichtbarkeit hinaus und schließt jene ein. Die Anordnung des Sehenden (Beobachters) im Dispositiv distanziert ihn zugleich und nähert ihn dem Sichtbaren an. Die dispositive Struktur apparativen Erscheinens will Nähe durch Distanz. (Paech 1991: 777)

Angewendet auf die apparative Anordnung des Mediums ‚Kino' versucht Jean-Louis Baudry in seinen Aufsätzen *Ideologische Effekte erzeugt vom Basisapparat*

5.6 Wozu Dispositivtheorie(n)?

(1970) und *Das Dispositiv. Metapsychologische Betrachtungen des Realitätseindrucks* (1975) jene tiefen psychologischen Effekte aufzuspüren, die das kinematografische Dispositiv bei den Zuschauenden auslöst. Hierfür bedient er sich des Höhlengleichnisses von Platon, der hier eine Situation entwirft, in der einige Menschen von Geburt an gefesselt in einer Höhle festgehalten werden – den Blick stets auf eine Wand gerichtet. Hinter den Gefesselten befindet sich ein Feuer, das die Schatten ihrer Wächter auf eben jene Höhlenwand projiziert und sie „tatsächlich dazu bringt, das Stellvertretende für real zu halten", da sie durch „ihre motorische Lähmung, die Unmöglichkeit, von dort, wo sie sind, wegzugehen" nicht in der Lage sind, eine *„Realitätsprüfung"* vorzunehmen (Baudry 2004: 387). Diese Wahrnehmungssituation rekonstruiert Baudry als kinematografische Erfahrung, innerhalb welcher „das Subjekt, an das die Projektion sich richtet, eingeschlossen ist" (ebd.: 320): So wie die Gefangenen in der Höhle, sind auch die Kinobesucher:innen in ihrer Bewegungsmöglichkeit eingeschränkt und haben ebenso wenig die Möglichkeit, eine Realitätsprüfung zu vollziehen. Zudem handelt es sich sowohl bei der Höhle als auch beim Kinosaal um dunkle Räume, die Projektionsquelle befindet sich in beiden Fällen hinter den Personen und die Wahrnehmung ist bei den Gefesselten wie bei den Zuschauer:innen auf das Visuelle und Auditive beschränkt. Es ist ihre spezifische, von der dispositiven Anordnung der beteiligten Elemente zugewiesene, Position, die sie zu *Kino-Subjekten* mit einem „artifiziellen Charakter" (ebd.: 402) machen. Dabei bezieht sich das Konzept des Dispositivs auf die Elemente Projektor und Leinwand, welche durch den Basisapparat, bestehend aus dem Raum, der Sitzanordnung, der Dunkelheit, die Montage und die Perspektivierung erweitert wird (vgl. ebd. 404), denn basierend auf „dem Prinzip eines Fixpunktes, im Bezug auf den die visualisierten Gegenstände angeordnet sind, umschreibt [die Kamera] wiederum die Position des Subjekts, den genauen Ort den es notwendigerweise einnehmen muss" (Baudry 2003: 29). Die Perspektivierung des Dargestellten durch die Kamera bestimmt also die Perspektive der Zuschauenden und damit, was sie wie wahrnehmen.

Hier offenbaren sich schließlich die Machtstrukturen und Subjektivierungsstrategien, die bereits bei Foucault diskutiert werden: Das Medium ‚Kino' erzeugt über seine dispositive Strukturierung der spezifischen Wahrnehmungsanordnung die notwendigen Voraussetzungen dafür, dass der Realitätseindruck – die Illusion der Realität durch technologische Überwältigung – erst entstehen kann, in welchem es seine ideologische Wirkung, nämlich die Erzeugung eines *artifiziellen transzendentalen Subjekts*, dass sich und die (vorgebliche) Welt ‚erkennt' innerhalb einer Wahrnehmungsdisziplinierung, entfaltet.

Es sind folglich die Prozesse, Elemente und Konstellation der technikinduzierten Sinnerzeugung, die über das Konzept des Dispositivs erfasst werden sollen, weshalb es nicht verwundert, dass das Prinzip der technischen Anordnung auch auf Medien wie das Fernsehen und dessen inhärente Rezeptionssituation angewendet werden können:

> Der Zuschauer ist in einer zentralen Achse auf das bewegte Bild hin ausgerichtet, in diesem ist wie im Kinobild, bei vergleichbarer Flächigkeit des Bildes und Randbegrenzung des Bildkaders, die Perspektivität des fotografischen Bildes mit den Fluchtpunktperspektiven eingeschrieben. Dadurch wird ähnlich dem Kinobild ein Realitätseindruck vermittelt bzw. suggeriert. (Hickethier 1995: 64)

Nach Hickethier ist zu betonen, dass sich die Wahrnehmungsordnung des Fernsehens allerdings von der kinematografischen durch die „fehlende Abdunkelung des Umraums", die „deutlich kleinere Bildfläche", die „andere Projektionsrichtung" (Kino projiziert von hinten, Fernsehen von vorne) und die „Platzierung des Zuschauers, die jetzt im privaten Wohnumfeld und nicht mehr in einem gesellschaftlich institutionalisierten besonderen Aufführungsraum (dem Kino bzw. Lichtspieltheater) erfolgt", unterscheidet (ebd.: 65). Wie Baudry versteht also auch Hickethier das Dispositiv als technische Anordnung der am medialen Ensemble beteiligten Elemente, welche die Zuschauer mit dem „Netz medialer Institutionen", über das „staatliche und halbstaatliche Einrichtungen als Machtinstanzen auf die Fernsehkommunikation" einwirken, verbinden (ebd.). In seiner Beschreibung des Dispositivs ‚Fernsehen' geht Hickethier allerdings über diese ursprüngliche technisch-materielle Bestimmung hinaus:

> Die dispositivbezogene Betrachtung dieser gesellschaftlichen Rahmungen sucht nun gerade nach den Verflechtungen und Vernetzungen auf den verschiedenen materialen Ebenen, sieht Gesetze und gebaute Architektur, Senderlogos und Programmrichtlinien, administrative Strukturen der Sender und Genrekategorien, Rezeptionssituationen und Technik, Zuschauererwartungen und medienindustrielles Kalkül zusammen. (Ebd. 70)

Wie bereits weiter oben beschrieben, sind auch Mediendispositive nicht als statische Konstrukte zu verstehen, sondern können als dynamische Konstellationen angesehen werden, die einem ständigen Wandel unterworfen sind. So hat beispielsweise das aktuelle Kino kaum noch Ähnlichkeit mit der frühen Kinematografie (es haben essenzielle Veränderung in der Kamerabewegung, Gestaltung, Format, Ton- und Bildqualität usw. stattgefunden), ebenso wie das Fernsehen bzw. Streaming heute (auf der heimischen Leinwand, dem Tablet oder Smartphone) nichts mehr mit den Schwarz-Weiß-Apparaten der 1960er-Jahre zu tun hat – weder technisch, noch ästhetisch oder strukturell, weil „die Einpassung der Zuschauer in diese Anordnung ständig optimiert wird und sich darin die Verweigerungs- und Modifizie-

5.6 Wozu Dispositivtheorie(n)?

rungsaktivitäten der Zuschauer ebenfalls ständig neu formulieren" (Hickethier 1993: 176 f.).

Solche spezifisch medialen Anordnungsstrukturen lassen sich nicht nur für den Computer oder das Smartphone, sondern auch für das Internet festmachen. Als heterogene Ensembles aus unterschiedlichen Technologien, Interfaces, Displays, Plattformen und Anwendungen weisen diese (Hyper-)Medien deutlich einen dispositiven Charakter auf. Für die technisch-materiell verkörperten Medien des Computers und des Smartphones scheint die Annahme einer technologisch induzierten Nutzungs- und Wahrnehmungsordnung durchaus einzuleuchten (vgl. Kaerlein 2018). Die institutionelle Einbindung wiederum erfolgt vor allem über die *Services*, die über diese Geräte zur Verfügung gestellt werden, weshalb das Internet und dessen Eigenschaft der *Algorithmizität* zwingend als Teil dieser Dispositive gedacht werden muss. Das Internet ist letztendlich durch „automatisierte Entscheidungsverfahren" geprägt, die uns über die Suchmaschinen mit der Informationslandschaft verbinden und „Grundlagen des singulären und gemeinschaftlichen Handelns werden können" (Stalder 2016: 13). Byun-Chul Han bringt diese Beobachtung direkt mit den Erkenntnissen Foucaults in Verbindung und identifiziert vor allem Soziale Netzwerke und Smartphones als **(digitale) Dispositive** der Macht (vgl. Han 2014).

Das digitale Dispositiv (Han 2014: 18–23)
„Das digitale Netz wurde am Anfang als Medium unbegrenzter Freiheit gefeiert. […] Diese anfängliche Euphorie erweist sich heute als eine Illusion. Die grenzenlose Freiheit und Kommunikation schlagen nun in totale Kontrolle und Überwachung um. Auch soziale Medien gleichen immer mehr digitalen Panoptiken, die das Soziale überwachen und gnadenlos ausbeuten. […] Die Insassen des Benthamschen Panoptikums wurden zum Disziplinierungszweck voneinander isoliert und dürfen nicht miteinander sprechen. Die Bewohner des digitalen Panoptikums hingegen kommunizieren intensiv miteinander und entblößen sich freiwillig. So bauen sie aktiv mit am digitalen Panoptikum. Die digitale Kontrollgesellschaft macht intensiven Gebrauch von der Freiheit. Sie ist nur möglich dank freiwilliger Selbstausleuchtung und Selbstentblößung. Der digitale Big Brother lagert seine Arbeit gleichsam an seine Insassen aus. So erfolgt die Preisgabe von Daten nicht auf Zwang, sondern aus einem inneren Bedürfnis heraus. Darin liegt die Effizienz des digitalen Panoptikums. […] Jedes Dispositiv, jede Herrschaftstechnik bringt eigene Devotionalien hervor, die zur Unterwerfung eingesetzt

werden. Sie materialisieren und stabilisieren die Herrschaft. Devot heißt unterwürfig. Das Smartphone ist eine digitale Devotionalie, ja die Devotionalie des Digitalen überhaupt. Als Subjektivierungsapparat fungiert es wie ein Rosenkranz, der in seiner Handlichkeit auch eine Art Handy darstellt. Sie dienen beide zur Selbstprüfung und Selbstkontrolle. Die Herrschaft steigert ihre Effizienz, indem sie die Überwachung an jeden einzelnen delegiert. Like ist digitales Amen. Während wir Like klicken, unterwerfen wir uns dem Herrschaftszusammenhang. Das Smartphone ist nicht nur ein effektiver Überwachungsapparat, sondern auch ein mobiler Beichtstuhl. Facebook ist die Kirche des Digitalen."

Dispositivtheorien zeigen auf, dass Medien niemals als neutrale Vermittler:innen angesehen werden dürfen, sondern in vielfältige Strukturen der Macht eingebunden sind und diese gleichsam verkörpern. Dieses medienkritische Konzept geht folglich von einem Spannungsverhältnis zwischen Subjekt und Medium aus, *in dem* und *mit dem* gesellschaftliche Verhältnisse verhandelt werden, wodurch diese Theorien wichtige Erkenntnisse für *eine* Medienkulturwissenschaft generieren können.

Zusammenfassung
Medienkulturwissenschaft kommt nicht ohne Theoriebildung aus, diese Theoriebildung jedoch nicht ohne technologische und ästhetische Implikationen. Versteht man unter diesen Implikationen nicht ausschließlich etwas, das mit der objekt-orientierten Seite von Kunst, Design und Massenmedien zu tun hat, sondern etwas, das im eigentlichen Sinn des Wortes die menschlichen Sinne und damit die anthropologische Wahrnehmung anspricht, dann eröffnen sich für die Medienkulturwissenschaft Optionen, die Handhabung von Medien (ihren Gebrauch), ihre Wirkungsweisen (ihre Rezeption), ihre Materialität (ihre technische Bedingtheit, Konstitution und Distribution) und ihre Dynamik für kulturelle Prozesse (ihre medien-ökologische und transformative Kraft) adäquat zu beschreiben. Medientheoretische wie medienästhetische Herangehensweisen können einsichtig gemacht werden, indem man die Begriffe des ‚Kanals', der ‚Materialität' und des ‚Prozessierens' diskutiert und diese mit Medien-Texten abgleicht, d. h. beides miteinander konfrontiert. Erkennbar wird dabei, wie sehr das Produktive, das Kommunikative, aber auch das Störende und Rauschende der Medien eine Kultur strukturiert und dynamisiert, die am Alltag orientiert ist und diesen gleich-

zeitig kategorisch beeinflusst. Medientheorien und Medienästhetiken bleiben hier ein Zeugnis für die wissenschaftliche ‚Qualität' der Medienkulturwissenschaft und ihr bedeutendes Fundament. Von ihnen aus kann der sinnvolle Zugriff auf Einzelphänomene und spezifizierte Fragestellungen erfolgen. Ein Spezialgebiet, das immer mehr an Bedeutung gewinnt, ist schließlich dasjenige der sozialen Medien, dass die Frage nach Medialität, Technik und Kultur sowie nach der Wahrnehmung und den Sinnen mit der Frage nach der Zukunft der vernetzten und hyperlokalen Technik-Gemeinschaften neu situiert.

Literatur

Adolf, Marian T.: „Clarifying mediatization: Sorting through a current debate". In: *Empedocles: European Journal for the Philosophy of Communication* 3.2 (2013), S. 153–175.

Anders, Günther: „Die Welt als Phantom und Matrize. Philosophische Betrachtungen über Rundfunk und Fernsehen". In: Anders, Günther: *Die Antiquiertheit des Menschen*. Erster Band: *Über die Seele im Zeitalter der zweiten industriellen Revolution*. München 1980. S. 97–212.

Altheide, David L. / Snow, Robert P.: *Media Logic*. Beverly Hills 1979.

Baudrillard, Jean: *Der symbolische Tausch und der Tod* [1976]. Berlin 2005.

Baudrillard, Jean: *Simulacra and Simulation* [1981]. Ann Arbor 2010.

Baudry, Jean-Louis: „Das Dispositiv. Metapsychologische Betrachtungen des Realitätseindrucks". In: Pias, Claus et al. (Hg.): *Kursbuch Medienkultur. Die maßgeblichen Theorien von Brecht bis Baudrillard*. Stuttgart 2004, S. 381–404.

Baudry, Jean-Louis: „Ideologische Effekte erzeugt vom Basisapparat". In: Riesinger, Robert (Hg.): *Der kinematographische Apparat. Geschichte und Gegenwart einer interdisziplinären Debatte*. Münster 2003, S. 27–40.

Benjamin, Walter: *Das Kunstwerk im Zeitalter seiner technischen Reproduzierbarkeit* [1935]. Göttingen 2019.

Bensch, Georg: *Vom Kunstwerk zum ästhetischen Objekt. Zur Geschichte der phänomenologischen Ästhetik*. München 1994.

Bense, Max: *Einführung in die informationstheoretische Ästhetik. Grundlegung und Anwendung in der Texttheorie*. Hamburg 1969.

Bidlo, Oliver: *Medienästhetik und Alltagswelt. Studien zur Mediatisierung*. Essen 2019.

Birkner, Thomas: *Medialisierung und Mediatisierung*. Baden-Baden 2017.

Coman, Mihai / Rothenbuhler, Eric W.: „The Promise of Media Anthropology". In: Coman, Mihai / Rothenbuhler, Eric W. (Hg.): *Media Anthropology*. Thousand Oaks/London/New Delhi 2005, S. 1–11.

Eco, Umberto: *Einführung in die Semiotik*. 9. unver. Auflage. Paderborn 2002.

Engell, Lorenz / Siegert, Bernhard: „Editorial". In: *Zeitschrift für Medien- und Kulturforschung* 1 (2013), S. 5–10.

Flusser, Vilém: *Vom Subjekt zum Projekt. Menschwerdung.* Hg. von Stefan Bollmann u. Edith Flusser. Frankfurt a.M. 1998.
Flusser, Vilém: *Kommunikologie.* Mannheim 1996b.
Flusser, Vilém: *Ins Universum der technischen Bilder.* Göttingen 1985.
Flusser, Vilém: *Krise der Linearitat. Vortrag im Kunstmuseum Bern, 20. März 1988.* Bern 1992.
Foucault, Michel: *Dispositive der Macht. Über Sexualität, Wissen und Wahrheit.* Berlin 1978.
Freud, Sigmund: *Das Unbehagen in der Kultur* [1930]. Frankfurt 1974.
Gemoll, Wilhelm / Vretska, Karl (Hg.): *Griechisch-deutsches Schul- und Handwörterbuch.* ¹⁰München 2006.
Grabbe, Lars C.: *Analytische Phänosemiose. Systematische Medientheorie zwischen Wahrnehmung, Technologie und Zeichen.* Marburg 2021.
Gsöllpointner, Katharina: „Digital Synesthesia: The Merge of Perceiving and Conceiving". In: Grabbe, Lars C. / Rupert-Kruse, Patrick / Schmitz, Norbert M. (Hg.): *Cyborgian Images. The Moving Image between Apparatus and Body.* Marburg 2015, S. 102–127.
Han, Byung-Chul: *Psychopolitik. Neoliberalismus und die neuen Machttechniken.* Frankfurt a.M. 2014.
Hepp, Andreas: „Mediatisierung". In: Schröter, Jens (Hg.): Handbuch Medienwissenschaft. Heidelberg/Berlin 2013, S. 190–197.
Hickethier, Knut: „Dispositiv Fernsehen. Skizze eines Modells". In: *montage AV. Zeitschrift für Theorie und Geschichte audiovisueller Kommunikation* 4.1 (1995), S. 63–83.
Hickethier, Knut: „Dispositiv Fernsehen, Programm und Programmstrukturen in der Bundesrepublik Deutschland". In: Hickethier, Knut (Hg.): *Institution, Technik und Programm. Rahmenaspekte der Programmgeschichte des Fernsehens.* München 1993, S. 171–243.
Hjarvard, Stig: „The Mediatization of Society. A Theory of the Media as Agents". In: *Nordicom Review* 29.2 (2008), S. 105–134.
Huber, Hans Dieter: „Bildhafte Vorstellungen. Eine Begriffskartografie der Phantasie". In: Huber, Hans Dieter / Lockemann, Bettina / Scheibel, Michael (Hg.): *Visuelle Netze. Wissensräume in der Kunst.* Ostfildern-Ruit 2004, S. 165–216.
Innis, Harold A.: *Empire and Communications.* Oxford 1950.
Kapp, Ernst: *Grundlinien einer Philosophie der Technik* [1877]. Düsseldorf 1978.
Karpenstein-Eßbach, Christa: *Einführung in die Kulturwissenschaft der Medien.* Paderborn 2004.
Kaufmann, Bettina: *Symbol und Wirklichkeit. Ernst Ludwig Kirchners Bilder aus der Phantasie und Edvard Munchs Lebensfries.* Bern 2007.
Krämer, Sybille: „,Performativität' und ‚Verkörperung'. Über zwei Leitlinien für eine Reflexion der Medien". In: Pias, Claus (Hg.): *Neue Vorträge zur Medienkultur.* Weimar 2000, S. 185–197.
Krotz, Friedrich: „Von der Entdeckung der Zentralperspektive zur Augmented Reality: Wie Mediatisierung funktioniert". In: Krotz, Friedrich / Hepp, Andreas (Hg.): *Mediatisierte Welten. Forschungsfelder und Beschreibungsansätze.* Wiesbaden 2012, S. 27–55.
Krotz, Friedrich: „Kommunikations- und Medienwissenschaft unter den Bedingungen von Medienkultur". In: Hepp, Andreas / Höhn, Marco / Wimmer, Jeffrey (Hg.): *Medienkultur im Wandel.* Konstanz 2010, S. 93–105.

Krotz, Friedrich: „Kultureller und gesellschaftlicher Wandel im Kontext des Wandels von Medien und Kommunikation". In: Krotz, Friedrich (Hg.): *Medienkultur und soziales Handeln*. Wiesbaden 2008, S. 43–62.

Kurt, Ronald: *Hermeneutik. Eine sozialwissenschaftliche Einführung*. Konstanz 2004.

Matzker, Reiner: *Ästhetik der Medialität*. Zur Vermittlung von künstlerischen Welten und ästhetischen Theorien, König, Burghard (Hg.) 2008. Hamburg: Rowohlt Taschenbuch Verlag.

McLuhan, Marshall: „The Gadget Lover: Narcissus as Narcosis". In: Gordon, W. Terrence (Hg.): *Understanding Media. The Extensions of Man. Critical Edition*. Berkeley 2011, S. 61–70.

McLuhan, Marshall: *The Gutenberg Galaxy. The Making of Typographic Man*. Torronto 1962.

Meyen, Michael: „Medialisierung". In: *Medien- und Kommunikationswissenschaft* 57.1 (2009), S. 23–38.

Mitchell, William John Thomas: „The Pictorial Turn". In: *Artforum* 30.7 (1992), S. 89–94.

Münker, Stefan / Roesler, Alexander: „Vorwort". In: Münker, Stefan / Roesler, Alexander (Hg.): *Was ist ein Medium?* Frankfurt a.M. 2008, S. 7–12.

Orgad, Shani: *Media Representation and the Global Imagination*. Hoboken 2012.

Paech, Joachim: „Die Dame verschwindet. Zur dispositiven Struktur apparativen Erscheinens". In: Gumbrecht, Hans Ulrich / Pfeiffer, K. Ludwig (Hg.): *Paradoxien, Dissonanzen, Zusammenbrüche. Situationen offener Epistemologie*. Frankfurt a.M. 1991, S. 773–790.

Postman, Neil: „The Humanism of Media Ecology". In: *Proceedings of the Media Ecology Association* 1 (2000), S. 10–16. Online: www.media-ecology.org/publications/MEA_proceedings/v1/postman01.pdf, 23.06.2021.

Peirce, Charles S.: *Collected Papers of Charles Sanders Peirce (Peirce, CP)*. Vol. I–VI, hg. v. Hartshorne, Charles / Weiß, Paul. Cambridge, Mass. 1931–1935.

Rinofner-Kreidl, Sonja: *Edmund Husserl: Zeitlichkeit und Intentionalität*, (Phänomenologie 2, Kontexte; Bd. 8), Freiburg (Breisgau) 2000. München: Alber.

Ruf, Oliver / Schaffers, Uta (Hg.): *Kleine Medien. Kulturtheoretische Lektüren*. Würzburg 2019.

Rusch, Gebhard: „Medientheorie". In: Schanze, Helmut (Hg.): *Metzler Lexikon Medientheorie / Medienwissenschaft*. Stuttgart/Weimar 2002b, S. 252–255.

Sass, Hans-Martin: „Einleitung". In: Kapp, Ernst: *Grundlinien einer Philosophie der Technik* [1877]. Düsseldorf 1978. V-XXXXII.

Schanze, Helmut: „Medienwissenschaften". In: Schanze, Helmut (Hg.): *Metzler Lexikon Medientheorie / Medienwissenschaft*. Stuttgart/Weimar 2002b, S. 260.

Schneider, Norbert: *Geschichte der Ästhetik von der Aufklärung bis zur Postmoderne. Eine paradigmatische Einführung*. Stuttgart [6]2017.

Schnell, Ralf: „Medienästhetik". In: Schanze, Helmut (Hg.): *Metzler Lexikon Medientheorie / Medienwissenschaft*. Stuttgart/Weimar 2002, S. 207–211.

Schröter, Jens: „Einleitung". In: Schröter, Jens (Hg.): *Handbuch Medienwissenschaft*. Stuttgart/Weimar 2014, S. 1–11.

Schulz, Winfried: „Reconstructing mediatization as an analytical concept". In: *European Journal of Communication* 19 (2004), S. 87–101.

Sobchack, Vivian: *The Address of the Eye. A Phenomenology of Film Experience*. Princeton, NJ 1992.

Stachowiak, Herbert: *Allgemeine Modelltheorie*. Wien 1973.
Stalder, Felix: *Kultur der Digitalität*. Berlin 2016.
Stiegler, Christian: „Digitale Medientheorien". In: Stiegler, Christian / Breitenbach, Patrick / Zorbach, Thomas (Hg.): *New Media Culture. Mediale Phänomene der Netzkultur.* Bielefeld 2015, S. 11–28.
Strate, Lance: *Media Ecology. An Approach to Understand the Human Condition.* New York 2008.
Thomas, Tanja: „Vorwort". In: Thomas, Tanja (Hg.): *Medienkultur und soziales Handeln.* Wiesbaden 2008, S. 7–16.
Trabant, Jürgen: *Elemente der Semiotik*. München 1976.
Welsch, Wolfgang: *Ästhetisches Denken*. Stuttgart ⁶2003.
Wiesing, Lambert: „Merleau-Pontys Entdeckung der Wahrnehmung". In: Merleau-Ponty, Maurice: *Das Primat der Wahrnehmung*. Hg. v. Lambert Wiesing. Frankfurt a.M. 2003, S. 85–125.

Weiterführende Literatur

Böhme, Gernot: *Aisthetik. Vorlesungen über Ästhetik als allgemeine Wahrnehmungslehre.* München 2001. Klassiker der Wahrnehmungstheorie.
Bohn, Ralf / Fuder, Dieter: *Baudrillard. Simulation und Verführung*. München 1994. Ausführlicher Sammelband zu zentralen Konzeptionen in Baudrillards Werken.
Eckholdt, Matthias: *Medien der Macht. Macht der Medien*. Berlin 2007. Eine fundierte Auseinandersetzung mit der Disziplinarmacht der Massenmedien.
Fahle, Oliver / Hanke, Michael / Ziemann, Andreas: *Technobilder und Kommunikologie. Die Medientheorie Vilém Flussers*. Berlin 2009. Ein Sammelband, der die zentralen Konzepte von Flussers Medientheorie im Zusammenhang von Kommunikation und Kultur diskutiert.
Gnosa, Tanja: *Im Dispositiv. Zur reziproken Genese von Wissen, Macht und Medien*. Bielefeld 2018. Die Studie setzt sich detailliert mit der Verwendung des medienwissenchaftlichen Dispositivbegriffs und dessen Ursprüngen bei Foucault auseinander.
Helmes, Günter / Köster, Werner (Hg.): *Texte zur Medientheorie*. Stuttgart 2002. Textsammlung wichtiger bzw. einschlägiger ‚Klassiker' medientheoretischer Beschreibungen in bewährtem Reclam-Format.
Kaerlein, Timo: *Smartphones als digitale Nahkörpertechnologien. Zur Kybernetisierung des Alltags*. Bielefeld 2018. Eine aufschlussreiche kulturwissenschaftliche Auseinandersetzung mit dem Phänomen ‚Smartphone'.
Leschke, Rainer: *Einführung in die Medientheorie*. München 2003. Philosophisch gründliche Einführung, die theoretische Begriffe wie ‚Intermedialität', ‚Medienontologien' und ‚Medienphilologie' dazu nutzt, eine Systematisierung von Medientheorien vorzuschlagen.
Mersch, Dieter: *Medientheorien zur Einführung*. Hamburg 2013. Gründliche Einführungsmonographie eines prominenten Gegenwartsphilosophen in der etablierten Junius-Reihe.
Roesler, Alexander / Stiegler, Bernd (Hg.): *Grundbegriffe der Medientheorie*. Paderborn 2005. Band, der eine Reihe medientheoretischer Begrifflichkeiten – von ‚Analog/digital'

und ‚Aura' über ‚Cyberspace' und ‚Medienökologie' bis hin zu ‚Prothese', ‚Simulakrum' und ‚Virtualität' – in Form eines kleinen Lexikons entfaltet.

Sandbothe, Mike / Nagl, Ludwig (Hg.): *Systematische Medienphilosophie.* Berlin 2005. Sonderband der *Deutschen Zeitschrift für Philosophie,* in dem sinnliche Wahrnehmungstheorien ebenso zu Wort kommen wie semiotische Informations- und Kommunikationsmedien und technische Verbreitungs-, Verarbeitungs- und Speichermedien.

Schanze, Helmut (Hg.): *Metzler Lexikon Medientheorie und Medienwissenschaft.* Stuttgart 2002. Ausführliches Standardwerk, das in jeder medienwissenschaftlichen Bibliothek nicht fehlen darf.

Waldenfels, Bernhard: *Einführung in die Phänomenologie.* München 1992. Zentrales Werk neuerer Phänomenologie.

Weber, Stefan (Hg.): *Theorien der Medien.* Konstanz ²2010. Komplexes Sammelwerk, in dem das Theoriespektrum der Medienwissenschaft einen näheren Überblick erfährt; die Erläuterung von Techniktheorien steht beispielsweise neben derjenigen von ökonomischen Theorien der Medien, konstruktivistische Medientheorien neben Systemtheorien der Medien, feministische Medientheorien neben psychoanalytischen.

Wiesing, Lambert: *Artifizielle Präsenz. Studien zur Philosophie des Bildes.* Frankfurt a.M. 2005. Jüngeres bedeutendes bildtheoretisches Werk.

Yeh, Sonja: *Anything goes? Postmoderne Medientheorien im Vergleich. Die großen (Medien-)Erzählungen von McLuhan, Baudrillard, Virilio, Kittler und Flusser.* Bielefeld 2013. Vergleichende Studie zu Gemeinsamkeiten und Differenzen zwischen unterschiedlichen medientheoretischen Perspektiven.

Schlusswort 6

Die vorliegende Einführung in das besonders heterogene Themenfeld der Medienkulturwissenschaft hat in besonderer Weise die Auseinandersetzung mit zentralen Leitbegriffen, gängigen Kontexten und Diskursen der medienwissenschaftlichen Kulturforschung erfordert. Dabei ging es den Autoren gleichermaßen um eine wissenschaftlich-systematische wie auch eine didaktische Perspektive, um einerseits die historischen Entwicklungen der Medienkulturwissenschaft nachzuzeichnen und dieses gleichsam kartografische Unterfangen andererseits für Studierende und Forschende kohärent und nachvollziehbar auf eine grundsätzlich evolutionäre Entwicklung von Medien übertragen zu können. Medien konnten dabei weit über ihren Status als technische Artefakte hinaus und konnten zudem als kulturtechnische Modi eingestuft werden, die ihrerseits besondere Fähigkeiten und Handlungen ermöglichen und befördern. Als Themengegenstand einer (in diesem Sinne) *progressiven Medienkulturwissenschaft* werden Medien mithin jenseits ihrer je eigenen Technizität verstehbar, vor allem im Kontext ihrer gesellschaftlichen und zeichenhaften Dimension(en). Hier fungieren einige Medien als dominante Leitmedien (vgl. Wilke 1999) mit besonderem kulturellem Stellenwert – beispielhaft die Schrift als visueller Speicher für sprachliche Kommunikation. Wiederum andere Medienformationen werden dann verstehbar gemäß ihrer strukturellen Kennzeichnung als Funktionsträger – wie Glasfaser für den Datentransfer, DVD als Speicherformat, Buchdruck als Wissensspeicher, Bücher als Lernmedien, Fotografien als Dokumentation der Realität oder akustische sowie audio-visuelle Medien für die dynamische Sinnesadressierung und Kommunikation raum-zeitlicher Weltbezüge.

© Der/die Autor(en), exklusiv lizenziert an Springer Fachmedien
Wiesbaden GmbH, ein Teil von Springer Nature 2022
O. Ruf et al., *Medienkulturwissenschaft*,
https://doi.org/10.1007/978-3-658-24395-1_6

Die Medienkulturwissenschaft bleibt jedoch eine Wissenschaft der Medien, weil sie (der Medienwissenschaft schlechthin ähnlich) den spezifischen Umgang mit medialen und kulturellen Artefakten in den Blick nimmt und deren Wirkungshorizonte historisch und systematisch auslotet. Gleichzeitig nimmt sie Kenntnis von den sozialen und ökonomischen Bedingungen der Distribution und Kommunikation, als kennzeichnende Aspekte der modernen Publizistik- und Kommunikationswissenschaft (vgl. Hickethier 2003: 6 f.). Die vorliegende Einführung legt ihren Akzent demgegenüber verstärkt und bewusst auf den Aspekt der kulturellen Dynamik von Medien und medialen Artefakten und lenkt an verschiedenen Stellen einen Blick auf die diversen Schnittstellen der unterschiedlichen Ansätze im Kontext des Medienverstehens. Ausgangslage dieser Einführung ist demnach ein starker Begriff der ‚Medienkultur', wobei ganz bewusst von einer medial konstituierten Lebenswelt im Sinne einer dynamischen Medienökologie ausgegangen wird (vgl. Grabbe / Held / Ruf 2021). Demgemäß befindet sich eine kulturwissenschaftlich forcierte Medienbestimmung im Zentrum der einzelnen Kapitel und Abschnitte, denn letztlich sind Medien grundsätzlich verstehbar als diejenigen strukturellen Formen, durch welche Kultur hergestellt und stabilisiert sowie Kommunikation ermöglicht wird. Medien durchdringen nicht nur die Gesellschaft; sie stellen diese samt aller kommunikativer Interdependenzen selbst her. Das Mediale wird zum Apriori der Kultur und durchdringt die verschiedenen medialen Artefakte und Systeme, wobei neben der gelungenen Funktionsrealisierung der Kommunikation gerade den Hindernissen, Interzeptionen, Verschlüsselungen und Störungen ein besonderer Stellenwert für das Verständnis kultureller Gefüge und deren Fragilität wie Infragilität zukommt.

Das Ziel dieser Einführung ist daher bewusst und überzeugt als ein gezielter Blick über den Tellerrand zu verstehen. Und damit soll sich auch zu bisherigen medienwissenschaftlichen Einführungen abgegrenzt werden: Es handelt sich um ein selbstbewusstes Projekt, eine Medienkultur als Gestaltungsdispositiv zu erkennen, d. h. als Maßnahme, Kartografie oder Systematisierung, die bestimmte strukturelle Komponenten und Vorentscheidungen bei der Herstellung, beim Einsatz und bei den zahlreichen Interaktionen von Medien untereinander und in Beziehung zu weiteren kulturellen Phänomenen erfasst, beschreibt und festhält.

Der methodische Impetus der Medienkulturwissenschaft legt zudem verstärkt einen Fokus auf die historischen Zusammenhänge einzelner Medientypen, -technologien und (medien-)evolutionären Weiterentwicklungen sowie intermedialen Interdependenzen. Dadurch lässt sich produktiv systematisieren und verstehen, wie ein bestimmtes Medium im jeweils spezifischen zeitgenössischen Kontext entstanden ist, welchen technologische Wandlungen es unterliegt und in welche Richtung sich sein gesellschaftlicher Einfluss, dessen Wachstum und auch sein poten-

6 Schlusswort

zieller Niedergang im Abgleich mit weiteren Medien bewegt. Daher lässt sich die spezifische Historizität der Medienkultur, wie sie mit dieser Einführung vorgeschlagen wird, mit der Geschichte der Schrift und des Schreibens beginnend darlegen; es werden daran Entwicklungen im Kontext der Bildherstellung und -verwendung angeschlossen, die Dynamiken von Telegrafie und Telekommunikation skizziert, um anschließend ein Schlaglicht auf Hörfunk, Film und Fernsehen zu werfen sowie um schließlich bei neuen Medientechnologien und -formationen anzugelangen. Mediengeschichte ist dabei, wie hier deutlich gezeigt werden kann, ein notwendiges Vehikel, um das Wesen von Medien zu begreifen; sie ist eine der wesentlichen Voraussetzungen medienkulturwissenschaftlicher Tätigkeit.

Da eine solche *tatsächlich* progressive Medienkulturwissenschaft niemals ohne eine systematische und reflexive Theoriebildung auskommen kann, möchte diese Einführung einen Beitrag dazu leisten, um die Implikationen von Kultur, Technologie, Theorie und Ästhetik produktiv aufeinander zu beziehen und für die Leser:innenschaft einführend und doch stichhaltig zu vermitteln. Damit sollen auch eine wissenschaftliche Schärfung forciert, Forschungsstandards etabliert und ein breiterer Konsens medienkulturwissenschaftlicher Beschäftigung erreicht werden. Dazu sollen die genannten Implikationen zwar einerseits die objekt-orientierte Seite von Kunst, Design und Massenmedien adressieren, aber gleichzeitig die im eigentlichen Sinn des Wortes menschlichen Sinne (und damit die anthropologische Wahrnehmung) bewusster als bislang berücksichtigen. Begreift man den Begriff der ‚Kultur' ebenfalls als anthropologisches Momentum und Movens einer jeden Gestaltung, dann eröffnen sich für die Medienkulturwissenschaft zentrale methodische Optionen, welche die Handhabung von Medien (ihren Gebrauch), ihre Wirkungsweisen (ihre Rezeption), ihre Materialität (ihre technische Bedingtheit, Konstitution und Distribution) und ihre Dynamik für kulturelle Prozesse (ihre medienökologische und transformative Kraft) adäquat beschreiben können. Interdisziplinär gedacht, flankieren explizit medientheoretische wie auch medienästhetische Herangehensweisen die Auseinandersetzung und können demgemäß produktiv einsichtig machen, wie man die Begriffe des ‚Kanals', der ‚Materialität' und des ‚Prozessierens' sinnvoll diskutieren und diese mit Medien-Texten abgleichen kann, d. h. wie beides systematisch miteinander konfrontiert. Es soll hierdurch unmittelbar erkennbar werden, wie sehr das Produktive, das Kommunikative, aber auch das Störende und Rauschende der Medien eine moderne Gesellschaft strukturieren und dynamisieren. Denn Medien sind am Alltag der Menschen orientiert und beeinflussen und formen diesen gleichzeitig. Es kann also zum Abschluss dieses Buches festgehalten werden, dass Medientheorien und Medienästhetiken gleichermaßen ein Zeugnis für die wissenschaftliche Qualität der Medienkulturwissenschaft bleiben und vielleicht sogar gleichsam ihre bedeutendste Säule konsolidieren. Von ihnen aus kann zusätzlich ein sinnvoller Zugriff auf Einzelphänomene und spezifizierte Fragestellungen *der Medien* erfolgen. Ein Spezialgebiet, das immer mehr an Bedeutung gewinnt, ist schließlich dasjenige der digitalen Medien- und Technikforschung, das die Frage nach Medialität, Technik und Kultur sowie nach der Wahrnehmung und den Sinnen mit der Frage nach der Zukunft der vernetzten und hyperlokalen Technik-Gemeinschaften neu situiert.

Die Autoren dieser Einführung sind sich auch deshalb sicher, dass die Vielfalt der dargebotenen Perspektiven auf die Medienkulturwissenschaft Studierenden, Lehrenden und Forschenden gleichermaßen eine sinnvolle Unterstützung anzubieten vermag – und dies nicht zuletzt auch mit Blick auf die Idee einer ‚digitalen Universität' (vgl. Ruf 2021). In der Gegenüberstellung von Herkunft und Zukunft liegen die Fundamente der Disziplin ‚Medienkulturwissenschaft', deren ernst gemeinte wie ernst genommene progressive Weiterentwicklung existenziell mit dem kulturellen Wandel sozialer Praxis verschränkt ist. Diese Einführung versteht sich – im Visier eines solchen Anspruches wie auch einer derartigen Erkenntnis – buchstäblich als ein Lot für die Bestimmung der Untiefen einer gesellschaftlichen und medialen Transformation, deren Grund gleichwohl uneinsehbar bleibt.

Literatur

Hickethier, Knut: *Einführung in die Medienwissenschaft*. Stuttgart 2003. Eine der wichtigsten und ausführlichsten bislang vorliegenden Einführungen in die Medienwissenschaft, die daher einen starken Handbuchcharakter erhält.

Grabbe, Lars C. / Held, Tobias / Ruf, Oliver (Hg.): *Eric McLuhan and the Media Ecology in the XXI Century*. Marburg 2021. Band, der die letzte Rede von EricMcLuhan, Sohn Marshall McLuhans, erstmalig im deutschsprachigen Raum publiziert sowie durch kontextualisierende Aufsätze rahmt.

Ruf, Oliver: *Die digitale Universität*. Wien 2021. (Medien-)Philosophisches Werk, das die Konzeption einer zukünftigen, medial ‚durchdrungenen' Universität konstruktiv wie kritisch reflektiert.

Wilke, Jürgen: *Mediengeschichte der Bundesrepublik Deutschland*. Köln/Weimar/Wien 1999. Standardwerk, das zum 50-jährigen Bestehen der Bundesrepublik Deutschland die Bundeszentrale für Politische Bildung in ihre Förderung sowie in ihren Verteiler aufgenommen hat, um dadurch zu Recht die Vermittlung der bundesdeutschen Mediengeschichte in Schule und Erwachsenenbildung zu fördern.

Bibliographie

Adolf, Marian T.: „Clarifying mediatization: Sorting through a current debate". In: *Empedocles: European Journal for the Philosophy of Communication* 3.2 (2013), S. 153–175.
Adorno, Theodor W./Horkheimer, Max: „Kulturindustrie. Aufklärung als Massenbetrug" [1948]. In: Adorno, Theodor W. / Horkheimer, Max: *Dialektik der Aufklärung. Philosophische Fragmente.* 56.–60. Tsd. Frankfurt a.M. 1980, S. 108–150.
Aguado, María Isabel Peña: *Ästhetik des Erhabenen. Burke, Kant, Adorno, Lyotard.* Wien 1994.
Alloa, Emmanuel: *Das durchscheinende Bild. Konturen einer medialen Phänomenologie.* Zürich/Berlin 2011.
Altheide, David L. / Snow, Robert P.: *Media Logic.* Beverly Hills 1979.
Anders, Günther: „Die Welt als Phantom und Matrize. Philosophische Betrachtungen über Rundfunk und Fernsehen". In: Anders, Günther: *Die Antiquiertheit des Menschen.* Erster Band: *Über die Seele im Zeitalter der zweiten industriellen Revolution.* München 1980. S. 97–212.
Arabatzis, Stavros: *Kunsttheorie. Eine ideengeschichtliche Erkundung.* Wiesbaden 2018.
Arnold, Heinz Ludwig / Beilein, Matthias (Hg.): *Literaturbetrieb in Deutschland. Neufassung.* München ³2009.
Assmann, Aleida: *Erinnerungsräume. Formen und Wandlungen des kulturellen Gedächtnisses.* München ³2006.
Bachmann-Medick, Doris: *Cultural Turns. Neuorientierungen in den* Kulturwissenschaften. Reinbek bei Hamburg ⁵2014.
Bachmann-Medick, Doris: „Turn(s)". In: Frietsch, Ute / Rogge, Jörg (Hg.): *Über die Praxis des kulturwissenschaftlichen Arbeitens. Ein Handwörterbuch.* Bielefeld 2013, S. 399–404.
Balbi, Gabriele: „Old and New Media. Theorizing Their Relationships in Media Historiography". In: Kinnebrock Susanne / Schwarzenegger, Christian / Birkner, Thomas (Hg.): *Theorien des Medienwandels.* Köln 2015, S. 231–249.

Baran, Paul: *On Distributed Communications: I. Introduction to Distributed Communications Networks (Memorandum RM-3420-PR).* Santa Monica, CA 1964.

Barner, Wilfried: „Poeta doctus. Über die Renaissance eines Dichterideals in der deutschen Literatur des 20. Jahrhunderts". In: Brummack, Jürgen et al. (Hg.): *Literaturwissenschaft und Geistesgeschichte. Festschrift für Richard Brinkmann.* Tübingen 1981, S. 725–752.

Barthes, Roland: „Am Nullpunkt der Literatur" [1953]. In: Barthes, Roland: *Am Nullpunkt der Literatur – Literatur oder Geschichte – Kritik und Wahrheit.* Übers. v. Helmut Scheffel. Mit einem Vorwort v. dems. zu ‚Kritik und Wahrheit'. Frankfurt a.M. 2006, S. 7–69.

Barthes, Roland: *Die helle Kammer* [1980]. Frankfurt a.M. 1985.

Bataille, Georges: *Die vorgeschichtliche Malerei. Lascaux oder Die Geburt der Kunst.* Übers. v. Karl Georg Hemmerich. Genf 1955.

Baudrillard, Jean: *Der symbolische Tausch und der Tod* [1976]. Berlin 2005.

Baudrillard, Jean: *Simulacra and Simulation* [1981]. Ann Arbor 2010.

Baudry, Jean-Louis: „Das Dispositiv. Metapsychologische Betrachtungen des Realitätseindrucks". In: Pias, Claus et al. (Hg.): *Kursbuch Medienkultur. Die maßgeblichen Theorien von Brecht bis Baudrillard.* Stuttgart 2004, S. 381–404.

Baudry, Jean-Louis: „Ideologische Effekte erzeugt vom Basisapparat". In: Riesinger, Robert (Hg.): *Der kinematographische Apparat. Geschichte und Gegenwart einer interdisziplinären Debatte.* Münster 2003, S. 27–40.

Beil, Benjamin: *First Person Perspectives: Point of View und figurenzentrierte Erzählformen im Film und im Computerspiel.* Münster 2010.

Belting, Hans: *Bild und Kult. Eine Geschichte des Bildes vor dem Zeitalter der Kunst.* München 1990.

Benjamin, Walter: *Das Kunstwerk im Zeitalter seiner technischen Reproduzierbarkeit* [1935]. Göttingen 2019.

Benjamin, Walter: *Das Kunstwerk im Zeitalter seiner technischen Reproduzierbarkeit* [1935]. Berlin 2010.

Benjamin, Walter: „Das Kunstwerk im Zeitalter seiner technischen Reproduzierbarkeit" [1935]. In: Benjamin, Walter: *Medienästhetische Schriften.* Hg. v. Detlev Schöttker. Frankfurt a.M. 2002, S. 351–383.

Benjamin, Walter: „Kleine Geschichte der Photographie". In: Benjamin, Walter: *Das Kunstwerk im Zeitalter seiner technischen Reproduzierbarkeit. Drei Studien zur Kunstsoziologie.* Frankfurt a.M. 1977, S. 45–64.

Benjamin, Walter: *Gesammelte Schriften.* Hg. v. Rolf Tiedemann u. Hermann Schweppenhäuser. Bd. 1. Frankfurt a.M. 1974.

Bensch, Georg: *Vom Kunstwerk zum ästhetischen Objekt. Zur Geschichte der phänomenologischen Ästhetik.* München 1994.

Bense, Max: *Zeichen und Design. Semiotische Ästhetik.* Baden-Baden 1971.

Bense, Max: *Einführung in die informationstheoretische Ästhetik. Grundlegung und Anwendung in der Texttheorie.* Hamburg 1969.

Bidlo, Oliver: *Medienästhetik und Alltagswelt. Studien zur Mediatisierung.* Essen 2019.

Bernhard, Walter (Hg.): *Selected essays on intermediality by Werner Wolf (1992–2014). Theory and typology, literature-music relations, transmedial narratology, miscellaneous transmedial phenomena.* Leiden/Boston 2018.

Bexte, Peter: *Wo immer vom Sehen die Rede ist ... da ist ein Blinder nicht fern. An den Rändern der Wahrnehmung.* München 2013.

Bill, Max: „Schönheit aus Funktion und als Funktion". In: Edelmann, Klaus Thomas / Terstiege, Gerrit (Hg.): *Gestaltung denken. Grundlagentexte zu Design und Architektur.* Basel 2010, S. 29–35.
Birkner, Thomas: *Medialisierung und Mediatisierung.* Baden-Baden 2017.
Bleicher, Joan Kristin: *Internet.* Konstanz 2010.
Blumenberg, Hans: *Theorie der Unbegrifflichkeit.* Aus dem Nachlass hg. u. mit einem Nachw. v. Anselm Haverkamp. Frankfurt a.M. 2007.
Bobrowsky, Manfred / Langenbucher, Wolfgang R. (Hg.): *Wege zur Kommunikationsgeschichte.* München 1987.
Böhme, Gernot: *Aisthetik. Vorlesungen über Ästhetik als allgemeine Wahrnehmungslehre.* München 2001.
Böhn, Andreas / Seidler, Andreas: *Mediengeschichte. Eine Einführung.* Tübingen 2008.
Bösch, Frank: *Mediengeschichte. Vom asiatischen Buchdruck zum Fernsehen.* Frankfurt a.M. 2011. Erzählt die globale Mediengeschichte entlang zeithistorischer Linien und Zeitalter.
Bohn, Ralf / Fuder, Dieter: *Baudrillard. Simulation und Verführung.* München 1994.
Bohn, Rainer / Müller, Eggo / Ruppert, Rainer (Hg.): *Ansichten einer künftigen Medienwissenschaft.* Berlin 1988.
Bohnenkamp, Björn / Schneider, Irmela: „Medienkulturwissenschaft". In: Liebrand, Claudia et al. (Hg.): *Einführung in die Medienkulturwissenschaft.* Münster 2005, S. 37–47.
Bolter, Jay David / Grusin, Richard: *Remediation. Understanding New Media.* Cambridge, London 2000.
Borries, Friedrich von: *Weltentwerfen. Eine politische Designtheorie.* Berlin 2016.
Borstnar, Nils / Pabst, Eckhard / Wulff, Hans Jürgen: *Einführung in die Film- und Fernsehwissenschaft.* Stuttgart 2008. Brecht, Berthold: „Der Rundfunk als Kommunikationsapparat. Rede über die Funktion des Rundfunks" [1932]. In: Engell, Lorenz / Vogl, Joseph. (Hg.): *Kursbuch Medienkultur. Die maßgeblichen Theorien von Brecht bis Baudrillard.* Stuttgart ³2000, S. 259–263.
Brandes, Uta / Erlhoff, Michael / Schemmann, Nadine: *Designtheorie und Designforschung.* Stuttgart 2009.
Braun, Michael: „‚Barockwrack an der Elbe'. Gedächtnisorte in Durs Grünbeins Dresden-Gedichten". In: *Der Deutschunterricht* 2 (2006), S. 79–86.
Bredow, Hans: „Eure Aufgaben im Rundfunk!" [1926]. In: Kümmel, Albert / Löffler, Petra (Hg.): *Medientheorie 1888–1933. Texte und Kommentare.* Frankfurt a.M. 2002, S. 230–232.
Brinkmann, Rolf Dieter: *Wörter Sex Schnitte. Originalaufnahmen 1973.* Erding 2005;
Brinkmann, Rolf Dieter: *Westwärts 1&2. Gedichte. Mit Fotos und Anmerkungen des Autors.* Erweiterte Neuausg. Reinbek bei Hamburg 2005.
Brinkmann, Rolf Dieter.: *Künstliches Licht. Lyrik und Prosa.* Ditzingen 1994.
Brinkmann, Rolf Dieter: *Schnitte.* Reinbek bei Hamburg 1988.
Burkart, Günter: *Handymania. Wie das Mobiltelefon unser Leben verändert hat.* Frankfurt a.M. 2007.
Bush, Vannevar: „As we may think". In: *Atlantic Monthly* 176 (1945), S. 101–108.
Buschauer, Regine: *Mobile Räume. Medien- und diskursgeschichtliche Studien zur Tele-Kommunikation.* Bielefeld 2010.

Butzer, Günter / Zapf, Hubert (Hg.): *Theorien der Literatur. Bd. VII: Literatur und die anderen Künste.* Tübingen 2018.
Campe, Rüdiger: „Die Schreibszene, Schreiben". In: Gumbrecht, Hans Ulrich / Pfeiffer, K. Ludwig (Hg.): *Paradoxien, Dissonanzen, Zusammenbrüche. Situationen offener Epistemologie.* Frankfurt a.M. 1991, S. 759–772.
Cassirer, Ernst: *Philosophie der symbolischen Formen. Erster Teil: Die Sprache* [1964]. Text und Anmerkungen bearbeitet v. Claus Rosenkranz. Hamburg 2010.
Castells, Manuel: *Das Informationszeitalter. Bd. 1: Der Aufstieg der Netzwerkgesellschaft.* Opladen 2003.
Cerf, Vinton G. / Kahn, Robert E.: „A Protocol for Packet Network Intercommunication". In: *IEEE Transactions on Communications Technology* 22/5 (1974), S. 637–648.
Clüver, Claus: *Interart Studies. An Introduction.* Bloomington 1996.
Coman, Mihai / Rothenbuhler, Eric W.: „The Promise of Media Anthropology". In: Coman, Mihai / Rothenbuhler, Eric W. (Hg.): *Media Anthropology.* Thousand Oaks/London/New Delhi 2005, S. 1–11.
Dass, Joyeeta: „How To Get VHS Effect/ Retro Filter In TikTok?". Online: https://otakukart.com/how-to-get-vhs-effect-retro-filter-in-tiktok/. Veröffentlicht: 21.04.2021.
Debray, Régis: *Einführung in die Mediologie. Facetten der Medienkultur* [2000]. Übers. v. Susanne Löscher. Bern 2003.
Deleuze, Gilles: *Das Zeit-Bild. Kino 2.* Frankfurt a.M. 1991.
Dolezal, Edual: „Die Photographie und Photogrammetrie im Dienste der Denkmalpflege und das Denkmälerarchiv". In: *Internationales Archiv für Photogrammetrie* 1 (1908/09), S. 45–70.
Dotzler, Bernhard J. / Roesler-Keilholz, Silke: *Mediengeschichte als Historische Techno-Logie.* Baden-Baden 2017.
Dovifat, Emil: „Wege und Ziele der zeitungswissenschaftlichen Arbeit" [1928]. In: Sösemann, Bernd (Hg.): *Emil Dovifat. Studien und Dokumente zu Leben und Werk.* Berlin/New York 1998, S. 464–477.
Duttlinger, Carolin: „,Grobkörnige Mnemosyne': Picturing the First World War in the Poetry of Thomas Kling". In: *Oxford German Studies* 1 (2005), S. 103–119.
Eckholdt, Matthias: *Medien der Macht. Macht der Medien.* Berlin 2007.
Eco, Umberto: *Einführung in die Semiotik.* 9. unver. Auflage. Paderborn 2002.
Eco, Umberto: *Nachschrift zum ,Namen der Rose'.* München/Wien 1984.
Ehlich, Konrad: „Text und sprachliches Handeln. Die Entstehung von Texten aus dem Bedürfnis nach Überlieferung". In: Assmann, Aleida / Assmann, Jan Assmann / Hardmeier, Christof (Hg.): *Schrift und Gedächtnis. Beiträge zur Archäologie der literarischen Kommunikation 1.* München 1983, S. 24–43.
Eicher, Thomas / Bleckmann, Ulf (Hg.): *Intermedialität. Vom Bild zum Text.* Bielefeld 1994.
Elsaesser, Thomas, Hagener, Malte: *Filmtheorie zur Einführung.* Hamburg ^{5}2017.
Eisenstein, Elizabeth L.: *Die Druckerpresse. Kulturrevolutionen im frühen modernen Europa.* Wien/New York 1997.
Engell, Lorenz / Siegert, Bernhard: „Editorial". In: *Zeitschrift für Medien- und Kulturforschung* 1 (2013), S. 5–10.
Engell, Lorenz / Vogl, Joseph: „Vorwort". In: Engell, Lorenz / Vogl, Joseph. (Hg.): *Kursbuch Medienkultur. Die maßgeblichen Theorien von Brecht bis Baudrillard.* Stuttgart ^{3}2000, S. 8–11.

Enzensberger, Hans Magnus: „Baukasten zu einer Theorie der Medien". In: *Kursbuch* 20 (1970), S. 159–186.
Ernst, Christoph / Schröter, Jens: *Zukünftige Medien. Eine Einführung*. Heidelberg 2020.
Essen, Gesa von: „,So viele Zeiten zur selben Zeit'. Geschichte und Gedächtnis in Grünbeis *Das erste Jahr*". In: Bremer, Kai / Lampart, Fabian/ Wesche, Jörg (Hg.): *Schreiben am Schnittpunkt. Poesie und Wissen bei Durs Grünbein*. Freiburg i.Br./Berlin/Wien 2007, S. 79–102.
Fahle, Oliver / Hanke, Michael / Ziemann, Andreas: *Technobilder und Kommunikologie. Die Medientheorie Vilém Flussers*. Berlin 2009.
Faßler, Manfred / Halbach, Wulf R. (Hg.): *Geschichte der Medien*. München 1998.
Faßler, Helmut: *Was ist Kommunikation? Eine Einführung*. München 1997.
Faulstich, Werner: *Mediengeschichte von den Anfängen bis ins 3. Jahrtausend + von 1700 bis ins 3. Jahrtausend*. 2 Bde. Göttingen 2006.
Faulstich, Werner: *Einführung in die Medienwissenschaft*. München 2003.
Faulstich, Werner: „Einführung: Zur Entwicklung der Medienwissenschaft". In: Faulstich, Werner: *Grundwissen Medien*. München [4]2000a, S. 11–18.
Faulstich, Werner: *Grundwissen Medien*. München [4]2000b.
Faulstich, Werner: „Mediengeschichte". In: Faulstich, Werner: *Grundwissen Medien*. München [4]2000c, S. 29–41.
Faulstich, Werner: „Telefon". In: Faulstich, Werner: *Grundwissen Medien*. München [4]2000d, S. 330–338.
Feige, Daniel M. / Arnold, Florian / Rautzenberg, Markus (Hg.): *Philosophie des Designs*. Bielefeld: 2020. Feyerabend, Ernst et al. (Hg.): *Handwörterbuch des elektrischen Fernmeldewesens*. 2 Bde. Berlin 1929.
Flichy, Patrice: *Tele – Geschichte der modernen Kommunikation*. Übers. v. Bodo Schulze. Frankfurt a.M./New York 1994.
Flusser, Vilém: „Die Geste des Schreibens" [1991]. In: Zanetti, Sandro (Hg.): *Schreiben als Kulturtechnik. Grundlagentexte*. Berlin 2012, S. 261–268.
Flusser, Vilém: *Vom Subjekt zum Projekt. Menschwerdung*. Hg. von Stefan Bollmann u. Edith Flusser. Frankfurt a.M. 1998.
Flusser, Vilém: „Im Stausee der Bilder. Fotografie und Geschichte". In: Boström, Jörg (Hg.): *Dokument und Erfindung. Fotografien aus der Bundesrepublik Deutschland. 1945 bis heute*. Berlin 1989, S. 13–17.
Flusser, Vilém: „Umbruch der menschlichen Beziehungen". In: Flusser, Vilém: *Kommunikologie. Schriften*. Bd. 4. Mannheim 1996a, S. 7–231.
Flusser, Vilém: *Kommunikologie*. Mannheim 1996b.
Flusser, Vilém: *Ins Universum der technischen Bilder*. Göttingen 1985.
Flusser, Vilém: *Krise der Linearitat. Vortrag im Kunstmuseum Bern, 20. März 1988*. Bern 1992.
Flusser, Vilém: *Die Schrift. Hat Schreiben Zukunft?* [1987]. Göttingen [3]1990.
Fohrmann, Jürgen: „Der Unterschied der Medien". In: Fohrmann, Jürgen / Schüttpelz, Erhard (Hg.): *Die Kommunikation der Medien*. Tübingen 2004, S. 5–19.
Foucault, Michel: „Ein Spiel um die Psychoanalyse. Gespräch mit Angehörigen des Departement de Psychanalyse der Universität Paris/Vincennes". In: Foucault, Michel: *Dispositive der Macht. Über Sexualität, Wissen und Wahrheit*. Berlin 1978, S. 118–175.
Foucault, Michel: *Dispositive der Macht. Über Sexualität, Wissen und Wahrheit*. Berlin 1978.

Frayling, Christopher: *Research in Art and Design*. London 1993.
Freud, Sigmund: *Das Unbehagen in der Kultur*. [1930]. Frankfurt 1974.
Freud, Sigmund: *Zur Dynamik der Übertragung. Behandlungstechnische Schriften*. Frankfurt a.M. ³2000b.
Friedman, Ken: „Theory Construction in Design Research: Criteria, Approaches, and Method's". In: Shackleton, John / Durling, David (Hg.): *Common Ground. Proceedings of the 2002 Design Research Society International Conference*, 2002, 05–07 September. London 2002, S. 388–414.
Frühwald, Wolfgang / Grünbein, Durs: „‚Verlorene Liebe, Wissenschaft ...' Ein Gespräch über Wissenschaft, Sprache und Dichtung in unserer Zeit". In: *Forschung & Lehre* 6 (2003), S. 294–298.
Gad, Joshua: „Branching Narratives: Black Mirror: Bandersnatch". In: *Medium*, 8. Januar 2019, https://medium.com/nyc-design/branching-narratives-black-mirror-bandersnatched1b5dfde941.
Garncarz, Joseph: *Medienwandel*. Konstanz/München 2016.
Gehlen, Arnold: *Der Mensch. Seine Natur und seine Stellung in der Welt*. Wiebelsheim 2004.
Gemoll, Wilhelm / Vretska, Karl (Hg.): *Griechisch-deutsches Schul- und Handwörterbuch*. ¹⁰München 2006.
Gethmann, Daniel / Hauser, Susanne (Hg.): *Kulturtechnik Entwerfen. Praktiken, Konzepte und Medien in Architektur und Design Science*. Bielefeld 2015.
Geiger, Annette: *Andersmöglichsein. Zur Ästhetik des Designs*. Bielefeld 2018.
Glaubitz, Nicola et al.: *Eine Theorie der Medienumbrüche 1900/2000*. Siegen 2011.
Gnosa, Tanja: *Im Dispositiv. Zur reziproken Genese von Wissen, Macht und Medien*. Bielefeld 2018.
Gold, Helmut / Koch, Annette (Hg.): *Fräulein vom Amt. Anläßlich der Ausstellung „Fräulein vom Amt" im Deutschen Postmuseum Frankfurt am Main (4. Mai 1993 bis 15. August 1993)*. München 1993.
Grabbe, Lars C.: *Analytische Phänosemiose. Systematische Medientheorie zwischen Wahrnehmung, Technologie und Zeichen*. Marburg 2021.
Grabbe, Lars C.: „Dualistische Designästhetik. Aisthetische Herausforderung an der Schnittstelle von Wahrnehmung und Zeichenhaftigkeit". In: Ruf, Oliver / Neuhaus, Stefan (Hg.): *Designästhetik. Theorie und soziale Praxis*. Bielefeld 2020, S. 95–108.
Grabbe, Lars C. / Held, Tobias / Ruf, Oliver (Hg.): *Eric McLuhan and the Media Ecology in the XXI Century*. Marburg 2021.
Grabbe, Lars C. / Rupert-Kruse, Patrick / Schmitz, Norbert M. (Hg.): *Immersion – Design – Art: Revisited. Transmediale Formprinzipien neuzeitlicher Kunst und Technologie*. Marburg 2018.
Grabbe, Lars C. / Rupert-Kruse, Patrick / Schmitz, Norbert M. (Hg.): *Yearbook of Moving Image Studies. Cyborgian Images: The Moving Image between Apparatus and Body*. Marburg 2015.
Grabbe, Lars C. / Liebsch, Dimitri / Rupert-Kruse, Patrick (Hg.): *Auf dem Sprung zum bewegten Bild. Narration, Serie und (proto-)filmische Apparate*. Köln 2014.
Grabbe, Lars C. / Rupert-Kruse, Patrick / Schmitz, Norbert M. (Hg.): *Multimodale Bilder. Zur synkretistischen Struktur des Filmischen*. Marburg 2013.
Green, Tim et al.: „Upcoming Trends and Technologies". In: Dunlop, Renee (Hg.): *Production Pipeline Fundamentals for Film and Games*. Hoboken 2014, S. 300–312.

Groß, Bernhard / Morsch, Thomas (Hg.): *Handbuch Filmtheorie*. Wiesbaden 2021.
Grünbein, Durs: *Das erste Jahr. Berliner Aufzeichnungen*. Frankfurt a.M. 2001.
Grünbein, Durs: *Galilei vermißt Dantes Hölle und bleibt an den Maßen hängen. Aufsätze 1989–1995*. Frankfurt a.M. 1996
Grünbein, Durs: „Den Körper zerbrechen." In: Grünbein, Durs: *Rede zur Entgegennahme des Georg-Büchner-Preises 1995. Sonderdruck*. Frankfurt a.M. 1995, S. 7–23.
Grünbein, Durs: *Von der üblen Seite. Gedichte 1985–1991*. Frankfurt a.M. 1994.
Grünbein, Durs: *Schädelbasislektion. Gedichte*. Frankfurt a.M. 1991.
Gsöllpointner, Katharina: „Digital Synesthesia: The Merge of Perceiving and Conceiving". In: Grabbe, Lars C. / Rupert-Kruse, Patrick / Schmitz, Norbert M. (Hg.): *Cyborgian Images. The Moving Image between Apparatus and Body*. Marburg 2015, S. 102–127.
Gumbrecht, Hans Ulrich: „Die Postmoderne ist (eher) keine Epoche". In: Weimann, Robert / Gumbrecht, Hans Ulrich (Hg.): *Postmoderne – globale Differenz*. Frankfurt a.M. 1991, S. 366–369.
Gunkel, Katja: *Der Instagram-Effekt. Wie ikonische Kommunikation in den Social Media unsere visuelle Kultur prägt*. Bielefeld 2018.
Habermas, Jürgen: *Theorie des kommunikativen Handelns*. 2 Bde. Frankfurt a.M. 1981.
Han, Byung-Chul: *Psychopolitik. Neoliberalismus und die neuen Machttechniken*. Frankfurt a.M. 2014.
Hartmann, Frank: *Globale Medienkultur. Technik, Geschichte, Theorien*. Wien 2006.
Hartmann, Frank: „Medienphilosophische Theorien". In: Weber, Stefan (Hg.): *Theorien der Medien. Von der Kulturkritik bis zum Konstruktivismus*. Konstanz 2003, S. 294–323.
Hartmann, Frank: *Medienphilosophie*. Stuttgart 2000.
Hallenberger, Gerd: „Medien". In: Fricke, Harald et al. (Hg.): *Reallexikon der deutschen Literaturwissenschaft*. Bd. II: H-O. Berlin/New York 2000, S. 551–554.
Hediger, Vinzenz: „Virtualität und Film". In: Kasprowicz, Dawid / Rieger, Stefan (Hg.): *Handbuch Virtualität*. Wiesbaden 2020, S. 1–22.
Heidenreich, Stefan: *FlipFlop. Digitale Datenströme und die Kultur des 21. Jahrhunderts*. München/Wien 2004.
Helbig, Jörg (Hg.): *Intermedialität. Theorie und Praxis eines interdisziplinären Forschungsgebietes*. Berlin 1998.
Heller, Heinz-B. et al.: *Über Bilder Sprechen. Positionen und Perspektiven der Medienwissenschaft*. Marburg 2000.
Helmes, Günter / Köster, Werner (Hg.): *Texte zur Medientheorie*. Stuttgart 2002.
Hepp, Andreas: „Mediatisierung". In: Schröter, Jens (Hg.): *Handbuch Medienwissenschaft*. Heidelberg/Berlin 2013, S. 190–197.
Hepperle, Verena / Ruf, Oliver / Hamann, Christof (Hg.): *Wie aus Theorie Praxis wird. Berufe für Germanisten in Medien, Kultur und Wissenschaft*. München 2016. Sammelband, der den Bezug der Germanistik zur Medienwissenschaft aus der ‚Brille' der Berufspraxis in Einzeldarstellungen, Essays und Stellungnahmen rekapituliert.
Hickethier, Knut: *Einführung in die Medienwissenschaft*. Stuttgart 2003.
Hickethier, Knut: „Dispositiv Fernsehen. Skizze eines Modells". In: *montage AV. Zeitschrift für Theorie und Geschichte audiovisueller Kommunikation* 4.1 (1995), S. 63–83.
Hickethier, Knut: „Dispositiv Fernsehen, Programm und Programmstrukturen in der Bundesrepublik Deutschland". In: Hickethier, Knut (Hg.): *Institution, Technik und Programm. Rahmenaspekte der Programmgeschichte des Fernsehens*. München 1993, S. 171–243.

Hickethier, Knut: „Das ‚Medium', die ‚Medien' und die Medienwissenschaft". In: Bohn, Rainer / Müller, Eggo / Ruppert, Rainer (Hg.): *Ansichten einer künftigen Medienwissenschaft.* Berlin 1988, S. 51–74.
Higgins, Dick: *The Poetics and Theory of the Intermedia.* Carbondale, Edwardsville 1984.
Hjarvard, Stig: „The Mediatization of Society. A Theory of the Media as Agents". In: *Nordicom Review* 29.2 (2008), S. 105–134.
Höflich, Joachim R.: *Technisch vermittelte interpersonale Kommunikation. Grundlagen, organisatorische Medienverwendung, Konstitution „elektronischer Gemeinschaften".* Opladen 1996.
Hörisch, Jochen: *Eine Geschichte der Medien. Von der Oblate zum Internet.* Frankfurt a.M. 2004.
Holl, Ute / Pias, Claus: „Aufschreibesysteme 1980/2010. In memoriam Friedrich Kittler". In: *Zeitschrift für Medienwissenschaft* 1 (2012), S. 114 f.
Huber, Hans Dieter: „Bildhafte Vorstellungen. Eine Begriffskartografie der Phantasie". In: Huber, Hans Dieter / Lockemann, Bettina / Scheibel, Michael (Hg.): *Visuelle Netze. Wissensräume in der Kunst.* Ostfildern-Ruit 2004, S. 165–216.
Hüppauf, Bernd: „Kriegsfotografie". In: Michalka, Wolfgang (Hg.): *Der Erste Weltkrieg. Wirkung, Wahrnehmung, Analyse.* München 1994, S. 875–909.
Innis, Harold A.: *Empire and Communications.* Oxford 1950.
Jäger, Georg / Schönert, Jörg (Hg.): *Wissenschaft und Berufspraxis. Angewandtes Wissen und praxisorientierte Studiengänge in den Literatur-, Kultur- und Medienwissenschaften.* Paderborn 1997.
Jannidis, Fotis et al. (Hg.): *Texte zur Theorie der Autorschaft.* Stuttgart 2000.
Jonas, Wolfgang: „Forschung durch Design". Auf: *ResearchGate.* Zugegriffen am 04.05.2021. https://www.researchgate.net/publication/235700680_Forschung_durch_Design. 2004, 1–10.
Jonas, Hans: „Homo Pictor: Von der Freiheit des Bildens". In: Boehm, Gottfried (Hg.): *Was ist ein Bild?* München 1994, S. 105–124.
Jung, Carl Gustav: *Gesammelte Werke.* Bd. 4: *Freud und die Psychoanalyse.* Düsseldorf 1995.
Kaerlein, Timo: *Smartphones als digitale Nahkörpertechnologien. Zur Kybernetisierung des Alltags.* Bielefeld 2018.
Kammer, Manfred: „Geschichte der Digitalmedien." In: Schanze, Helmut (Hg.): *Handbuch Mediengeschichte.* Stuttgart 2001, S. 519–554.
Kapp, Ernst: *Grundlinien einer Philosophie der Technik* [1877]. Düsseldorf 1978.
Karpenstein-Eßbach, Christa: *Einführung in die Kulturwissenschaft der Medien.* Paderborn 2004.
Kaufmann, Bettina: *Symbol und Wirklichkeit. Ernst Ludwig Kirchners Bilder aus der Phantasie und Edvard Munchs Lebensfries.* Bern 2007.
Keazor, Henry / Liptay, Fabienne / Marschall, Susanne: *FilmKunst – Studien an den Grenzen der Künste und Medien.* Marburg 2011.
Kemp, Wolfgang (Hg.): *Theorie der Fotografie.* München 1980.
Kinnebrock, Susanne / Schwarzenegger, Christian / Birkner, Thomas: „Theorien des Medienwandels – Konturen eines emergierenden Forschungsfeldes". In: Kinnebrock, Susanne / Schwarzenegger, Christian / Birkner, Thomas (Hg.): *Theorien des Medienwandels.* Köln 2015, S. 11–28.

Kittler, Friedrich A.: „AUFSCHREIBESYSTEME 1800/100. Vorwort". In: *Zeitschrift für Medienwissenschaft* 1 (2012), S. 117–126.
Kittler, Friedrich A.: *Aufschreibesysteme 1800 · 1900*. München ³1995.
Kittler, Friedrich A.: „Vorwort". In: Kittler, Friedrich A.: *Draculas Vermächtnis. Technische Schriften*. Leipzig 1993a, S. 8–10.
Kittler, Friedrich A.: *Grammophon Film Typewriter*. Berlin 1986a.
Kittler, Friedrich A.: „Literatur und Literaturwissenschaft als Word Processing". In: Stötzel, Georg (Hg.): *Germanistik – Forschungsstand und Perspektiven. Vorträge des Deutschen Germanistentages 1984. 2. Teil: Ältere deutsche Literatur, neuere deutsche Literatur*. Berlin/New York 1985, S. 410–419.
Klauser, Raimund / Leschke, Rainer: „Strukturmuster medienwissenschaftlicher Pragmatik". In: Rusch, Gebhard (Hg.): *Einführung in die Medienwissenschaft. Konzeptionen, Theorien, Methoden, Anwendungen*. Wiesbaden 2002, S. 338–349.
Klawitter, Gerd (Hg.): *100 Jahre Funktechnik in Deutschland*. Dessau 2005.
Kling, Thomas: *Botenstoffe*. Köln 2001,
Kling, Thomas: *brennstabm*. Frankfurt a.M. 1994.
Kling, Thomas: *geschmacksverstärker*. Frankfurt a.M. 1989.
Korte, Hermann: *Zurückgekehrt in den Raum der Gedichte. Deutschsprachige Lyrik der 1990er Jahre. Mit einer Auswahlbibliographie*. Münster 2004.
Korte, Hermann: „‚Bildbeil', ‚Restnachrichten' und ‚CNN Verdun'. Thomas Klings Erster Weltkrieg". In: *Text + Kritik* 147 (2000), S. 99–115.
Kracauer, Siegfried: *Geschichte – vor den letzten Dingen*. Frankfurt a.M. 1973.
Kracke, Bernd: „Vorwort". In: Schwer, Thilo / Vöckler, Kai (Hg.): *Der Offenbacher Ansatz. Zur Theorie der Produktsprache*. Bielefeld 2021, S. 13f.
Krämer, Sybille: „‚Performativität' und ‚Verkörperung'. Über zwei Leitlinien für eine Reflexion der Medien". In: Pias, Claus (Hg.): *Neue Vorträge zur Medienkultur*. Weimar 2000, S. 185–197.
Krauss, Rosalind: *Das Photographische. Eine Theorie der Abstände*. München 1998.
Kristeva, Julia: „Wort, Dialog und Roman bei Bachtin". In: Ihwe, Jens (Hg.): *Literaturwissenschaft und Linguistik. Ergebnisse und Perspektiven*. Bd. 3. Königstein 1972, S. 345–375.
Krotz, Friedrich: „Von der Entdeckung der Zentralperspektive zur Augmented Reality: Wie Mediatisierung funktioniert". In: Krotz, Friedrich / Hepp, Andreas (Hg.): *Mediatisierte Welten. Forschungsfelder und Beschreibungsansätze*. Wiesbaden 2012, S. 27–55.
Krotz, Friedrich: „Kommunikations- und Medienwissenschaft unter den Bedingungen von Medienkultur". In: Hepp, Andreas / Höhn, Marco / Wimmer, Jeffrey (Hg.): *Medienkultur im Wandel*. Konstanz 2010, S. 93–105.
Krotz, Friedrich: „Kultureller und gesellschaftlicher Wandel im Kontext des Wandels von Medien und Kommunikation". In: Krotz, Friedrich (Hg.): *Medienkultur und soziales Handeln*. Wiesbaden 2008, S. 43–62.
Kuhn, Thomas S.: *Die Struktur wissenschaftlicher Revolutionen*. Übers. v. Kurt Simon. Frankfurt a.M. 2001.
Kurpanek, Carsten: „Filmisches Theater, theatralischer Film? Betrachtungen zu Lars von Triers DOGVILLE". In: *Screenshot – Texte zum Film* 9 (2009). Online: https://screenshot-online.blogspot.com/2009/09/lars-von-trier-dogville.html.
Kurt, Ronald: *Hermeneutik. Eine sozialwissenschaftliche Einführung*. Konstanz 2004.

Kreuzer, Helmut / Viehoff, Reinhold (Hg.): *Literaturwissenschaft und empirische Methoden.* Göttingen 1981.

Kümmel, Albert / Scholz, Leander / Schumacher, Eckhard: „Vorwort der Herausgeber". In: Kümmel, Albert / Scholz, Leander / Schumacher, Eckhard (Hg.): *Einführung in die Geschichte der Medien.* Paderborn 2004, S. 7–9.

Kümmel, Albert / Schüttpelz, Erhard: „Medientheorie der Störung / Störungstheorie der Medien". In: Kümmel, Albert / Schüttpelz, Erhard (Hg.): *Signale der Störung.* München 2003, S. 9–13.

Kuhn, Thomas S.: *Die Struktur wissenschaftlicher Revolutionen.* Aus dem Amerikan. v. Kurt Simon. Frankfurt a.M. 2001.

Landsiedel, Timo: „Der Gamechanger. Virtual Production bei der Serie ‚The Mandalorian'". In: *Film & TV Kamera* 6.2021. Online: https://www.filmundtvkamera.de/technik/der-gamechanger/.

Laplanche, Jean / Pontalis, Jean-Bertrand: *Vokabular der Psychoanalyse.* 2 Bde. Übers. v. Emma Moersch. Frankfurt a.M. 1973.

Lasswell, Harold D.: „The Structure and Function oc Communication in Society" [1948]. In: Schramm, Wilbur (Hg.): *Mass Communications.* Urbana/Chicago/London 1960, S. 492–512.

Lebowitz, Josiah / Klug, Chris: *Interactive Storytelling for Video Games. A Player-centered Approach to Creating Memorable Characters and Stories.* London 2011.

Leeder, Karen: „‚‚spritzende brocken: der erinnerung / versteht sich'': Thomas Kling's Poetry of Memory". In: *Forum for Modern Language Studies* 2 (2005), S. 174–186.

Leonhardt, Joachim-Felix (Hg.): *Programmgeschichte des Hörfunks in der Weimarer Republik.* 2 Bde. München 1997.

Lersch, Edgar / Schanze, Helmut (Hg.): *Die Idee des Radios. Von den Anfängen in Europa und den USA bis 1933.* Konstanz 2004.

Leschke, Rainer: *Einführung in die Medientheorie.* München 2003.

Lévy, Pierre: „Die Metapher des Hypertextes". In: Pias, Claus et al. (Hg.): *Kursbuch Medienkultur. Die maßgeblichen Theorien von Brecht bis Baudrillard.* Stuttgart ²2000, S. 525–528.

Leibniz, Gottfried Wilhelm: „Explication de l'arithmetique binaire". In: Pertz, Georg Heinrich (Hg.): *Leibnitzens gesammelte Werke aus den Handschriften der Königlichen Bibliothek zu Hannover.* Halle 1860, S. 223–227.

Liebrand, Claudia et al. (Hg.): *Einführung in die Medienkulturwissenschaft.* Münster 2005.

Loos, Adolf: *Ornament und Verbrechen. Die Schriften zur Architektur und Gestaltung.* Hg. v. Oliver Ruf. Stuttgart 2019.

Ludes, Peter: *Einführung in die Medienwissenschaft. Entwicklungen und Theorien.* Mit einer Einleitung von Jochen Hörisch. Berlin ²2003.

Ludvigsen, Martin: *Designing for Social Interaction: Physical, Co-located Social Computing*, PhD. Aarhus 2006.

Ludwig, Otto: „Integriertes und nicht-integriertes Schreiben. Zu einer Theorie des Schreibens: eine Skizze". In: Baurmann, Jürgen / Weingarten, Rüdiger (Hg.): *Schreiben. Prozesse, Prozeduren und Produkte.* Opladen 1995, S. 273–287.

Luhmann, Niklas: *Die Gesellschaft der Gesellschaft.* 2 Bde. Frankfurt a.M. 1997.

Maletzke, Gerhard: *Psychologie der Massenkommunikation. Theorie und Systematik.* Hamburg 1963.

Maras, Steven / Sutton, David: „Medium Specificity Re-visited". In: *Convergence* 6.2 (2000), S. 98–113.

Mareis, Claudia: *Theorien des Designs zur Einführung*. Hamburg 2014.

Margreiter, Reinhard: „Realität und Medialität. Zur Philosophie des ‚Medial Turn'". In: *Medien Journal* 1 (1999), S. 9–18.

Mersch, Dieter: *Medientheorien zur Einführung*. Hamburg 2013.

Mersch, Dieter: „Kritik des Medienteleologismus. McLuhan, Flusser und Hegel". In: Kerckhove, Derrik / Leeker, Martina/Schmidt, Kerstin (Hg.): *McLuhan neu lesen. Kritische Analysen zu Medien und Kultur im 21. Jahrhundert*. Bielefeld 2008, S. 196–209.

Metz, Christian: *Semiologie des Films*. München 1972.

Meyer, Ur / Simanowski, Roberto / Zeller, Christoph (Hg.): *Transmedialität. Zur Ästhetik paraliterarischer Verfahren*. Göttingen 2006.

McLuhan, Marshall: „The Gadget Lover: Narcissus as Narcosis". In: Gordon, W. Terrence (Hg.): *Understanding Media. The Extensions of Man. Critical Edition*. Berkeley 2011, S. 61–70.

McLuhan, Marshall: *Die Gutenberg-Galaxis. Das Ende des Buchzeitalters* [1962]. Übers. v. Max Nänny. Bonn 1995.

McLuhan, Marshall: *Understanding Media. The Extension of Man*. London 1964.

McLuhan, Marshall: *The Gutenberg Galaxy. The Making of Typographic Man*. Toronto 1962.

McLuhan, Marshall / Fiore, Quentin: *Das Medium ist die Massage. Ein Inventar medialer Effekte* [1967]. Zusammengestellt v. Jerome Agel. Übers. v. Martin t Baltes u. Rainer Höltschl. Stuttgart ³2014.

Mikos, Lothar: *Film- und Fernsehanalyse*. Konstanz 2008.

Meier, Stefan: *Visuelle Stile. Zur Sozialsemiotik visueller Medienkultur und konvergenter Design-Praxis*. Bielefeld 2014.

Meyen, Michael: „Medialisierung". In: *Medien- und Kommunikationswissenschaft* 57.1 (2009), S. 23–38.

Mitchell, William John Thomas: „The Pictorial Turn". In: *Artforum* 30.7 (1992), S. 89–94.

Müller, Jürgen E.: „Intermedialität als poetologisches und medientheoretisches Konzept. Einige Reflexionen zu dessen Geschichte." In: Helbig, Jörg (Hg.): *Intermedialität. Theorie und Praxis eines interdisziplinären Forschungsgebietes*. Neuaufl. London 2009, S. 31–40.

Müller, Jürgen E.: *Intermedialität. Formen moderner kultureller Kommunikation*. Münster 1996.

Münker, Stefan / Roesler, Alexander: „Vorwort". In: Münker, Stefan / Roesler, Alexander (Hg.): *Was ist ein Medium?* Frankfurt a.M. 2008, S. 7–12.

Nancy, Jean-Luc: „Höhlenmalerei". In: Nancy, Jean-Luc: *Die Musen*. Übers. v. Gisela Febel u. Jutta Legueil. Stuttgart 1998, S. 109–119.

Nelson, Ted H.: „Complex information processing: a file structure for the complex, the changing and the indeterminate". In: *'65: Proceedings of the 1965 20th national conference*, August 1965, S. 84–100.

Netzwerk Bildphilosophie (Hg.): *Bild und Methode. Theoretische Hintergründe und methodische Verfahren der Bildwissenschaft*. Köln 2014.

Orgad, Shani: *Media Representation and the Global Imagination*. Hoboken 2012.

Paech, Joachim: „Intermedialität. Mediales Differenzial und transformative Figurationen". In: Helbig, Jörg (Hg.): *Intermedialität. Theorie und Praxis eines interdisziplinären Forschungsgebietes*. Neuaufl. London 2009, S. 14–30.

Paech, Joachim: „Intermedialität als Methode und Verfahren". In: Müller, Jürgen E. (Hg.): *Media Encounters and Media Theories*. Münster 2008, S. 57–75.
Paech, Joachim: „Was ist ein kinematographisches Bewegungsbild?". In: Koebner, Thomas / Meder, Thomas (Hg.): *Bildtheorie und Film*. München 2006, S. 92–108.
Paech, Joachim / Schröter, Jens: „Intermedialität analog/digital – ein Vorwort". In: Paech, Johachim / Schröter, Jens (Hg.): *Intermedialität analog/digital. Theorien – Methoden – Analysen*. München 2008, S. 15–30.
Paech, Joachim: „Die Dame verschwindet. Zur dispositiven Struktur apparativen Erscheinens". In: Gumbrecht, Hans Ulrich / Pfeiffer, K. Ludwig (Hg.): *Paradoxien, Dissonanzen, Zusammenbrüche. Situationen offener Epistemologie*. Frankfurt a.M. 1991, S. 773–790.
Parsons, Talcott: *The System of Modern Societies*. Englewood Cliff, NJ 1971.
Peirce, Charles: *Semiotische Schriften. Bd. II: 1903–1906*. Hg. u. übers. v. Christian J.W. Kloesel u. Helmut Pape. Frankfurt a.M. 2000.
Peirce, Charles S.: *Collected Papers of Charles Sanders Peirce (Peirce, CP)*. Vol. I–VI, hg. v. Hartshorne, Charles / Weiß, Paul. Cambridge, Mass. 1931–1935.
Plato: *Texte zur Ideenlehre*. Hg. u. übers. v. Hans-Georg Gadamer. Frankfurt a.M. 1978.
Postman, Neil: „The Humanism of Media Ecology". In: *Proceedings of the Media Ecology Association* 1 (2000), S. 10–16. Online: www.media-ecology.org/publications/MEA_proceedings/v1/postman01.pdf, 23.06.2021.
Pross, Harry: *Publizistik. Thesen zu einem Grundcolloquium*. Neuwied/Berlin 1970.
Rorty, Richard M.: *The Linguistic Turn. Essays in Philosophical Method*. Chicago 1967.
Rajewsky, Irina O.: „Intermedialität und remediation. Überlegungen zu einigen Problemfeldern der jüngeren Intermedialitätsforschung". In: Paech, Joachim / Schröter, Jens (Hg.): *Intermedialität analog/digital. Theorien – Methoden – Analysen*. München 2008, S. 47–61.
Rajewsky, Irina O.: *Intermedialität*. Tübingen/Basel 2002.
Rammert, Werner: *Technik – Handeln – Wissen. Zu einer pragmatischen Technik- und Sozialtheorie*. Wiesbaden 2007.
Reichert, Ramón: „Einleitung". In: Richert, Ramón (Hg.): *Big Data. Analysen zum digitalen Wandel von Wissen, Macht und Ökonomie*. Bielefeld 2014, S. 9–31.
Reuter, Michael: *Telekommunikation. Aus der Geschichte in die Zukunft*. Heidelberg 1990.
Ribeiro, Nelson: „The Discourse on New Media. Between Utopia and Disruption". In: Kinnebrock, Susanne / Schwarzenegger, Christian / Birkner, Thomas (Hg.): *Theorien des Medienwandels*. Köln 2015, S. 211–230.
Robert, Jörg: *Einführung in die Intermedialität*. Darmstadt 2014.
Roesler, Alexander / Stiegler, Bernd (Hg.): *Grundbegriffe der Medientheorie*. Paderborn 2005.
Ronell, Avital: *Das Telefonbuch. Technik, Schizophrenie, Elektrische Rede* [1989]. Aus dem Amerikan. v. Rike Felka. Berlin 2001.
Roß, Dieter / Wilke, Jürgen (Hg.): *Umbruch in der Medienlandschaft. Beziehungen zwischen Wissenschaft, Politik und Praxis*. München 1991.
Ruf, Oliver: *Die digitale Universität*. Wien 2021.
Ruf, Oliver: *Storytelling für Designer*. Stuttgart 2019.
Ruf, Oliver (Hg.): *Smartphone-Ästhetik. Zur Philosophie und Gestaltung mobiler Medien*. Bielefeld 2018a.

Ruf, Oliver: „Smartphone-Theorie. Eine medienästhetische Perspektive". In: Ruf, Oliver (Hg.): *Smartphone-Ästhetik. Zur Philosophie und Gestaltung mobiler Medien*. Bielefeld 2018b, S. 15–31.
Ruf, Oliver: „Ästhetische Mobilität oder: Smartphone-Kultur". In: Ruf, Oliver (Hg.): *Smartphone-Ästhetik. Zur Philosophie und Gestaltung mobiler Medien*. Bielefeld 2018c, S. 9–12.
Ruf, Oliver: „Medientaktilität". In: Schweppenhäuser, Gerhard (Hg.): *Handbuch Medienphilosophie*. Darmstadt 2018d, S. 191–199.
Ruf, Oliver: *„La page blanche*. Diskursgeschichte und Poetologie einer Kulturtechnik des Schreibens". In: Ludger Hoffmann / Martin Stingelin (Hg.): *Schreiben. Dortmunder Poetikvorlesungen von Felicitas Hoppe; Schreibszenen und Schrift – literatur- und sprachwissenschaftliche Perspektiven*. München 2018e, S. 91–114.
Ruf, Oliver: „Welche Theorie sollen wir lesen? Kittler im Kanon-Spiegel". In: Neuhaus, Stefan / Schaffers, Ute (Hg.): *Was wir lesen sollen. Kanon und literarische Wertung am Beginn des 21. Jahrhunderts*. Würzburg 2016a, S. 79–98.
Ruf, Oliver: „Wischen". In: Christians, Heiko / Bickenbach, Matthias / Wegmann, Nikolaus (Hg.): *Historisches Wörterbuch des Mediengebrauchs*. Wien/Köln/Weimar 2015a, S. 641–652.
Ruf, Oliver: „Kulturtechnik Wischen – Eine Medientheorie neuer mobiler Nutzungsgesten". In: *Forschungsbericht der Hochschule Furtwangen* 2014/15, S. 116f.
Ruf, Oliver: *Die Hand. Eine Medienästhetik*. Wien 2014a.
Ruf, Oliver: *Wischen und Schreiben. Von Mediengesten zum digitalen Text*. Berlin 2014b.
Ruf, Oliver: „Weißes Blatt". In: Ute Frietsch / Jörg Rogge (Hg.): *Über die Praxis des kulturwissenschaftlichen Arbeitens. Ein Handwörterbuch*. Bielefeld 2013a, S. 463–467.
Ruf, Oliver: „‚auf gezackten (zackigen) / photographien ... grobkörnige Mnemosyne.' Polaroid-Effekte und Medien-Reflexionen in der Lyrik der Gegenwart (Durs Grünbein – Thomas Kling)". In: *literatur für leser* 4 (2011), S. 203–218.
Ruf, Oliver / Mersch, Dieter: „Bildbegriffe und ihre Etymologie". In: Günzel, Stephan / Mersch, Dieter (Hg.): *Bild. Ein interdisziplinäres Handbuch*. Stuttgart 2014, S. 1–7.
Ruf, Oliver / Schaffers, Uta (Hg.): *Kleine Medien. Kulturtheoretische Lektüren*. Würzburg 2019.
Rusch, Gebhard: „Medienwissenschaft als transdisziplinäres Forschungs-, Lehr- und Lern-Programm". In: Rusch, Gebhard (Hg.): *Einführung in die Medienwissenschaft. Konzeptionen, Theorien, Methoden, Anwendungen*. Wiesbaden 2002b, S. 69–82.
Rusch, Gebhard (Hg.): *Einführung in die Medienwissenschaft. Konzeptionen, Theorien, Methoden, Anwendungen*. Wiesbaden 2002a.
Rusch, Gebhard: „Medientheorie". In: Schanze, Helmut (Hg.): *Metzler Lexikon Medientheorie / Medienwissenschaft*. Stuttgart/Weimar 2002b, S. 252–255.
Sachs-Hombach, Klaus (Hg.): *Bilder im Geiste. Zur kognitiven und erkenntnistheoretischen Funktion piktorialer Repräsentationen*. Amsterdam 1995.
Sandbothe, Mike / Nagl, Ludwig (Hg.): *Systematische Medienphilosophie*. Berlin 2005.
Sass, Hans-Martin: „Einleitung". In: Kapp, Ernst: *Grundlinien einer Philosophie der Technik* [1877]. Düsseldorf 1978. V–XXXXII.
Saxer, Marion: „Spiel (mit) der Maschine. Anmerkungen zur Historiographie musikalischer Medienpraxis in der Frühzeit der Reproduktions- und Übertragungsmedien. Eine Einführung". In: Saxer, Marion (Hg.): *Spiel (mit) der Maschine. Musikalische Medienpraxis in*

der Frühzeit von Phonographie, Selbstspielklavier, Film und Radio. Bielefeld 2016, S. 9-23.

Saxer, Ulrich: „Literatur in den Medienkonkurrenz". In: *Media Perspektiven* 12 (1977), S. 673-685.

Schanze, Helmut (Hg.): *Metzler Lexikon Medientheorie und Medienwissenschaft*. Stuttgart 2002a.

Schanze, Helmut: „Medienwissenschaften". In: Schanze, Helmut (Hg.): *Metzler Lexikon Medientheorie / Medienwissenschaft*. Stuttgart/Weimar 2002b, S. 260.

Scheler, Max: *Die Stellung des Menschen im Kosmos*. Bonn 1995.

Schmidt, Siegfried J.: „Medienwissenschaft und Nachbardisziplinen". In: Rusch, Gebhard (Hg.): *Einführung in die Medienwissenschaft. Konzeptionen, Theorien, Methoden, Anwendungen*. Wiesbaden 2002, S. 53-68.

Schmidt, Siegfried J.: *Die Zähmung des Blicks. Konstruktivismus – Empirie – Wissenschaft*. Frankfurt a.M. 1998.

Schneider, Norbert: *Geschichte der Ästhetik von der Aufklärung bis zur Postmoderne. Eine paradigmatische Einführung*. Stuttgart [6]2017.

Schnell, Ralf: „‚Medienumbrüche' – Konfigurationen und Konstellationen". In: Schnell, Rald (Hg.): *MedienRevolutionen. Beiträge zur Mediengeschichte der Wahrnehmung*. Bielefeld 2006, S. 7-12.

Schnell, Ralf: „Medienästhetik". In: Schanze, Helmut (Hg.): *Metzler Lexikon Medientheorie / Medienwissenschaft*. Stuttgart/Weimar 2002, S. 207-211.

Schönert, Jörg: „(Germanistik – eine Disziplin im Umbruch) Zur disziplinären Entwicklung der Germanistik in den neunziger Jahren (am Beispiel der germanistischen Literaturwissenschaft)". In: *Mitteilungen des Deutschen Germanistenverbandes* 3 (1993), S. 15-24.

Schönert, Jörg: „‚Kultur' und ‚Medien' als Erweiterungen zum Gegenstandsbereich der Germanistik in den 90er Jahren". In: Lecke, Bodo (Hg.): *Literatur und Medien im Studium und Deutschunterricht*. Frankfurt a.M. 1999, S. 43-64.

Schönert, Jörg: „Germanistik als Medienwissenschaft oder als radikale Philologie?". In: Eversberg, Gerd / Segeberg, Harro (Hg.): *Theodor Storm und die Medien. Zur Mediengeschichte eines politischen Realisten*. Berlin 1999, S. 15-24.

Schönert, Jörg: „‚Medienkulturkompetenz' als Ausbildungsleistung der Germanistik?". In: *Der Deutschunterricht* 6 (1998), S. 62-69.

Schrey, Dominik: „Retrofotografie. Die Wiederverzauberung der digitalen Welt". In: *MEDIENwissenschaft. Rezensionen* 1 (2015), S. 9-26.

Schröter, Jens (Hg.): *Handbuch Medienwissenschaft*. Stuttgart/Weimar 2014a.

Schröter, Jens: „Einleitung". In: Schröter, Jens (Hg.): *Handbuch Medienwissenschaft*. Stuttgart/Weimar 2014b, S. 1-11.

Schröter, Jens / Schwering, Gregor: „Modelle des Medienwandels und der Mediengeschichtsschreibung". In: Schröter, Jens (Hg.): *Handbuch Medienwissenschaft*. Stuttgart/Weimar 2014, S. 179-190.

Schröter, Jens: „Intermedialität. Facetten und Probleme eines aktuellen medienwissenschaftlichen Begriffes". In: *montage AV. Zeitschrift für Theorie und Geschichte audiovisueller Kommunikation* 7.2 (1998), S. 129-154.

Schüttpelz, Erhard: „Frage nach der Frage, auf die das Medium eine Antwort ist". In: Kümmel, Albert / Schüttpelz, Erhart (Hg.): *Signale der Störung*. München 2003, S. 15-29.

Schulte-Sasse, Jochen: „Medien/medial". In: Barck, Karlheinz u.a. (Hg.): *Ästhetische Grundbegriffe. Ein Historisches Wörterbuch in sieben Bänden*. Bd. 4. Stuttgart/Weimar 2002, S. 1–38.

Schulz, Winfried: „Reconstructing mediatization as an analytical concept". In: *European Journal of Communication* 19 (2004), S. 87–101.

Schweppenhäuser, Gerhard: *Designtheorie*. Wiesbaden 2016.

Sina, Véronique: „Sin City: Von Comic und Film zum Comicfilm". In: *Daumenkino*. Online: http://dkritik.de/schwerpunkt/sin-city-von-comic-und-film-zum-comicfilm/. Veröffentlicht: 28.09.2014.

Sina, Véronique: „Vom Comic zum Film – Mediale Grenzüberschreitungen und die Konstruktion von Gender in Comicverfilmungen". In: Klung, Katharina / Trenka, Susie / Tuch, Geesa Marie (Hg.): *Film- und Fernsichten*. Marburg 2013, S. 143–153.

Seeberger, Kurt: „Rundfunk. Entwicklung und Eigenart". In: Stammler, Wolfgang (Hg.): *Deutsche Philologie im Aufriß*. Bd. III. Berlin ²1962, S. 1353–1382.

Shannon, Claude E.: „The Mathematical Theory of Communication". In: Shannon, Claude E. / Weaver, Warren (Hg.): *The Mathematical Theory of Communication*. Urbana 1964, S. 29–125.

Sobchack, Vivian: *The Address of the Eye. A Phenomenology of Film Experience*. Princeton, NJ 1992.

Sontag, Susan: *Über Fotografie*. München 1978.

Sprenger, Florian: *Medien des Immediaten. Elektrizität, Telegraphie, McLuhan*. Berlin 2012.

Stachowiak, Herbert: *Allgemeine Modelltheorie*. Wien 1973.

Stalder, Felix: *Kultur der Digitalität*. Berlin 2016.

Stetter, Christian: „Medienphilosophie der Schrift". In: Sandbothe, Mike / Nagl, Ludwig (Hg.): *Systematische Medienphilosophie*. Berlin 2005, S. 129–146.

Stiegler, Christian: „Digitale Medientheorien". In: Stiegler, Christian / Breitenbach, Patrick / Zorbach, Thomas (Hg.): *New Media Culture. Mediale Phänomene der Netzkultur*. Bielefeld 2015, S. 11–28.

Stiegler, Bernd: *Bilder der Photographie. Ein Album photographischer Metaphern*. Frankfurt a.M. 2006.

Stingelin, Martin: „Schreiben". In: Müller, Jan-Dirk et al. (Hg.): *Reallexikon der deutschen Literaturwissenschaft. Neubearbeitung des Reallexikons der deutschen Literaturgeschichte*. Bd. III: P–Z. Berlin/New York 2003, S. 387–389.

Stingelin, Martin: „‚Schreiben'. Einleitung". In: Stingelin, Martin (Hg.): *„Mir ekelt vor diesem tintenklecksenden Säkulum". Schreibszenen im Zeitalter der Manuskripte*. München 2004, S. 7–21.

Stöber, Rudolf: „Mediengeschichte. Evolution und Effizienz, Innovation und Institutionalisierung". In: Kinnebrock, Susanne / Schwarzenegger, Christian / Birkner, Thomas (Hg.): *Theorien des Medienwandels*. Köln 2015, S. 53–72.

Stöber, Rudolf: *Kommunikations- und Medienwissenschaften. Eine Einführung*. München 2008.

Strate, Lance: *Media Ecology. An Approach to Understand the Human Condition*. New York 2008.

Sullivan, Louis H.: „The tall office building artistically considered". In: *Lippincott's Magazine* 57 (1896), S. 403–409.

Thielmann, Tristan: „Mobile Medien". In: Schröter, Jens (Hg.): *Handbuch Medienwissenschaft*. Stuttgart/Weimar 2014.
Thomas, Tanja: „Vorwort". In: Thomas, Tanja (Hg.): *Medienkultur und soziales Handeln*. Wiesbaden 2008, S. 7–16.
Trabant, Jürgen: *Elemente der Semiotik*. München 1976.
Turing, Alan Mathison: „On computable numbers, with an application to the Entscheidungsproblem". In: *Proceedings of the London Mathematical Society* 1937, Ser 2, Vol. 42, S. 230–265.
Viehoff, Reinhold: „Von der Literaturwissenschaft zur Medienwissenschaft. Oder: vom Text- über das Literatursystem zum Mediensystem." In: Rusch, Gebhard (Hg.): *Einführung in die Medienwissenschaft. Konzeptionen, Theorien, Methoden, Anwendungen*. Wiesbaden 2002, S. 10–35.
Völker, Clara: *Mobile Medien. Zur Genealogie des Mobilfunks und zur Ideengeschichte von Virtualität*. Bielefeld 2010.
Vogel, Matthias: „Was sind Medien?". In: Ders.: *Medien der Vernunft. Eine Theorie des Geistes und der Rationalität auf der Grundlage einer Theorie der Medien*. Frankfurt a.M. 2001, S. 114–158.
Waldenfels, Bernhard: *Einführung in die Phänomenologie*. München 1992.
Weber, Stefan (Hg.): *Theorien der Medien*. Konstanz [2]2010.
Weber, Stefan: „Komparatistik: Theorien-Raum der Wissenschaft". In: Weber, Stefan (Hg.): *Theorien der Medien. Von der Kulturkritik bis zum Konstruktivismus*. Konstanz 2003, S. 295–312.
Wehdeking, Volker (Hg.): *Medienkonstellationen. Literatur und Film im Kontext von Moderne und Postmoderne*. Marburg 2008.
Wehdeking, Volker: *Generationenwechsel. Intermedialität in der deutschen Gegenwartsliteratur*. Berlin 2007.
Werner, Hans-Ulrich: „Intermediales Gestalten – Workflows zwischen Produktion und Reflexion". In: *Beiträge aus Forschung & Technik 2010*. Online: https://opus.hs-offenburg.de/frontdoor/deliver/index/docId/59/file/Intermediales_Gestalten.pdf.
Weinrich, Harald: *Textgrammatik der deutschen Sprache*. Hildesheim [4]2003.
Weber, Stefan: „Die Welt als Medienpoiesis Basistheorien für den ‚Medial Turn'". In: *Medien Journal* 1 (1999), S. 3–8.
Weichselbaum, Hans: *Georg Trakl. Eine Biographie mit Bildern, Texten und Dokumenten*. Salzburg 1994.
Welsch, Wolfgang: *Ästhetisches Denken*. Stuttgart [6]2003.
Welsch, Wolfgang: *Unsere postmoderne Moderne*. Berlin [6]2002.
Wessel, Horst A.: *Die Entwicklung des elektrischen Nachrichtenwesens in Deutschland und die rheinische Industrie. Von den Anfängen bis zum Ausbruch des Ersten Weltkrieges*. Wiesbaden 1983.
Wiesing, Lambert: *Artifizielle Präsenz. Studien zur Philosophie des Bildes*. Frankfurt a.M. 2005.
Wiesing, Lambert: „Merleau-Pontys Entdeckung der Wahrnehmung". In: Merleau-Ponty, Maurice: *Das Primat der Wahrnehmung*. Hg. v. Lambert Wiesing. Frankfurt a.M. 2003, S. 85–125.
Wilke, Jürgen: *Mediengeschichte der Bundesrepublik Deutschland*. Köln/Weimar/Wien 1999.

Winkels, Hubert: *Die Stimmen der Ordnung. Über Thomas Kling.* Köln 2005.

Winkler, Hartmut: *Prozessieren. Die dritte, vernachlässigte Medienfunktion.* Paderborn 2015.

Winkler, Hartmut: *Docuverse. Zur Medientheorie der Computer.* Berlin 1997.

Wirth, Uwe: „Intermedialität". In: Anz, Thomas (Hg.): *Handbuch Literaturwissenschaft.* Bd. 1: *Gegenstände und Grundbegriffe.* Stuttgart/Weimar 2007, S. 254–264

Wolf, Herta: „Das Denkmälerarchiv Fotografie". In: Wolf, Herta (Hg.): *Paradigma Fotografie. Fotokritik am Ende des fotografischen Zeitalters.* Bd. 1. Frankfurt a.M. 2002, S. 349–375.

Wolf, Werner: „Intermedialität". In: Nünning, Ansgar (Hg.): *Metzler Lexikon Literatur- und Kulturtheorie. Ansätze – Personen – Grundbegriffe.* Stuttgart/Weimar ⁵2013, S. 344–346.

Wolf, Werner: „Intermedialität: Konzept, literaturwissenschaftliche Relevanz, Typologie intermedialer Formen" [2014]. In: Bernhard, Walter (Hg.): *Selected essays on intermediality by Werner Wolf (1992–2014). Theory and typology, literature-music relations, transmedial narratology, miscellaneous transmedial phenomena.* Leiden/Boston 2018, S. 173–210.

Wulff, Hans Jürgen: *Darstellen und Mitteilen. Elemente der Pragmasemiotik des Films.* Tübingen 1999.

Wuss, Peter: *Filmanalyse und Psychologie. Strukturen des Films im Wahrnehmungsprozeß.* Berlin 1999.

Yeh, Sonja: *Anything goes? Postmoderne Medientheorien im Vergleich. Die großen (Medien-)Erzählungen von McLuhan, Baudrillard, Virilio, Kittler und Flusser.* Bielefeld 2013.

The manufacturer's authorised representative in the EU is Springer Nature Customer Service Centre GmbH, Europaplatz 3, 69115 Heidelberg, Germany. If you have any concerns regarding our products, please contact ProductSafety@springernature.com

Printed and bound by CPI Group (UK) Ltd, Croydon, CR0 4YY
25/03/2026
02078229-0001